Julia Franz, Norbert Frieters, Annette Scheunpflug,
Markus Tolksdorf, Eva-Maria Antz

W0281973

Generationen lernen gemeinsam

Theorie und Praxis intergenerationeller Bildung

28 EB Buch

KBE
Katholische Bundesarbeitsgemeinschaft für Erwachsenenbildung

GEFÖRDERT VOM
Bundesministerium für Bildung und Forschung

wbv

Bibliografische Information der Deutschen Bibliothek
Die Deutsche Bibliothek verzeichnet diese Publikation in der Deutschen Nationalbibliografie; detaillierte bibliografische Daten sind im Internet über http://dnb.ddb.de abrufbar.

Die Reihe EB-Buch wird von der Katholischen Bundesarbeitsgemeinschaft für Erwachsenenbildung (KBE), Bonn, herausgegeben. Die KBE veröffentlicht unter diesem Signet Symposien, Expertentagungen, Werkstattgespräche sowie Ergebnisberichte von Projekten, die von bundesweitem Interesse sind; auch wissenschaftliche Abhandlungen werden berücksichtigt. Hiermit will die KBE einen Beitrag für einen offenen Dialog über Fragen der Erwachsenenbildung heute leisten.

Diese Veröffentlichung und das zugrunde liegende Vorhaben wurden im Rahmen des KBE-Projekts „Generationen lernen gemeinsam: Nachhaltigkeit" unter dem Förderkennzeichen W130100 vom Bundesministerium für Bildung und Forschung gefördert.

Die Verantwortung für den Inhalt dieser Publikation liegt bei den Autorinnen und Autoren.

Als Band 2 der Dokumentation des Projekts ist erschienen: Eva-Maria Antz, Julia Franz, Norbert Frieters, Annette Scheunpflug (2009): Generationen lernen gemeinsam. Methoden für die intergenerationelle Bildungsarbeit (EB-spezial 11), Bielefeld.

Lektorat: Elke Rothe, Bonn, elke.rothe@agentur-satzzeichen.de

Titelfoto: Patricia Tilly (http://www.adonaj.at) – Quelle http://www.photocase.com.de

© W. Bertelsmann Verlag GmbH & Co. KG, Bielefeld 2009

Gesamtherstellung:
W. Bertelsmann Verlag, Bielefeld
www.wbv.de

Gestaltung:
www.lokbase.de, Bielefeld

Bestell-Nr. 60.01.987
ISBN 978-3-7639-3882-7

Das Werk einschließlich aller seiner Teile ist urheberrechtlich geschützt. Jede Verwertung außerhalb der engen Grenzen des Urheberrechtsgesetzes ist ohne Zustimmung des Verlages unzulässig und strafbar. Insbesondere darf kein Teil dieses Werkes ohne vorherige schriftliche Genehmigung des Verlages in irgendeiner Form (unter Verwendung elektronischer Systeme oder als Ausdruck, Fotokopie oder unter Nutzung eines anderen Vervielfältigungsverfahrens) über den persönlichen Gebrauch hinaus verarbeitet, vervielfältigt oder verbreitet werden.

Für alle in diesem Werk verwendeten Warennamen sowie Firmen- und Markenbezeichnungen können Schutzrechte bestehen, auch wenn diese nicht als solche gekennzeichnet sind. Deren Verwendung in diesem Werk berechtigt nicht zu der Annahme, dass diese frei verfügbar seien.

Inhalt

Vorwort

Diese Publikation ist aus dem bundesweiten Entwicklungs- und Forschungsprojekt „Generationen lernen gemeinsam: Nachhaltigkeit“ erwachsen, das vom Bundesministerium für Bildung und Forschung von Anfang 2006 bis Ende 2008 gefördert wurde. Im Rahmen dieses Projektes hat die Katholische Bundesarbeitsgemeinschaft für Erwachsenenbildung (KBE) zwei hochaktuelle Herausforderungen unserer Gesellschaft ins Auge gefasst und bearbeitet:

Die erste Herausforderung bezieht sich auf den demografischen Wandel sowie das Aufbrechen und Verschwinden traditioneller familiärer Lebensformen. Diese beiden Faktoren haben vielfältige gesellschaftliche Auswirkungen und beeinflussen die Beziehungen und Lernkulturen zwischen den Generationen. Lernprozesse zwischen den Generationen sind immer weniger alltäglich und immer weniger selbstverständlich. Beim Lernen zwischen den Generationen geht es dabei zum einen darum, das Wissen, die Erfahrungen und die Fähigkeiten der älteren Menschen zu sichern, zu nutzen und an jüngere Menschen weiterzugeben. Zum anderen geht es im Sinne eines Lernens im Lebenslauf darum, dass die ältere Generation von Lern- und Bildungsprozessen nicht ausgeschlossen wird, sondern auch jenseits von Berufstätigkeit und ungeachtet der ökonomischen Verwertbarkeit ihr das Anrecht auf Bildung zugestanden und dieses auch durch das Lernen von und mit jüngeren Menschen ermöglicht wird. Und es geht darum, jüngeren Menschen die Möglichkeit zu geben, ihre Fragen in für sie vielleicht ungewohnten Kontexten stellen zu können. Das Lernen der Generationen ist von daher eng mit dem lebenslangen Lernen bzw. dem Lernen im Lebenslauf verbunden.

Die zweite Herausforderung bezieht sich auf die unbeabsichtigten negativen Auswirkungen von Modernisierung und Globalisierung in sozialer, ökologischer und ökonomischer Hinsicht. Diese haben längst ein solches Ausmaß erreicht, dass die Menschheit gezwungen wird, ihre Lebensweise zu überdenken. Damit auch nachkommende Generationen ein befriedigendes Leben führen können, ist es unumgänglich, verstärkt auf nachhaltige und generationengerechte Wirtschafts-, Produktions- und Konsumprozesse umzustellen. Der Bildung kommt im Sinne einer Bildung für nachhaltige Entwicklung zur Unterstützung und Beförderung dieser Prozesse eine Schlüsselfunktion zu.

Der KBE ist es im Rahmen des Modellversuches gelungen, Erwachsenenbildner/-innen an 15 Projektstandorten bundesweit für diese Herausforderungen zu sensibilisieren und zu befähigen, eigene intergenerationelle Lernprojekte umzusetzen. In diesem Kontext entstand eine breite Vielfalt unterschiedlicher generationssensibler und generationsverbindender Methoden, Bildungsansätze, Lernformen und Veranstaltungstypen, die in ihrer Gesamtheit wichtige Impulse für eine intergenerationelle Bildungsarbeit geben werden.

In der vorliegenden Publikation werden die Erfahrungen des Modellprojektes zu Anregungen für die konzeptionelle Diskussion und praktische Umsetzung intergenerationeller Bildung verdichtet. Dabei steht vor allem die Frage im Vordergrund, wie das Lernen zwischen den Generationen gefördert werden kann und worauf bei der Planung und Durchführung von intergenerationellen Lernprozessen besonders geachtet werden muss.

Für die Initiierung, Konzipierung und Durchführung des Gesamtprojektes danken wir der Katholischen Bundesarbeitsgemeinschaft für Erwachsenenbildung herzlich. Darüber hinaus danken wir allen beteiligten Projektstandorten und ihren Mitarbeiterinnen und Mitarbeitern, die sich auf die Herausforderung des Lernens zwischen den Generationen eingelassen und in ihrer Bildungspraxis vor Ort innovative Praxisprojekte durchgeführt haben. Und schließlich danken wir den Kolleginnen der Friedrich-Alexander-Universität Erlangen-Nürnberg für die wissenschaftliche Begleitung. Allen Leserinnen und Lesern wünschen wir eine anregende Lektüre.

Lore Wieland
Regierungsdirektorin, Bundesministerium für Bildung und Forschung

Vorwort

Über das Verhältnis der Generationen wird derzeit überaus viel geschrieben und gesprochen. Durch die Erfahrung des demografischen Wandels in unserer Gesellschaft, durch Diskussionen um die Sicherheit unseres Rentensystems, durch einen von manchen Populisten propagierten Kampf der Generationen und durch die Sorge um die zukünftigen Lebensbedingungen nachfolgender Generationen ist die starke Präsenz dieses Themas in der Öffentlichkeit nachvollziehbar und verständlich. Die großen Herausforderungen unserer Zeit scheinen aber tatsächlich nur gemeinsam und durch ein Miteinander der Generationen zu lösen zu sein.

Wie aber dieses Miteinander gelingen kann, was erfüllt sein muss, damit es ein wirkliches Miteinander ist und eben nicht ein konfliktbehaftetes Gegeneinander oder ein beziehungsloses Nebeneinander, dazu gibt es zwar viele gute Ratschläge und Ideen, aber noch zu wenige aufbereitete und dokumentierte Erfahrungen aus der Praxis.

Dieser Mangel an reflektierter Erfahrung geht einher mit einer Ungewissheit über die Voraussetzungen für das Gelingen eines wirklichen Miteinanders der Generationen. Gerade im Bereich der Erwachsenenbildung und Weiterbildung liegen mehr Fragen als belastbare Antworten zum intergenerationellen Lernen vor:

- Wie kann es in der Erwachsenenbildung gelingen, mehrere Generationen an einem Ort und zu einem gemeinsamen Thema zusammenzubringen?
- Welche Kompetenzen brauchen pädagogisch Handelnde, um mit solchen Gruppen arbeiten zu können?
- Welche strukturellen Voraussetzungen müssen gegeben sein, damit solche Prozesse fruchtbar sind und gelingen?
- Was meint eigentlich der Begriff des intergenerationellen Lernens, wie ist er inhaltlich gefüllt und welche didaktischen Implikationen bringt er mit sich?

Diese und andere Fragen standen im Mittelpunkt des bundesweiten Modellprojektes „Generationen lernen gemeinsam: Nachhaltigkeit“, das die Katholische Bundesarbeitsgemeinschaft für Erwachsenenbildung (KBE) initiierte und von Januar 2006 bis Dezember 2008 durchgeführt hat.

In der vorliegenden Publikation werden die Ergebnisse dieses Modellversuches verallgemeinert für eine breite Öffentlichkeit aufgearbeitet. Hier finden sich wichtige Ergebnisse und Erkenntnisse für das Verstehen, die Konzeptionierung und die praktische Gestaltung intergenerationell angelegter Lern- und Bildungsprozesse sowie darauf bezogener Fortbildungsveranstaltungen. Diese Ergebnisse werden in einer zweiten Publikation mit konkreten methodischen Anregungen für die Bildungspraxis ergänzt.[1] Beide Publikationen ergänzen sich und spiegeln die vielfältigen Erfahrungen und Reflexionen des Modellprojektes zum intergenerationellen Lernen wider.

Der erfolgreiche und gelungene Verlauf des Modellprojektes ist vor allem auf das hohe Engagement und die Kompetenz der Beteiligten zurückzuführen. Von daher möchte ich an dieser Stelle dem Bundesministerium für Bildung und Forschung für die Bewilligung und Finanzierung des Projektes, Herrn Norbert Frieters für die Leitung des gesamten Vorhabens, Frau Eva-Maria Antz für die pädagogische Begleitung und Frau Prof. Dr. Annette Scheunpflug und Frau Julia Franz für die wissenschaftliche Evaluation und Begleitforschung danken. Mein ganz besonderer Dank gilt darüber hinaus den 15 beteiligten Projektstandorten, denn ohne deren engagierte Arbeit hätten diese Ergebnisse nicht erzielt werden können.

Den Leserinnen und Lesern wünsche ich eine anregende Lektüre, Neugierde auf intergenerationelle Lernformen und eine hohe Motivation, es nicht bei der theoretischen Reflexion dieses spannenden Themas zu belassen!

Markus Tolksdorf
Bundesgeschäftsführer der Katholischen Bundesarbeitsgemeinschaft für Erwachsenenbildung

1 Eva-Maria Antz, Julia Franz, Norbert Frieters, Annette Scheunpflug (2009): Generationen lernen gemeinsam. Methoden für die intergenerationelle Bildungsarbeit. Bielefeld.

1 Einleitung: Intergenerationelles Lernen – Ein Thema der Erwachsenenbildung

Das Thema „Generationen“ ist ein Thema, das intensiv öffentlich diskutiert wird. Der demografische Wandel unserer Gesellschaft verlangt nach neuen Formen des intergenerationellen Zusammenlebens, des Miteinander-Lernens, des Wohnens und des Arbeitens. Zudem stehen die Generationen gemeinsam vor neuen Herausforderungen: Der Klimaschutz, die Ressourcenknappheit und die Forderung nach sozialer Gerechtigkeit bedingen neue Formen des Konsumierens und des Handelns im öffentlichen Raum.

Beide Herausforderungen waren Anlass für dieses Buch: In diesem Band werden die Möglichkeiten und pädagogischen Anforderungen intergenerationellen Lernens ausgehend von den Strukturen und Erfahrungen der Erwachsenenbildung ausgelotet und Anregungen für die Praxis dieses Bildungsbereiches gegeben. Wir haben Formen intergenerationellen Lernens im thematischen Feld der Nachhaltigkeit erprobt. Die Beispiele dieses Buches beziehen sich damit überwiegend auf diesen thematischen Anwendungsbereich, da wir denken, dass dieses Thema nicht nur ein generell wichtiges Bildungsthema, sondern ein besonders geeignetes Thema des intergenerationellen Lernens darstellt, da es alle Generationen in besonderer Form betrifft.

Dieser Band möchte Erfahrungen und Beispiele zum Umgang mit diesen Herausforderungen zugänglich machen. Er ist entstanden aus einem Modellvorhaben zum intergenerationellen Lernen. Im Rahmen eines vom Bundesministerium für Bildung und Forschung geförderten Modellversuches wurde ein Fortbildungskonzept für haupt- und nebenamtlich Mitarbeitende in der Erwachsenenbildung konzipiert und dieses mit 16 Kolleginnen und Kollegen erprobt, die dann wiederum eigene Bildungsvorhaben durchführten. Die Erfahrungen und Erkenntnisse dieser zweijährigen Arbeit sind in diesem Band festgehalten, um sie anderen zugänglich zu machen.

Intergenerationelles Lernen in bestehenden Bildungsstrukturen
Angebote intergenerationellen Lernens knüpfen in der Regel an bestehende Bildungsangebote an. Besonders gerne wird intergenerationelles Lernen in den Strukturen schulischer Bildung erprobt, etwa wenn Zeitzeugen in den Unterricht kommen oder Schüler/-innen mit Einrichtungen der Seniorenarbeit Kontakt aufnehmen (vgl. Jacobs 2006; Marquard/Schabacker-Bock/Stadelhofer 2008). Diese Modelle intergenerationellen Lernens werden im vorliegenden Buch nur am Rande gestreift. Hier soll es vielmehr darum gehen, die Anknüpfungspunkte und Möglichkeiten intergenerationellen Lernens in den Angebotsformen und Strukturen der Erwachsenenbildung auszuloten. Damit stehen die Möglichkeiten und das Potenzial intergenerationellen Lernens in Familienbildungsstätten, Bildungszentren, Verbänden der Erwachsenenbildung und Volkshochschulen im Mittelpunkt.

1.1 Warum intergenerationelles Lernen?

Warum sollte sich die Erwachsenenbildung mit intergenerationellem Lernen beschäftigen? Es sind dies zum einen Überlegungen zur gesellschaftlichen Veränderung Deutschlands, zum anderen Überlegungen zu veränderten Formen des Lernens, die eine Auseinandersetzung mit diesem Thema nahelegen.

Gesellschaftliche Veränderungen

Der erste Grund für eine Beschäftigung mit Ansätzen des intergenerationellen Lernens ist der *demografische Wandel* in Deutschland. In den kommenden Jahrzehnten wird sich die Struktur der Bevölkerung erheblich verändern. So prognostiziert das Statistische Bundesamt für 2030, dass über 29 % der Bevölkerung über 65 Jahre alt und 16 % unter 20 Jahre alt sein werden (vgl. Statistische Ämter des Bundes und der Länder 2007). Die Altersstruktur der Bevölkerung verändert sich, da eine höhere Lebenserwartung mit einem Geburtenrückgang einhergeht. Dieser seit einigen Jahren prognostizierte demografische Wandel hat Auswirkungen auf alle Altersgruppen (vgl. Bachmann/Hauff 2006). Für die ältere Generation wird sich die aktive Zeit nach der Rente verlängern; die sich daraus ergebenden Möglichkeiten stellen ein Potenzial für die gesellschaftliche Mitgestaltung dar. Für die mittlere Generation wird sich die sogenannte Sandwichsituation verschärfen, also die Situation, in der sie als Mittlere potenziell Verantwortung auf der einen Seite für die jüngeren Generationen übernehmen müssen – zum Beispiel durch die Erziehung und Betreuung von Kindern – und auf der anderen Seite für die älteren Generationen – zum Beispiel durch die Pflegetätigkeit für Hochaltrige. Diese Generation ist damit zumindest einer potenziellen Doppelbelastung ausgesetzt. Die jüngere Generation sieht sich hingegen in einer alternden Gesellschaft mit einer Mehrheit von Älteren konfrontiert und steht vor der Herausforderung, ihre eigenen Anliegen zu formulieren und eine eigene Identität auszubilden.

Der zweite Grund liegt in einer Veränderung der *Vorstellung von Lern- und Bildungsprozessen*. Lern- und Bildungsprozesse betrafen noch vor etwa 50 Jahren vor allem die jüngeren Generationen. So lernte die Jugend in (Berufs-)Schulen, um sich auf eine spätere Berufslaufbahn vorzubereiten. Das in der Zeit der Ausbildung erworbene Wissen hatte – im Vergleich zu heute – eine relativ hohe Halbwertszeit. Bedingt durch gesellschaftliche und technologische Wandlungsprozesse verringert sich jedoch diese „Haltbarkeit" von Wissensbeständen. In einer sogenannten Wissensgesellschaft zu leben bedeutet permanent zu lernen. Das in der Ausbildung erworbene Wissen reicht inzwischen nicht mehr aus, um auf Späteres vorzubereiten, sondern lebenslanges Lernen begleitet und betrifft heute alle Generationen. Lebenslanges Lernen ist zum einen eine selbstverständliche informelle *Alltagserfahrung*. Zum Zweiten stellt lebenslanges Lernen aber auch eine *Anforderung* im Zuge beschleunigter gesellschaftlicher Modernisierungsprozesse, insbesondere in der Berufs- und Arbeitswelt, dar. Zum Dritten verbindet sich mit lebenslangem Lernen der *Anspruch* auf kontinuierliche persönliche Bildung. Veränderung und Entwicklung aller Menschen, unabhängig von ihrem Alter und einem direkten ökonomischen, berufsbezogenen oder gesellschaftlichen Nutzen, stehen hier im Vordergrund. Dementsprechend sind Lernaufgaben zunehmend weniger nach Alterskohorten differenziert, sondern stellen sich für alle Generationen gleich dar. So ist zum Beispiel der Umgang mit den neuen Medien für alle Alterskohorten eine Herausforderung – auch wenn Jüngere diese Aufgabe wesentlich leichter bewältigen.

Der dritte Aspekt ist die *Veränderung im Miteinander der Generationen*. Manche befürchten einen Krieg der Generationen, da die wenigen Jungen die vielen Alten kaum versorgen werden können (vgl. Gronemeyer 1991; Schirrmacher 2004). Schaut man jedoch etwas genauer hin, dann können in wissenschaftlichen Studien derzeit keine Anzeichen für ein dramatisches Aufweichen der Beziehungen zwischen den Generationen beobachtet werden (Bertram 2000; Künemund/Motel 2000; Schneekloth 2006). Vielmehr ist die Solidarität zwischen den Generationen nach wie vor gegeben und der Transfer an immateriellen und materiellen

Gütern zwischen den Generationen erheblich. Aber auch wenn sich an den Generationenverhältnissen im Hinblick auf die gegenseitige Solidarität wenig verändert (vgl. ebd.), verändert sich aber gleichwohl doch das Verhältnis untereinander:

- Durch die aktuelle Arbeitslage sind viele Familien gezwungen, sich entfernt von ihrem Heimatort niederzulassen. Damit wohnen viele Familienmitglieder nicht mehr in räumlicher Nähe zueinander. Diese räumliche Trennung kann zu einem Verlust an Austauschmöglichkeiten führen. Durch die kleiner werdenden Familien nimmt die Netzbreite der Generationen untereinander ab. Die konkrete Form der Beziehung zwischen den Generationen lässt sich auf die Formeln „Intimität auf Abstand", „innere Nähe bei äußerer Distanz" oder „multilokale Mehrgenerationenfamilie" bringen (vgl. Bertram 2000).
- Das Generationenverhältnis verändert sich im Hinblick auf die Wertschätzung von Wissensbeständen. In vorhergehenden Generationen ging das Älterwerden mit einer Zunahme an Erfahrung und Wissensbeständen einher. Junge lernten von Alten. In unserer Gesellschaft heute wächst das Wissen so schnell, dass es ein Expertentum nach Seniorität nicht mehr selbstverständlich gibt: Zwar bringt das Alter immer individuelles Erfahrungs- und Wissenswachstum mit sich; aber gleichzeitig wachsen mit dem Alter auch die Bereiche, in denen man nichts weiß. Jeder Mensch macht damit die Erfahrung, dass er selbst in einem Bereich kompetent ist, in anderen aber in keiner Weise. Von daher verändert sich das Generationenverhältnis: Jeder kann voneinander lernen. Die Differenz zwischen Alt und Jung als Verhältnis von Lehrenden und Lernenden verändert sich; denn jeder kann – je nach Themenbereich – in die Rolle des Lernenden wie des Lehrenden schlüpfen.

Zudem ändert sich das Generationenverhältnis gravierend durch das *Ende des wirtschaftlichen Wachstums* und der damit verbundenen gesellschaftlichen Veränderungsprozesse. Über Jahrhunderte hinweg war das Generationenverhältnis gekennzeichnet durch die Vision, der nachwachsenden Generation könne es, unterstützt durch die Arbeit der vorangehenden Generation und bedingt durch den eigenen Fleiß, besser gehen als den vorangehenden Generationen. Diese Erfahrung lohnte den Einsatz Älterer für Jüngere, erleichterte die Generationensolidarität und schuf einen konjunktiven (also verbindenden) Grundoptimismus. In der jetzigen Generationensituation sieht es zum ersten Mal so aus, als könnte sich dieses Verhältnis grundlegend verändern. Im nationalen Rahmen ist die Situation gegeben, dass die jetzige Generation der Seniorinnen und Senioren und deren Kinder einen einmaligen individuellen Reichtum geschaffen haben. Die nachfolgende Generation wird vermutlich den Gürtel enger schnallen müssen. Ein Teil der heutigen jungen Generationen, die „Generation Praktikum", macht zurzeit die Erfahrung, nicht in den Arbeitsmarkt hineinzukommen, lange ohne eigenes Einkommen nicht finanziell selbstständig zu sein und die Phase der Familiengründung immer weiter nach hinten verschieben zu müssen. Diese Generation hat vieles, ohne aber das Zutrauen in die eigene Wirkmächtigkeit zu haben. Die Generation der Nachkriegskinder hatte im gleichen Alter vergleichsweise wenig; sie konnte aber darauf vertrauen, dass die eigene Arbeit Früchte trägt. Diese lokale, deutsche Perspektive spiegelt sich auch global. Die „Grenzen des Wachstums" (Meadows 1972) markieren die Wende, nach der die Generationenfolge insofern gestört wird, dass die älter werdende Generation nicht mehr der jüngeren mehr Möglichkeiten eröffnet, sondern die jetzigen Generationen potenziell auf Kosten der nachwachsenden Generation leben (vgl. auch Gronemeyer 1991, S. 125).

Nachhaltigkeit als Grundlage von Generationengerechtigkeit

Vor dem Hintergrund des sich verändernden Generationenverhältnisses aufgrund der ökonomischen und ökologischen Situation haben wir uns dazu entschlossen, das Thema „Nachhaltigkeit" als thematischen Fokus der entwickelten Modellversuche zum intergenerationellen Lernen in den Mittelpunkt zu stellen. Schließlich ist in der Frage nach Generationenverhältnissen und dem Miteinander der Generationen das Thema Nachhaltigkeit implizit enthalten, wenn beispielsweise danach gefragt wird, was heutige Generationen für kommende Generationen bewahren und weitergeben wollen und können.

Nachhaltigkeit wurde durch die Weltkommission für Umwelt und Entwicklung wie folgt definiert: „Dauerhafte Entwicklung ist Entwicklung, die die Bedürfnisse der Gegenwart befriedigt, ohne zu riskieren, dass künftige Generationen ihre eigenen Bedürfnisse nicht befriedigen können." (Weltkommission 1987, S. 47)

Für das Erreichen von Nachhaltigkeit wird der Bildung eine bedeutende Rolle zugeschrieben (vgl. BMU 1997; Nationaler Aktionsplan für Deutschland 2005; de Haan/Harenberg 1999). Bildung ist deshalb notwendig, weil Menschen sich nicht naturwüchsig nachhaltig verhalten. Zum einen sind die Mechanismen von Nichtnachhaltigkeit und Nachhaltigkeit schwer nachzuvollziehen, da die weltweiten Einflussverhältnisse selten über einfach zu durchschauende, sinnlich erfahrbare, zeitlich unmittelbar aufeinandertreffende Zusammenhänge sichtbar werden. Zum anderen ist in der menschlichen Psyche der Wunsch nach Wachstum und der Erweiterung der persönlichen Möglichkeiten tief evolviert. Zum Dritten wird Gerechtigkeit in der erlebten Zeit mit persönlich bekannten Menschen anders wahrgenommen als in langen Zeiträumen, die über die eigene Lebensspanne hinausweisen, und in räumlichen Kontexten, die sich unabhängig von persönlicher Bekanntschaft oder Gruppenzugehörigkeit darstellen (vgl. ausführlich Scheunpflug/Schmidt 2002; Huber 2005; Scheunpflug 2006a; Schmidt 2007).

Gesellschaftliche Herausforderungen als Anlass für Lernen

Der zweite Begründungsaspekt intergenerationellen Lernens liegt in der Annahme, dass die genannten gesellschaftlichen Herausforderungen durch Lernerfahrungen in ihren Konsequenzen für Menschen gemildert und bearbeitbar gemacht werden können.

Der *demografische Wandel* stellt die Gesellschaft und auch das Bildungswesen vor zentrale Lernherausforderungen. So werden durch den demografischen Wandel die älteren Generationen zu einem dominanten Anteil in der Bevölkerung, gleichwohl orientiert sich die Gesellschaft derzeit jedoch am Ideal der Jugend. Die Gesellschaft muss daher lernen, mit sich verändernden Altersstrukturen umzugehen. Dazu gehört die Auseinandersetzung mit bestehenden und zukünftigen Altersbildern genauso wie die Frage nach den sogenannten aktiven „neuen Alten" (vgl. Aner/Karl/Rosenmayr 2007) und ihrer gesellschaftlichen Rolle. In dieser Rolle lernen Ältere, ihre Kompetenzen und Erfahrungen der Gesellschaft – und damit häufig gerade der jüngeren Generation – zugänglich zu machen. Auch das Bildungswesen wird durch den demografischen Wandel herausgefordert, so werden immer mehr Ältere Teilnehmende im Bildungswesen sein. Im formalen (weniger in Schulen als vor allem in Hochschulen) wie im nicht formalen Bildungswesen (Erwachsenenbildung, Volkshochschulen) besteht die Herausforderung, auf der einen Seite das Lernen oder die Bildung der Älteren didaktisch und theoretisch in den Blick zu nehmen und auf der anderen Seite danach zu fragen, wie Lernen in altersheterogenen Gruppen gestaltet werden kann. Zu diesen Fragen muss das pädagogische Personal im Bildungswesen sensibilisiert und qualifiziert werden.

Das *Leben in einer Wissensgesellschaft* birgt die Frage nach erfolgreichen und effektiven Lernformen in sich. Vor dem Postulat des lebenslangen Lernens besteht eine Herausforderung für Bildungsanbieter vor allem darin, Lehr-/Lernprozesse besser zu verstehen. Das heißt, die Frage, wie wir lernen, wird zunehmend relevanter. Gleichzeitig kommen immer stärker auch informelle Lernformen und Kompetenzen in den Blick, die außerhalb der formalen Bildungssysteme, also beispielsweise in Familien, Vereinen und ähnlichen Gemeinschaften, erworben werden (vgl. Künzel 2005; Overwien 2005). Auch die Frage, wie das Wissen zwischen Generationen weitergegeben werden kann – mehr oder weniger informell in Familien und Unternehmen – spielt eine immer größere Rolle. So stellt sich hier die Frage nach den Möglichkeiten der Kombination von Erfahrungswissen der Älteren und dem Innovationswissen der Jüngeren. Unterschiedliche Wissensbestände und Fertigkeiten sollten sich nach Möglichkeit ergänzen. Wenn nun aber vor dem Hintergrund eines lebenslangen Lernens in der Wissensgesellschaft

Generationen miteinander lernen, ergibt sich eine weitere Herausforderung, denn derzeit treffen in intergenerationellen Veranstaltungen unterschiedliche Lernkulturen aufeinander. Die heute älteren Generationen sind es gewohnt, dass Lernen als Folge von Lehre verstanden wird, und haben in ihrer Bildungsbiografie wenig oder gar keine Erfahrung mit offenen, partizipativen und aktivierenden Lernformen sammeln können. Dies äußert sich beispielsweise in einer Zurückhaltung gegenüber Methoden, die zum aktiven und selbsttätigen Lernen anregen, auf welche die heute jüngeren Generationen in einem höheren Maß eingestellt sind. Erwachsenenbildner/-innen sollten für diese lernkulturspezifische Unterschiedlichkeit der Generationen sensibilisiert werden.

Aus dem veränderten und sich weiter verändernden *Miteinander der Generationen* ergibt sich eine Reihe von Lernherausforderungen für unterschiedliche Bereiche. Aus der Perspektive des sozialen Lernens rücken die Familie und deren strukturelle Veränderungen in den Blick (vgl. Lettke/Lange 2007). Die Weitergabe von Wissen und Fertigkeiten gelingt nicht in allen Familien selbstverständlich. Daher sollten beiläufige Lernformen institutionell gestützt werden. Beispiele dafür gibt es bereits in manchen Angeboten der Familienbildung, wenn z. B. Senioren und Seniorinnen mit Kindern Exkursionen und Spaziergänge unternehmen und ihr naturkundliches Wissen an Kinder weitergeben.

Aus einer Wissensperspektive kommt das Lernen der Generationen ebenso in den Blick. Traditionell lernen Jüngere von Älteren, Ältere geben ihr Wissen weiter. Da dieses Senioritätsprinzip nicht mehr selbstverständlich gegeben ist, müssen alle Generationen lernen, voneinander und miteinander zu lernen. Solche Lernprozesse können durch Erwachsenenbildner/-innen initiiert und begleitet werden. Aus der Perspektive der Grenzen des Wachstums geht es um die Frage, was die heutigen Generationen zukünftig lebenden Generationen hinterlassen werden. Der Blick auf künftige, noch nicht geborene Generationen legt nahe, dass heutige Generationen lernen müssen, gemeinsam das Konzept der Nachhaltigkeit zu verwirklichen. Für diese Herausforderung gilt es, spezielle Bildungsangebote zu entwickeln, in denen verschiedene Generationen sich mit dem komplexen Thema Nachhaltigkeit auseinandersetzen können.

Das Lernen der Generationen ist also aus mehreren Perspektiven besonders wichtig. Um den beschriebenen Herausforderungen zu begegnen, stellt das Konzept des intergenerationellen Lernens eine Möglichkeit dar.

Dieses Lernen wird sich jedoch nicht automatisch – aus den beschriebenen Veränderungen heraus – ergeben, sondern muss durch institutionelle Bildungseinrichtungen initiiert, forciert und unterstützt werden. Dies bietet sich gerade für das weite Feld der Erwachsenenbildung an, da hier seit jeher verschiedene erwachsene Generationen institutionell lernen. Die Institutionen, die intergenerationelles Lernen gezielt in den Blick nehmen wollen, müssen die Erwachsenenbildner/-innen auf diese Aufgabe vorbereiten. Die Qualifizierung und Sensibilisierung für intergenerationelle Zielgruppen und Lernprozesse ist notwendig, wenn Erwachsenenbildner/-innen intergenerationelles Lernen anstoßen wollen, das jenseits von impliziten und mitgängigen Lernformen liegt.

1.2 Erwachsenenbildung – ein idealer Ort für intergenerationelles Lernen?

Gern verweist die (konfessionelle) Erwachsenenbildung auf ihre Vielgestaltigkeit, inhaltliche Differenziertheit und, damit einhergehend, auf die vielen erreichten und unterschiedlichen Zielgruppen. Mit dieser Vielfalt lasse sich adäquat, zeitlich schnell, präzise und zielgruppenspezifisch auf aktuelle gesellschaftliche Entwicklungen und Herausforderungen reagieren, ließen sich Lernbedarf und Lerninteressen rasch und präzise beschreiben und Angebote passgenau entwickeln. Ist aber – und diese Frage interessiert im Zusammenhang des vorliegenden Buches besonders – die Erwachsenenbildung damit auch schon für das intergenerationelle Lernen das ideale Praxisfeld, der ideale Ort für deren Entwicklung und Einführung?

Konkreter geht es dabei um die Kernfragen, *ob, wo und wie* es gelingen kann, intergenerationelle Lernprozesse nicht nur als Modell, sondern für die tägliche Praxis zu entwickeln und auf Dauer in Einrichtungen der Erwachsenenbildung zu etablieren. Entscheidendes Kriterium ist dabei, dass die Teilnehmenden dieser Lern- und Bildungsprozesse, gleichsam als nicht zu unterschreitende Bedingung, aus mehreren Generationen stammen, wenn sie dem Label der Intergenerationalität gerecht werden wollen. Kurzum: Ist die Erwachsenenbildung prädestiniert für intergenerationelle Bildung? Und: Ist die katholische wie die evangelische Erwachsenenbildung – die mit diesem Modellversuch in besonderem Maße angesprochen war – auf diese Aufgabe vorbereitet? Bei der Beantwortung dieser Fragen scheint Vorsicht angezeigt – aus vierfachem Grund:

Spezialisierung auf Zielgruppen

Akademien, Bildungshäuser, Familienbildungsstätten und Bildungswerke – eingeschlossen die der Verbände, um nur einige Institutionalformen zu nennen – sind vielgestaltige Folge unterschiedlicher bildungs- wie kirchenpolitischer Rahmenbedingungen und deren historischer Entwicklung. Das gegenwärtige Erscheinungsbild der Erwachsenenbildung unterliegt dabei seit Jahren einem rasanten strukturellen wie inhaltlichen Wandel aufgrund der massiven Veränderung in der seit Jahren fortschreitenden Begrenzungen der finanziellen Möglichkeiten der Träger.

Es ist kennzeichnend für viele Einrichtungen, dass zielgruppenspezifische Erfordernisse, thematische und/oder politische wie trägerspezifische Vorgaben in den letzten Jahren eher zu einer *Profilierung und Spezialisierung auf Themen und Zielgruppen* hingeführt haben, als zu einer Generalisierung. Ein Ergebnis dieses Prozesses ist es daher sicherlich, dass kaum eine Einrichtung mehrere, geschweige denn alle Generationen erreicht. Der Versuch kirchlicher Akademien eine „junge" Akademie anzugliedern, kann dazu ebenso als Beleg herangezogen werden, wie der Versuch mancher Bildungswerke, die bisher vorwiegend junge Familien und die Eltern von (Klein-)Kindern im Blick hatten, jetzt auch Ideen für spezifische Seniorenangebote zu integrieren und zu etablieren. Damit hat offenbar unter dem Eindruck des demografischen Wandels ein verstärkter Blick auf die Verschiebungen und Entwicklungen zwischen den Generationen – und damit auf neue Zielgruppen der Erwachsenenbildung – stattgefunden. Aber – zurück zu unserer Frage – damit scheinen noch längst nicht alle notwendigen Entwicklungen eingeleitet, um das Miteinander von Generationen in Lern- und Bildungsprozessen hinreichend vom Programmplanungshandeln bis zur didaktischen Planung zu etablieren.

Begrenztes Verständnis von Erwachsenenbildung

In der Geschichte der Erwachsenenbildung hat sich mit der Begrifflichkeit auch immer der damit abgebildete Inhalt verändert und weiterentwickelt. Die begriffliche Kette von Erwachsenenbildung und Weiterbildung hin zu Lernen, der Begriff des lebenslangen Lernens, das Lernen im Lebenslauf und das lebensbegleitende Lernen mögen das hier zumindest ansatzweise andeuten. Mit der jeweilig bildungspolitisch opportunen Begrifflichkeit wurden und werden immer auch politische Absichten und Botschaften transportiert, wie dieses System der Weiterbildung auszusehen und welchen Stellenwert es im Gesamtgefüge des Bildungssystems einzunehmen hat. Im hier zu betrachtenden Feld war dies jahrelang der Konsens, Erwachsenen- und Weiterbildung als den quartären Bereich zu denken und zu formen.

Im Zusammenhang unserer Frage sind nun gerade deshalb die aktuellen Begrifflichkeiten von besonderem Interesse: Der Diskurs vom lebenslangen Lernen, mehr noch die Verwendung des Begriffs vom lebensbegleitenden Lernen, heben das bisherige bildungspolitische Denken in voneinander abgegrenzten Bereichen und Segmenten auf. Lernen und Bildung werden so zu einer die gesamte Lebensphase umfassenden Aufgabe. Die neuen bildungspolitischen und auch pädagogisch notwendigen Leitvorstellungen haben sich heute der Überwindung sektoraler Grenzen zu widmen: „Bereichsübergreifende Lernprozesse" sind gefragt und darüber hinaus grundlegende Weichenstellungen auch für die Planung intergenerationeller Lernprozesse.

Sind aber die organisationalen Strukturen der Bildungsarbeit auf diesen Wandel schon eingestellt? Haben Verantwortliche der Bildungsarbeit das Denken in Bereichen schon zugunsten übergreifender Prozesse überwunden? Gibt es schon hinreichend Kooperationen über die eigenen institutionellen Grenzen hinweg?

Bildungspolitische Begrenzungen

Die Überwindung des Denkens in voneinander abgegrenzten Bereichen kann nur gelingen, wenn auch die bildungspolitischen Rahmenbedingungen dies ermöglichen. Strukturen der Erwachsenenbildung sind nun einmal auch Abbild bildungspolitischer Setzungen, die auch das Anliegen des intergenerationellen Lernens berühren. In diesem Zusammenhang ist die mittlerweile vorherrschende Projektförderung eher eine Belastung als eine Problemlösung. Gerade auch das diesem Buch zugrunde liegende Projekt hat gezeigt, dass intergenerationelle Lernprozesse der mindestens mittelfristigen Planung und Verankerung besonders beim pädagogischen Personal, aber auch in den Institutionen der Erwachsenenbildung bedürfen. Pädagogische Qualität und die Etablierung pädagogischer Konzepte wie thematischer Neuerungen bedürfen auch weiterhin einer strukturellen Absicherung.

Begrenzte Erreichbarkeit von Teilnehmenden

Die Frage, wer mit Angeboten der Erwachsenenbildung eigentlich erreicht wird, ist seit jeher von besonderem Interesse. Zusätzliche Möglichkeiten, Aussagen über die Teilnehmenden zu machen, haben sich in den letzten Jahren durch die Rezeption der Sinus- und Milieustudien ergeben. Mit all diesen Methoden und Verfahren können immer genauere Auskünfte über die erreichten Teilnehmenden gemacht werden, und dies erweist sich zunehmend nicht nur für die Programmplanung als hilfreich. Dabei wird insgesamt deutlich, dass Angebote der Erwachsenenbildung an Bedeutung verlieren und gerade im regionalen Umfeld weniger Menschen erreichen. Für die hier gestellte Frage scheint sich damit eher die vorsichtig vorgetragene Skepsis zu verstärken, dass Institutionen der Erwachsenenbildung häufig zu spezialisiert sind, als dass sie derzeit schon flächendeckend Angebote für generationsübergreifende Zielgruppen realisieren könnten.

Zusammenfassend lässt sich sagen, dass die Implementierung intergenerationellen Lernens für viele Einrichtungen eine weitgehend ungelöste und mit viel personellem, finanziellem und strukturellem Aufwand verbundene Aufgabe ist. Die begrenzten und vielfach reduzierten Ressourcen dürften derzeit kaum ausreichen, dieser Herausforderung gerecht zu werden.

Intergenerationelles Lernen – ein Thema der Kirche?

Für unsere Frage nach den Chancen intergenerationellen Lernens in der konfessionellen bzw. katholisch getragenen Erwachsenenbildung ist weiterhin zu klären, ob und wie dieses Thema insgesamt in der Kirche grundgelegt ist und ob sich daher Rückenwind für eine verstärkte Beschäftigung mit dieser Frage erkennen lässt. Das Thema selber kommt in offiziellen kirchlichen Verlautbarungen kaum vor. Immerhin können aber in dem so grundlegenden wie weitsichtigen Eröffnungsreferat von Kardinal Lehmann bei der Herbst-Vollversammlung der Deutschen Bischofskonferenz vom 22. September 2003 zum Thema „Zusammenhalt und Gerechtigkeit, Solidarität und Verantwortung zwischen den Generationen" wichtige Bezüge hergestellt werden. Zwar fehlt der Begriff, nicht aber das Thema, wenn in dem Text daran erinnert wird, dass das vierte Gebot und die davon ableitbare „Vermittlungsaufgabe" der Eltern gegenüber den Kindern „in eine vorneuzeitliche Lebenslage" hinein gesprochen worden ist. Gleichsam beruhigend zitiert Lehmann deshalb Gronemeyer: „Das Verhältnis der Generationen ist in dem Gebot verpackt, wenn das auch in den urtümlichen Worten schwer erkennbar ist. Dann besagt es, dass die Jüngeren die ‚Ausgebrauchten' nicht als Entsorgungsfälle betrachten dürfen, weil sie sonst die Humanität ihrer Gesellschaft beschädigen. Überträgt man das Gebot auf moderne Verhältnisse, dann erinnert es daran, dass Egoismus – der dem anderen die Würde abspricht – die Substanz einer menschenwürdigen Gesellschaft zerstört" (zitiert nach Lehmann 2003). Wenn auch der Text keine Konsequenzen für eine Begründung intergenerationellen Lernens in der Erwachsenenbildung anbietet, so ist es doch ausgesprochen bemerkenswert, dass nicht die ältere Generation einseitig hervorgehoben wird, sondern gute Argumente dafür geboten werden, ein *partnerschaftliches* Verhältnis, d.h. die *besondere Berechtigung des Wertes jeder Generation,* im Miteinander zu vertreten. Dies ist sicherlich eine starke inhaltliche Motivation für didaktische Realisierungen des Prinzips intergenerationellen Lernens. Zugleich liefert der Text eine bemerkenswerte Begründung für den genuinen inhaltlichen Zusammenhang von intergenerationellem Lernen und einer Bildung für nachhaltige Entwicklung. Lehmann greift einen Bericht der Cousteau-Society – einer Nichtregierungsorganisation, die sich mit Nachhaltigkeitsfragen auseinandersetzt – an die Vollversammlung der Vereinten Nationen auf, welcher sich mit dem Verhältnis der Rechte der jetzt lebenden Generation zu den Grundrechten künftiger Generationen beschäftigt. Er zitiert: „Kommende Generationen haben u. a. ein Recht auf eine unverseuchte und unbeschädigte Erde. Als Sachwalter künftiger Generationen besteht für jede Generation die Pflicht, irreversible und irreparable Schäden des Lebens auf der Erde, der Menschenwürde und Freiheit abzuwenden und Maßnahmen zu ergreifen, um die Rechte kommender Generationen zu schützen. Die Verantwortung für das Schicksal kommender Generationen umfasst indessen nicht nur die Verantwortung für deren menschenwürdige Existenz, sondern – dieser noch vorgelagert – für deren Existenz überhaupt" (zitiert nach Lehmann 2003, S. 27).

Motive und Chancen intergenerationellen Lernens in der Erwachsenenbildung

Auf die hier vorgetragenen und eher skeptisch anmutenden Fragen seien folgende Antworten versucht: Der zuletzt vorgetragene Gedanke der Cousteau-Society liefert mit der Sorge für die elementare Existenz der kommenden Generation einen gewichtigen inhaltlichen Grund für alle Bemühungen, intergenerationelle Lernprozesse zu initiieren. Eine solche *werteorientierte Begründung* ist sicherlich nicht allein in Einrichtungen der konfessionellen Erwachsenenbildung möglich. Allerdings dürfte diesen Einrichtungen der Nachweis sehr viel leichter fallen, dass sie sich mit ihrem Verständnis vom Menschen, aber auch mit ihrer Sicht auf Welt und Gesellschaft von (bildungs-)politischen Tendenzen abgrenzen, die der Verzweckung des Menschen allein oder vorwiegend für wirtschaftlich dominierte und vorgegebene Ziele Vorschub leisten. Solidarität zwischen den Generationen, die Bearbeitung der Folgen des demografischen Wandels bekommen somit im intergenerationellen Lernen eine neue inhaltliche Dimensionierung.

Um diesem starken inhaltlichen Impuls in Einrichtungen der Erwachsenenbildung nachzukommen und um darauf angesichts der skeptisch beurteilten Rahmenbedingungen eingehen zu können, sollte intergenerationelles Lernen als gute Gelegenheit für die eigene institutionelle Weiterentwicklung aufgegriffen werden. Bereichs- und institutionsübergreifendes Lernen stellen dann keine Anpassung an bildungspolitische Vorgaben dar, sondern machen Ernst mit der Idee des lebensbegleitenden Lernens und überwinden zum Teil mit Recht kritisierte Verkrustungen des bisherigen Bildungssystems, ohne die pädagogischen Erfordernisse aufzugeben und sie vorschnell politischen Überlegungen zu opfern.

Damit kann intergenerationelles Lernen zur Profilierung und Neuausrichtung der inhaltlichen Kompetenz der Erwachsenenbildung entscheidend beitragen. Hierzu sei exemplarisch auf die Publikation der Kommission Altenbildung in der Katholischen Bundesarbeitsgemeinschaft Erwachsenenbildung (vgl. KBE 2009) verwiesen, die genau zu diesem Thema eine eigene Grundlegung erarbeitet hat, in der abschließend fünf Leitperspektiven für intergenerationelle Arbeit in der Erwachsenenbildung formuliert werden:

- Wir fördern intergenerationelle Bildung in drei Bereichen:
  - Voneinander-Lernen, um die jeweiligen Potenziale zu nutzen.
  - Übereinander-Lernen, um das gegenseitige Verständnis zu fördern.
  - Miteinander-Lernen, um den eigenen Horizont zu erweitern.
- Wir ermöglichen persönliche Beziehungen zwischen den Generationen, um Vorurteile abzubauen.
- Wir geben Impulse, dass aus dem eingespielten Nebeneinander der Generationen ein Miteinander wird.
- Wir schaffen soziale Netzwerke und fördern so die Solidarität zwischen den Generationen.
- Wir regen an, gesellschaftliche Herausforderungen gemeinsam zu bewältigen, um passgenaue Lösungen zu (er)finden (KBE 2009, S.19 f.).

1.3 Zu diesem Buch

Der hier vorliegende Band ist aus der Arbeit an dem vom Bundesministerium für Bildung und Forschung (BMBF) geförderten Projekt „Generationen lernen gemeinsam: Nachhaltigkeit“ entstanden. In dieses Buch fließen viele Beobachtungen, Anregungen und Perspektiven ein, die wir während der Projektlaufzeit machen konnten. Entsprechend haben an diesem Band nicht nur die Autorinnen und Autoren mitgearbeitet, sondern über zweihundert Teilnehmer/-innen verschiedenster intergenerationeller Lerngelegenheiten. Ihre Bildungsprozesse haben uns zu diesem Buch inspiriert und sie haben uns an ihrem Lernen teilhaben lassen – dafür danken wir ihnen herzlich. In besonderem Maße ist der Band durch die Erwachsenenbildner/-innen geprägt, die an der Fortbildung teilgenommen haben und ganz verschiedene Formen intergenerationellen Lernens in ihren Bildungsangeboten erprobt haben. Es sind dies: Gisela Bolmer (Katholische Erwachsenenbildung Lingen), Franz-Josef Esser (Bildungswerk der Erzdiözese Köln), Gudrun Germershausen (Evangelische Erwachsenenbildung Niedersachsen), Michael Götz (Haus am Maiberg, Heppenheim), Franziska Hofmeister (Münchner Bildungswerk), Matthias Hohgräbe (Kolpingwerk im Diözesanverband Hildesheim), Jutta Eicher (Kolpingwerk im Diözesanverband Augsburg), Hinrich Olsen (Evangelisches Forum Kirchenkreis Moers), Wolfram Pscheidl (Dachauer Forum), Ursula Ratzek-Eckardt (Münchner Bildungswerk), Prof. Dr. Irmgard Schroll-Decker (Katholische Erwachsenenbildung Regensburg), Melanie Sommer (Katholisches Bildungswerk im Landkreis Miesbach e.V.), Salome Spiegel

(Gemeinnütziges Sozialwerk der katholischen Arbeitnehmerbewegung Deutschlands e.V.), Gisela Viertel (Volkshochschule Münster), Brigitte Wieland (Familienbildungsstätte Ahlen) und Dr. Theresia Wintergerst (Katholische Landvolkbewegung Landesbildungswerk Bayern e.V.). Das Vorhaben wurde – außer von den Autorinnen und Autoren – von Elfi Eichhorn-Kösler und Peter Wirtz konzeptionell vorbereitet sowie durch eine Steuergruppe begleitet, der neben den Autoren und Autorinnen Dr. Hartmut Heidenreich und Titus Möllenbeck angehörten. Den wissenschaftlichen Auswertungsprozess haben als studentische Hilfskräfte Eva Geißendörfer und Eva Siebert unterstützt. Das Lektorat der Publikation wurde umsichtig von Frau Elke Rothe durchgeführt. Finanziell wurde das Projekt durch das Bundesministerium für Bildung und Forschung (BMBF) gefördert. Ihnen allen sei herzlich gedankt!

Im zweiten Kapitel dieses Bandes steht zunächst die Auseinandersetzung mit intergenerationellem Lernen im Vordergrund. Es wird danach gefragt, wie man den Begriff der Generationen *verstehen* kann und wie und in welchen Formen Generationen lernen können. Dies wird durch Praxisbeispiele veranschaulicht.

Im dritten Teil des Bandes steht die Fortbildung von Erwachsenenbildnerinnen und Erwachsenenbildnern für das intergenerationelle Lernen im Mittelpunkt. In diesem Kapitel werden Hinweise gegeben, wie Erwachsenenbildner/-innen in Fortbildungen zur Gestaltung intergenerationeller Bildungsprozesse *angeregt* werden können. In dieser Darstellung werden förderliche didaktische Prinzipien einer Fortbildung, wie beispielsweise partizipatives Lernen, vorgestellt und durch praktische Umsetzungsbeispiele verdeutlicht.

Darüber hinaus werden im vierten Teil des Bandes Anregungen für die Durchführung von Praxisbeispielen gegeben und danach gefragt, welche Art von intergenerationellen Lernarrangements *gestaltet* werden können. Dabei soll die große Breite an Möglichkeiten intergenerationeller Bildungsveranstaltungen sichtbar gemacht und dadurch Anregungen für die eigene Bildungspraxis geliefert werden. Nachahmungen sind erwünscht!

Im fünften Teil der Handreichung werden diese Praxiserfahrungen wissenschaftlich *reflektiert*. Dieses empirische Wissen steht im Mittelpunkt des Kapitels, in dem beispielsweise diskutiert wird, was Teilnehmende und Erwachsenenbildner/-innen gleichermaßen als Potenzial intergenerationellen Lernens beschreiben. Anschließend wird der Frage nachgegangen, wie intergenerationelles Lernen durch Erwachsenenbildner/-innen vermittelt werden kann. Durch welche Art von Themen kann man unterschiedliche Generationen ansprechen?

Anschließend werden förderliche Bedingungen für intergenerationelles Lernen zusammenfassend vorgestellt, die durch die Beobachtungen, Reflexionen und Ergebnisse der wissenschaftlichen Begleitforschung, der pädagogischen Leitung und Begleitung und natürlich auch durch viele persönliche Gespräche mit Teilnehmenden und Erwachsenenbildnern und Erwachsenenbildnerinnen entstanden sind. Im Mittelpunkt steht daher die Frage, welche Bedingungen intergenerationelle Lernprozesse mit *ermöglichen* können.

Im siebten Kapitel werden abschließend *Visionen* zum intergenerationellen Lernen umrissen, die zum Weiterdenken und Weiterarbeiten anregen sollen.

Zu diesem Theorie- und Praxisband gibt es einen zweiten Band[1], in dem die Methoden intergenerationeller Bildungsarbeit im Mittelpunkt stehen. In diesem Band werden zahlreiche praktische Ideen und methodische Anregungen für eine intergenerationelle Bildungsarbeit begründet und entfaltet. Anhand von sechs didaktischen Grundorientierungen für intergenerationelle Lernprozesse bietet der Band detaillierte Beschreibungen und Anleitungen von über 50 Methoden für die Planung und Durchführung von generationsübergreifenden Bildungsveranstaltungen.

Tipps für die Praxis und Anregungen zur vertiefenden Reflexion
In dieser Publikation werden Hintergrundinformationen und Tipps für die Praxis in zwei verschiedenen Kästen zusammengefasst. Die Kästen mit konkreten Hinweisen und Anregungen für die Praxis sind durch das Symbol gekennzeichnet. Das Symbol steht für verschiedene vertiefende Informationen, wie zum Beispiel Begriffserläuterungen, Exkurse, vertiefende Reflexionen oder weiterführende Hintergrundinformationen.

1 Eva-Maria Antz, Julia Franz, Norbert Frieters, Annette Scheunpflug (2009): Generationen lernen gemeinsam. Methoden für die intergenerationelle Bildungsarbeit. Bielefeld.

2 Intergenerationelles Lernen verstehen – Intergenerationelles Lernen als Bildungskonzept

Woraus besteht nun die eingangs skizzierte Herausforderung genau? Wie hat man sich intergenerationelles Lernen vorzustellen? Und auf welche konzeptionellen Überlegungen kann zurückgegriffen werden? Darum geht es in diesem Kapitel. Dazu wird zunächst beschrieben, wie sich Generationen verstehen lassen und wie diese lernen. Anschließend geht es um die thematische Dimension intergenerationeller Lernprozesse, die am Beispiel des Themas Nachhaltigkeit erläutert wird. Schließlich werden beide Aspekte – auch vor dem Hintergrund der Praxis – aufeinander bezogen.

2.1 Intergenerationelles Lernen

Generationen

Dass Lernen nicht nur eine individuelle Fähigkeit ist, sondern sich auch zwischen Generationen vollzieht, ist lange bekannt. Bereits im 16. Jahrhundert lässt sich der Begriff „Generation“ in der deutschen Sprache als eine Bezeichnung für die Gesamtheit der Menschen einer Altersstufe feststellen. Dieser Begriff geht auf das lateinische Wort „generatio“ zurück, das für Zeugung und Zeugungskraft steht. Im Spätlateinischen wurde mit einer „Generation“ ausschließlich die eigene Nachkommenschaft beschrieben (vgl. Etymologisches Wörterbuch des Deutschen 1995, S. 423). Der Begriff „Generation“ bezieht sich ursprünglich also einerseits auf die Zeugungsfähigkeit und andererseits auf die Generationenfolge. Mit diesem Wort wird darauf verwiesen, dass Leben immer wieder neu gezeugt wird und jedem in einem geschichtlichen individuellen Verlauf eine Position in einer Generationenfolge zugewiesen wird (vgl. Lüscher 1993, S. 18). Jeder neugeborene Mensch wird in eine solche Abfolge hineingestellt; er lernt, was die Vorfahren an Kulturtechniken erworben haben und gibt dieses Wissen anschließend an andere weiter. Dieser Lernprozess erfolgt eben auch auf generationeller Ebene: Entsprechend der eingangs genannten Begriffsbezeichnung gibt eine Generation ihre Erfahrung und ihr Wissen, ihre erlernten und erworbenen Kompetenzen an eine andere Generation weiter. Über Jahrhunderte hinweg war dieser Prozess der Weitergabe erworbener Kompetenzen eng an die Generationenfolge geknüpft: Die ältere Generation gab ihr Wissen an die jüngere, nachfolgende Generation weiter. Angesichts des heutigen schnellen sozialen Wandels ist diese Lernrichtung nicht mehr zwangsläufig gegeben.

Wenn wir heute über „intergenerationelles Lernen" sprechen, dann ist damit das Lernen zwischen den Generationen gemeint.[1]

Nun ist die Frage nicht einfach zu beantworten, was denn das Gemeinsame einer Generation sei bzw. wie eine Generation von einer anderen Generation abzugrenzen ist. Im wissenschaftlichen Diskurs zum Thema „Generationen" haben sich drei verschiedene Generationenbegriffe entwickelt (vgl. Liebau 1997; Uhlendorff 2008).

a) Entsprechend der ursprünglichen Bedeutung des Wortes kann man unter einer „Generation" zunächst einmal voneinander abstammende Familienangehörige unterschiedlichen Alters bezeichnen. Dieser sogenannte *genealogische Generationenbegriff* bezieht sich auf die Abfolge von Familienangehörigen (vgl. Höpflinger 1999, S. 6). Damit wird eine mikrosoziale Perspektive, d.h. eine Perspektive, die sich auf die kleinste gesellschaftliche Einheit – die Familie – bezieht, eingenommen. Diese Generationenform ist auch heute, unabhängig von allen strukturellen Veränderungen des Konzepts „Familie", sehr prägend und bedeutsam: „Gewiss haben sich die Familienformen vervielfacht; gewiss sind damit auch die Verwandtschaftsverhältnisse und die familiären Beziehungsverhältnisse in mancher Hinsicht (wieder) komplizierter geworden als in der kurzen historischen Epoche der Kleinfamilie. Aber die genealogischen Linien lassen sich nach wie vor klar erkennen" (Liebau 1997, S. 26). Mit einem genealogischen Generationenbegriff stehen die Generationenkon-

1 Der Begriff „Generation" unterscheidet sich vom Begriff „Kohorte". In der Soziologie werden als Kohorten Jahrgänge bezeichnet, die zur Abgrenzung von Bevölkerungsgruppen dienen und durch ein gemeinsames erlebtes und längerfristig prägendes Ereignis definiert werden. Dieses Startereignis formiert beispielsweise Alters- oder Geburtenkohorten, Eheschließungs- oder Berufseintrittskohorten (vgl. Schnell/Hill/Esser 1993, S. 262).

stellationen von Familien im Mittelpunkt des Interesses, gleich welche Form diese annehmen.

b) Darüber hinaus wird das Thema „Generationen" aber auch in anderer – über die familiären Bindungen hinausgehender – Bedeutung verstanden. Der Generationenbegriff kann sehr klar auf die Lernbeziehung, die durch den Erfahrungsunterschied zwischen verschiedenen Generationen immer implizit gegeben ist, bezogen werden. Dann spricht man von einem *pädagogischen Generationenbegriff*. Wird der Begriff in dieser Form verwendet, werden meist zwei Generationen in den Blick genommen und diese aufeinander bezogen. Das Kriterium ihrer Unterscheidung sind nicht zwangsläufig Altersdifferenzen, sondern die Übernahme unterschiedlicher Rollen im pädagogischen Vermittlungsprozess. Eine Generation übernimmt die Rolle der Vermittelnden, während die andere Generation die Position der Lernenden einnimmt. Friedrich Schleiermacher hat in diesem Zusammenhang die berühmt gewordene Frage gestellt „Was will denn eigentlich die ältere Generation mit der jüngeren?" (Schleiermacher 1966/1826, S. 9). Die ältere Generation hat – nach Schleiermachers Argumentation – die Aufgabe, der jüngeren Generation zu helfen, erwachsen und somit selbst zur älteren Generation zu werden. Diese Vorstellung wird in Zeiten des schnellen gesellschaftlichen Wandels ergänzt durch die Perspektive, dass auch die Jüngeren die Rolle der Lehrenden und die Älteren die Rolle der Lernenden annehmen. Dies ist zum Beispiel gerade im Umgang mit Neuen Medien oder mit Technik häufig der Fall. Der pädagogische Generationenbegriff kann demnach besonders in dynamischen Gesellschaften als altersunabhängig gelten (vgl. Liebau 1997). Es geht nicht primär um Ältere und Jüngere, sondern um den Erfahrungsvorsprung einzelner am Lernprozess Beteiligter.

c) Zum anderen kann mit einer Generation aber auch eine bestimmte gesellschaftliche Erfahrung verknüpft werden. Der *historisch-soziologische Generationenbegriff* bezieht sich auf gesellschaftliche Gruppierungen. Gesellschaftlichen Gruppierungen werden verschiedene politische, kulturelle oder soziale Gemeinsamkeiten zugeschrieben. Diese Gemeinsamkeiten entstehen häufig durch prägende historische Ereignisse, die miteinander geteilt wurden – oft, aber nicht immer, in der Jugendzeit. „Diejenigen, welche in den Jahren der Empfänglichkeit dieselben leitenden Einwirkungen erfahren, machen zusammen eine Generation aus. So gefasst, bildet eine Generation einen engen Kreis von Individuen, welche durch Abhängigkeit von denselben großen Tatsachen und Veränderungen, wie sie im Zeitalter ihrer Empfänglichkeit auftraten, trotz der Verschiedenheit anderer hinzutretender Faktoren, zu einem homogenen Ganzen verbunden sind" (Dilthey 1875, S. 37). Mit dem historisch-soziologischen Generationenbegriff wird die Prägung durch Ereignisse sowie die historische Dimension dieser Erfahrung betont. „Aufwachsen in der Bundesrepublik der 80er Jahre unterscheidet sich erheblich vom Aufwachsen im Deutschland der 90er Jahre" (Liebau 1997, S. 24). Häufig genannte Generationenbezeichnungen sind die „Kriegsgeneration" (für die während des Zweiten Weltkriegs sozialisierten Jugendlichen), die „Nachkriegsgeneration" (für in den 50er-Jahren sozialisierten Jugendlichen), die „68er-Generation" oder die „Generation Golf" (Illies 2000).

Im Folgenden werden die drei Generationenbegriffe noch einmal im Überblick zusammengefasst dargestellt (vgl. Abb. 1):

Generationenbegriff	Erläuterung
Genealogischer Generationenbegriff	Die Generationen sind verwandt: Großeltern, Eltern und Kinder.
Pädagogischer Generationenbegriff	Die Generationen sind durch Lernprozesse miteinander verbunden.
Historisch-gesellschaftlicher Generationenbegriff	Die Generationengruppen sind durch historische bzw. gesellschaftliche Ereignisse geprägt worden.

Abb. 1: Generationenbegriffe im Überblick

Generationenbeziehungen und Generationenverhältnisse

Der Fortbestand sowie die Weiterentwicklung von Gesellschaften werden durch die Tradierung von Wissen, Praktiken und Werten über die Generationenfolge hinweg erst ermöglicht. Die Beziehung zwischen verschiedenen Generationen kann unterschiedlich organisiert sein. Um sich im Folgenden diese Formen genauer anzusehen, ist es zunächst nochmals hilfreich, eine weitere Unterscheidung einzuführen: Spricht man von *Generationsverhältnissen,* ist damit das abstrakte Verhältnis zwischen (sich nicht persönlich bekannten Mitgliedern von) Generationen innerhalb einer Gesellschaft gemeint. Spricht man hingegen von *Generationenbeziehungen,* sind damit die individuellen und familiären Beziehungen zwischen verwandten (Mitgliedern von) Generationen gemeint.

Familiäre Generationsbeziehungen sind durch eine Vielzahl gegenseitiger Beziehungen gekennzeichnet, die sich zum Beispiel in der Kontakthäufigkeit, der Kontaktintensität oder in monetären Transferleistungen ausdrücken können (vgl.

Mansel 2008; Kohli et al. 2000). In Deutschland laufen monetäre Transferleistungen vor allem von älteren an jüngere Generationen.[2] Die Kontakthäufigkeit hängt von der Entfernung der Familienmitglieder ab: „Je höher die Bildungsqualifikation in beiden Generationen, umso wahrscheinlicher ist es, dass Eltern und Kinder entfernt voneinander wohnen" (Höpflinger 1999, S. 34).

Die Möglichkeit, sich regelmäßig zu treffen und zu sehen, nehme mit steigender Entfernung ab. Dies habe allerdings keinen Einfluss auf die Intensität oder die emotionale Enge der Beziehung, da sich die Generationen trotz großer räumlicher Distanz – im Sinne einer „multilokalen Mehrgenerationenfamilie" (vgl. Bertram 2000) – in der Regel sehr nahebleiben. So gaben im vom Bundesministerium für Familie, Senioren, Frauen und Jugend (BMFSFJ) in Auftrag gegebenen Alterssurvey 52 % der befragten 40- bis 85-Jährigen an, täglichen Kontakt zu mindestens einem ihrer Kinder (ab 16 Jahren) zu haben. 91 % der Befragten ließen wissen, dass sie mindestens einmal pro Woche mit einem ihrer Kinder in Kontakt stehen (vgl. Hoff 2000, S. 240).

Im Hinblick auf Generationen*verhältnisse* werden drei grundlegende Modelle unterschieden, wie die Generationen innerhalb einer Gesellschaft zueinander stehen.

a) Im Modell der *negativen Interdependenz* wird von einem grundsätzlichen Generationenkonflikt ausgegangen. Hier ist das Verhältnis der Generationen durch Interessenkonflikte und unvereinbare Werte geprägt. Diese Konstellation impliziert eine Art Nullsummenspiel menschlicher Beziehungen (vgl. Amrhein/Schüler 2005, S. 10), bei der der Gewinn für die eine Generation zwangsläufig zu einem Verlust für die andere führt. Diese Vorstellung findet sich heute zum Beispiel in den politisch polarisierenden Diskussionen um das Rentensystem im Kontext des demografischen Wandels, wenn darüber diskutiert wird, ob eine Generation auf Kosten der nachkommenden Generationen lebe (vgl. Mansel 2008; Hauff/Bachmann 2006; Schirrmacher 2004). Das Modell der negativen Interdependenz entspricht der Vorstellung eines Generationenkriegs, in dem nicht nur monetäre Konfliktlinien, sondern auch unvereinbare Werte eine Rolle spielen. Ein Beispiel dafür wäre die Wahrnehmung eines

2 Angesichts des demografischen und sozialstaatlichen Wandels ist diese Situation Veränderungen unterworfen. Im Jahr 2030 werden vor allem Geringerverdienende und Menschen, die – beispielsweise aufgrund von Arbeitslosigkeit – nicht regelmäßig in die Rentenkasse einbezahlt haben, verstärkt von Altersarmut betroffen sein. Damit werden sich in diesen Fällen die heute noch relativ stabilen linearen monetären Transferleistungen verändern. Während ein Teil der Jüngeren dann von den Älteren erbt, muss ein anderer Teil der Jüngeren die Älteren finanziell unterstützen.

Generationenkonfliktes oder -krieges in den 1960er-Jahren. Die Werte der „Kriegsgeneration“ schienen mit denen der sogenannten „68er-Generation“ nicht vereinbar und führten zu gesellschaftlich ausgetragenen Auseinandersetzungen.

b) Das Modell der *positiven Interdependenz* geht von einer positiven Beziehung zwischen familialen und gesellschaftlichen Generationen aus. Was einer Generation zugutekommt, hat in diesem Modell auch positive Auswirkungen auf die jeweils anderen Generationen. Dies ist beispielsweise dann der Fall, wenn „ein Ausbau der Altersrenten auch den Jungen zugute kommt, da damit jede Generation in ihrer wirtschaftlichen und sozialen Selbstständigkeit gestärkt wird“ (Höpflinger 1999, S. 21). In diesem Modell steht also nicht der Konflikt, sondern die Solidarität zwischen den Generationen im Mittelpunkt.

c) Mit dem dritten Modell der *Segregation* wird von einer unabhängigen Koexistenz der Generationen ausgegangen. Jede Generation verfügt über eigene Interessen und es ergeben sich kaum kulturelle Berührungspunkte: „Was die Jungen tun, berührt die älteren Menschen wenig, und umgekehrt sind die Wertorientierungen und Lebenserfahrungen der vorangegangenen Generationen für die nachkommenden Generationen ohne Belang“ (Höpflinger 1999, S. 22).

Wie wird das Generationenverhältnis heute in der Regel gesehen?

In wissenschaftlichen Studien finden sich dafür Belege, dass in unserer Gesellschaft heute ein solidarisches Generationenverhältnis nach dem Modell der positiven Interdependenz dominiert. So wird beispielsweise in der Shell-Jugendstudie von 2006 deutlich, dass Jugendliche zwar Konfliktpotenziale zwischen Alt und Jung im Bezug auf den demografischen Wandel im Blick haben, aber größtenteils davon ausgehen, dass der Wohlstand in der Gesellschaft derzeit gerecht zwischen den Generationen geteilt ist und dass daher „von einer ‚Aufkündigung der Solidarität zwischen den Generationen‘ von Seiten der Jugendlichen keine Rede sein [kann]“ (Schneekloth 2006, S. 158).

In einer Schweizer Studie aus dem Jahr 1996 wurden sowohl junge als auch alte Menschen danach befragt, welches Beziehungsmodell sie subjektiv für sich selbst zutreffend halten: 10 % der Befragten machten Aussagen, die dem Modell der negativen Interdependenz zuzuordnen sind, 31 % dem der Segregation und 59 % dem der positiven Interdependenz (vgl. Roux/Gobet et al. 1996, S. 38).

Was versteht man unter einer Generation?

Spricht man von Generationenbeziehungen und -verhältnissen, spielt die Frage, was eigentlich eine Generation ist, immer auch eine Rolle. Wie oben deutlich wurde, lassen sich Generationen aus unterschiedlichen Perspektiven diskutieren. Vor diesem Hintergrund ist jeder Mensch grundsätzlich verschiedenen Generationen zuzuordnen; wissenschaftlich gesprochen geht man von einer „multiplen Generationszugehörigkeit" aus. So ist jeder Mensch in eine genealogische Generation eingebunden. Schließlich ist man beispielsweise Kind, Mutter, Vater, Großmutter oder Großvater. Gleichzeitig wird man in der Jugend aber auch durch bestimmte Ereignisse auf eine besondere Art und Weise geprägt. Die nach dem Krieg geborenen Menschen gehören beispielsweise zur „68er-Generation" oder zur „skeptischen Generation" (Schelsky 1957). Jeder Mensch ist damit Teil einer historisch-gesellschaftlichen Generation. Aus der Perspektive des pädagogischen Generationenbegriffes kann man als Lernende/-r oder Lehrende/-r betrachtet werden. Durch diese dreifache Perspektive ergeben sich sehr unterschiedliche Konstellationen, da die drei Aspekte vielfältig kombiniert werden können. Diese Vielfalt der Generationenbeziehungen steigert sich noch weiter, wenn man den schnellen gesellschaftlichen und technologischen Wandel in Betracht zieht. Durch die Pluralisierung und Individualisierung in der Gesellschaft folgen prägende Ereignisse, die wiederum zur Prägung unterschiedlicher Generationseinheiten führen können, immer schneller aufeinander. So ist es möglich, dass man neben der genealogischen Generationszugehörigkeit noch zu mehreren weiteren – im Sinne des gesellschaftlich-historischen Generationenbegriffs – Generationen gehört. So kann sich jemand zum Beispiel zur „Generation Golf" (Illies 2000) zählen, die in den späten 70er- und frühen 80er-Jahren nach Ansicht des Autors durch eine materiell sorgenfreie Jugend und lange Jahre andauernde Regierung Kohl geprägt wurde, und zugleich zur „Generation X" (Coupland 1991), für die es in den späten 80er-Jahren – nach Coupland – charakteristisch war, mit weniger ökonomischer Sicherheit als die Elterngenerationen umgehen zu müssen und gleichzeitig für deren wirtschaftliche und ökologische Sünden zu büßen. Aufgrund der Pluralisierung von Lebensentwürfen ist für jüngere Menschen heute die Identifikation mit einer Generation oft nicht eindeutig.

Generationen lernen

Generationen sind auch davon geprägt, dass zwischen ihnen Lernen stattfindet. Im genealogischen Generationenbegriff ist das Lernen impliziert; schließlich wissen wir, dass Kinder von ihren Eltern lernen, und manchmal auch Eltern von ihren Kindern. Der pädagogische Generationenbegriff impliziert ebenfalls eine

Vorstellung von intergenerationellem Lernen. Alltagssprachlich haben wir dann, wenn wir an Lernen und Generationen denken, häufig das Konzept vor Augen, dass Jüngere von den Erfahrungen Älterer lernen. Das ist – durch die Dominanz der Älteren beim Aufwachsen von Kindern und Jugendlichen – der häufigste Fall; gleichwohl bezeichnet das Konzept des Generationenlernens keinen einseitigen – von den Älteren zu den Jüngeren – gerichteten Lernprozess (vgl. Lüscher/Liegle 2004, S. 42). Vielmehr sind damit „alle Formen des Lernens, für welche der Bezug auf das Lebensalter bzw. die Generationenzugehörigkeit als Altersdifferenz oder Altersgleichheit relevant ist und die für die Vermittlung und Aneignung von Kultur sowie für die Konstitution der Person bedeutsam sind", gemeint (Lüscher/Liegle 2004, S. 39). Auch mit dem gesellschaftlich-historischen Generationenbegriff wird eine Vorstellung von intergenerationellem Lernen impliziert, die an die historischen Bedingungen von unterschiedlichen Generationen geknüpft ist. Ältere Generationen geben ihr Wissen und ihre Erfahrungen – in erster Linie bezüglich Politik und Geschichte – an kommende Generationen weiter, damit diese aufbauend auf diesem Wissen zukünftig die Gesellschaft gestalten können.

In diesen Lernprozessen kann nicht davon ausgegangen werden, dass das Lernangebot einer Generation ungefiltert an eine andere Generation weitergegeben wird. Auch in intergenerationellen Lernprozessen wird das Lernangebot – wie in allen Lernprozessen – im Prozess der Aneignung über eine selbstkritische Auseinandersetzung bearbeitet und verändert. Gerade in der Auseinandersetzung von Kindern und Jugendlichen mit ihren Eltern wird dieses deutlich: „Es geht um Lernprozesse, in denen sich die nachfolgende Generation das Erbe – im eigentlichen Sinne des Wortes – ‚aneignen', also zu Eigen machen und es dadurch transformieren" (Lüscher 2005, S. 200). Vielfach erfolgt das Lernen in der Weitergabe von Wissen, Werten und Praktiken zwischen den Generationen implizit: in Familien oder anderen intergenerationellen Gemeinschaften wie Vereinen, Initiativen, Nachbarschaften etc. Dieses Lernen wird in der Regel nicht explizit; selten nimmt sich jemand intentional vor, einer anderen Generation etwas von seinen Erfahrungen zu vermitteln, sondern dieses passiert einfach im Vollzug des Alltags.[3] Dieses mitgängige Lernen in intergenerationellen Lebensgemeinschaften ist von großer Bedeutung, wenn es darum geht, Praktiken, Fertigkeiten und Wissens-

3 Intergenerationelles Lernen kann in explizite und implizite Lernprozesse differenziert werden. Darüber hinaus ist eine zeitliche Differenzierung von Bedeutung. Das Lernen zwischen den Generationen findet im Rahmen des individuellen Lebenslaufs statt und gleichzeitig geschieht „Lernen im historischen Prozess durch Generationswechsel" (Titze 2000, S. 131). Das intergenerationelle Lernen im historischen Prozess muss zeitlich in langen Intervallen gedacht werden. „Für das Lernen der Gattung scheint die Zeit gleichsam unendlich zu sein; sofern sie nur überlebt, ist ihr Vorrat an Zeit nie knapp" (Titze 2000, S. 136). Das Lernen des Individuums ist hingegen zeitlich begrenzt. Das Deutungswissen von Erfahrungen bewegt sich vor dem Hintergrund des eigenen zeitlich begrenzten Lebenslaufs und erlangt in diesem Kontext erst Bedeutung.

bestände an nachkommende Generationen weiterzugeben. Gleichzeitig wird diese unbewusste Form des intergenerationellen Lernens in Zeiten einer stärkeren Individualisierung und Pluralisierung von Lebensläufen aufgrund einer räumlichen Trennung von Familienmitgliedern weniger selbstverständlich.

Intergenerationelles Lernen als Aufgabe der Erwachsenenbildung

Weil intergenerationelles Lernen durch die räumliche Mobilität in Familien nicht mehr immer gegeben ist, sickert dieses Lernen aus dem informellen familialen Lernen in nonformale Lernangebote, wie die Erwachsenenbildung, hinein. Zudem verfügen gerade die Generationen des dritten und des vierten Lebensalters häufig über Zeitressourcen, die gerne mit anderen – und gerade auch mit Angehörigen jüngerer Generationen – verbracht werden (vgl. Tippelt/Schmidt i.V.).

In den letzten Jahren sind in Einrichtungen der Erwachsenenbildung im Hinblick auf das generelle Lernbedürfnis für das dritte oder vierte Lebensalter große konzeptionelle Anstrengungen unternommen worden. Die Bildung im dritten oder auch vierten Lebensalter (vgl. für die allgemeine Erwachsenenbildung KBE 2002; für die kulturelle Bildung de Groote/Nebauer 2008; für die wissenschaftsorientierte Weiterbildung Stadelhofer 1996, für das globale Lernen Asbrand et al. 2006) gewinnt durch gesellschaftliche und demografische Veränderungen immer mehr an Bedeutung. Bildung begleitet Menschen über die Phase der Erwerbstätigkeit hinaus bis ins hohe Alter. Diese Konzepte werden allmählich um Aspekte des intergenerationellen Lernens erweitert (vgl. KBE 2009; Marquard/Schabacker-Bock/Stadelhofer 2008; ZAWIW 2005; vgl. für intergenerationelles Lernen im Seniorenstudium Keil/Brunner 1998). Die Forschung ist in diesem Bereich noch wenig entwickelt[4].

Intergenerationelles Lernen in der Erwachsenenbildung

Die Verbände und Einrichtungen der Erwachsenenbildung sind gleichermaßen von demografischen und gesellschaftlichen Wandlungsprozessen betroffen und beteiligen sich aktiv am Diskurs um die Bildung Älterer und um intergenerationelles Lernen. So wird in den 2008 erschienenen Empfehlungen des Innovationskreises Weiterbildung für eine Strategie zur Gestaltung des Lernens im Lebenslauf das Lernen der Generationen in den Blick genommen und zu einer Entwicklung und Verbreitung neuer „Angebotsformen für das

4 Intergenerationelle Projekte stehen in der Untersuchung von Eisentraut im Mittelpunkt. Die Autorin analysiert allerdings die verschiedenen Formen und Gelingensbedingungen von intergenerationellen Projekten, in denen Lernen – ähnlich wie in der Familie – implizit geschieht (vgl. Eisentraut 2007). Zum Lernen der Generationen sowie der didaktischen Gestaltung intergenerationeller Lernprozesse vgl. Franz (2009).

intergenerationelle Lernen“ aufgerufen (BMBF 2008, S. 12). In den Verbänden und Einrichtungen der Erwachsenenbildung ist dies zum Teil schon jetzt der Fall. Beispielsweise beschäftigte sich die Kommission Altenbildung der Katholischen Bundesarbeitsgemeinschaft für Erwachsenenbildung 2002 mit Bildung im dritten Lebensalter: „Bildung im dritten Alter muss als Teil der Erwachsenenbildung verstanden werden, weil es hierbei um die Veranstaltungen geht, in denen ältere Menschen ausdrücklich als Adressaten von Erwachsenenbildung genannt sind. [...] Von der Erwachsenenbildung her ist die Bildung im dritten Alter ein notwendiger Teilbereich, weil Erwachsenenbildung den Prozess lebenslangen Lernens unterstützt. Sie orientiert sich an der Lebenswelt und den Bedürfnissen der Menschen und muss deshalb die Bildung im dritten Alter als zielgruppenspezifische Erwachsenenbildung integrieren“ (KBE 2002, S. 6). Im Anschluss an diese Überlegungen erarbeitete die Kommission Altenbildung „Leitlinien intergenerationellen Lernens für die katholische Erwachsenenbildung“, um so Anregungen zur Gestaltung intergenerationeller Lernprozesse zu geben (KBE 2009). Im Bereich der Umweltbildung hat das Generationennetzwerk Umwelt in verschiedenen Lernwerkstätten Angebote für Alt und Jung entwickelt, in denen sich die Generationen gemeinsam lernend für gesellschaftliche Belange engagieren konnten. Ausgangspunkt waren hier die Potenziale des Alters, die durch einen am Thema Umwelt ausgerichteten Generationendialog fruchtbar gemacht werden sollten (vgl. Olejniczak/Geißler 2006).

Intergenerationelles Lernen stellt für die Erwachsenenbildung insofern eine Herausforderung dar, als dass bisher informell und implizit ablaufende Lernprozesse nun in ein formelles und intentionales Lernsetting überführt werden. Wenn intergenerationelles Lernen in Veranstaltungen der Erwachsenenbildung gefördert werden soll, dann sind dessen implizite Prozesse explizit zu reflektieren und durch die Gestaltung der Lernumgebung zu nutzen. In der Explikation des impliziten Lernens liegt eine Herausforderung für institutionelle intergenerationelle Lernprozesse. Intergenerationelles Lernen ist in der Erwachsenenbildung eben keine mitgängige, zufällige Lernform mehr, sondern ein expliziter und didaktisch geplanter Bestandteil einer Bildungsveranstaltung.

Unterschiedliche Begrifflichkeiten für die Beschreibung von Lernangeboten

An dieser Stelle ist eine Unterscheidung von Alfred K. Treml hilfreich, um den Prozess des Übergangs von familiären und mitgängigen hin zu expliziten Lernformen in der Erwachsenenbildung zu beschreiben. Treml unterscheidet zwischen intentionaler, funktionaler und extensionaler Erziehung bzw. Lernangeboten (vgl. Treml 2000, S. 59–81). Intentionale Erziehung ist von der Absicht der Lehrenden geprägt und wird dementsprechend intentional gestaltet. Funktionale Erziehung beschreibt das mitgängige, implizite und unreflektierte Lernen beispielsweise im Familienverband. Lernen ist hier ein Nebeneffekt, der beim Ausführen anderer Tätigkeiten geschieht. Extensionale Erziehung bezeichnet nach Treml nun die intentionale Entscheidung, funktional zu erziehen, d.h., es werden Situationen und Lernumgebungen intentional geschaffen, in denen beiläufig gelernt werden kann. Diese Unterscheidung im Bereich der Erziehung lässt sich auch auf Lernkonzepte übertragen. Gerade im Bezug auf intergenerationelles Lernen werden häufig extensionale Räume hergestellt, in denen gemeinsam beiläufig gelernt werden kann. Zum Beispiel gibt es einige Projekte, in denen Ältere und Kinder gemeinsam kochen oder die Natur erleben. Meist steht hier das Miteinander der Generationen im Vordergrund. Die Veranstaltung der Erwachsenenbildung oder Familienbildung fungiert dann als Raum, in dem sich implizite Lernprozesse als Nebenprodukt zur eigentlichen Tätigkeit „Kochen“ ergeben können. Solche Projekte sind vor allem in Einrichtungen der Familienbildung zu finden, in denen es ja gerade darum geht, zu lernen, als Familie gemeinsam zu agieren (vgl. z. B. Altdorfer 1978; Rupp 2002). Die Herausforderung für die Erwachsenenbildung im Bezug auf intergenerationelles Lernen liegt also gerade darin, explizite Lernprozesse zwischen den Generationen durch intentionale Lernangebote zu ermöglichen.

Eine weitere didaktische Herausforderung intergenerationellen Lernens kann darin gesehen werden, dass – neben der Heterogenität der Lerngruppen durch unterschiedliche Biografien und Lebenssituationen – auch generationsspezifische Zugänge zum Lernen und zum thematischen Fokus in den Blick kommen: „Das Lernverhalten ist unter dieser Perspektive zeitgeschichtlich sowie individuell-biographisch ‚aufgeladen‘ und kann – unter Rückgriff auf die Innenwelt der Individuen – als eigene ‚Kulturtechnik‘ einer Generation rekonstruiert werden“ (Meese 2005, S. 39). Häufig verfügen Generationen über unterschiedliche Lernkulturen, die einen erheblichen Einfluss auf intergenerationelle Lernprozesse nehmen können. Beispielsweise hat ein 1940 geborener Teilnehmer andere Lernpräferenzen als ein Mensch, der 1970 oder 1990 geboren wurde.

2.2 Themen intergenerationellen Lernens: Nachhaltigkeit

Gerade vor dem Hintergrund dieser unterschiedlichen Lernerfahrungen ist zu fragen, welche *Themen* denn für intergenerationelle Bildungsangebote von Relevanz sein könnten. Grundsätzlich sind alle Themen möglich, für die Menschen sich interessieren; allerdings ist es Bedingung, dass jede der beteiligten Generationen im gewählten Thema einen Anknüpfungspunkt finden können muss.

Wir haben uns in unserem Modellversuch mit dem Thema „Nachhaltigkeit“ beschäftigt. Es wird deshalb in allen Beispielen dieses Buches in unterschiedlichen Dimensionen vorkommen. Dieses Thema stellt insofern einen interessanten thematischen Bezugspunkt intergenerationellen Lernens dar, als dass sich in ihm inhaltliche gemeinsame Interessen aller Generationen – zumindest auf einem abstrakten Level – zeigen können. „Wer möchte, dass die Erde so bleibt wie sie ist, will nicht, dass sie bleibt“, sagte der Dichter Erich Fried treffend. Das Überleben der Menschheit ist ein generationenübergreifendes Thema. Allerdings ist davon auszugehen, dass es sehr unterschiedliche Vorstellungen und Meinungen dazu gibt, wie eine nachhaltige Entwicklung erreicht werden kann. Von daher bietet sich auch aus diesem Grunde das Thema für intergenerationelle Lernprozesse an.

Nachhaltigkeit

Der Begriff „Nachhaltigkeit“ stammt ursprünglich aus den Forstwissenschaften und bezeichnet dort die Regel, dass nur so viele Bäume gefällt werden dürfen, wie jeweils wieder nachwachsen (vgl. Grober 2003; vgl. kritisch zur Popularisierung des Begriffs Tremmel 2003b). Das Konzept der „Nachhaltigen Entwicklung“ (Sustainable Development), wurde 1992 in der UN-Umweltkonferenz in Rio de Janeiro beschlossen. In der Weiterentwicklung des dort geprägten Nachhaltigkeitsverständnisses wird Nachhaltigkeit heute in drei Dimensionen differenziert. Im Rahmen der sozialen Dimension stehen Fragen nach der Gerechtigkeit, auch der Generationengerechtigkeit, im Mittelpunkt. Nachhaltigkeit kann also nur über sozialen Ausgleich und gerechte Partizipationsmöglichkeiten, Sicherheit, medizinische Versorgung und Ressourcenzugang verwirklicht werden. Mit der ökologischen Dimension wird vor allem die Nutzung und Bewahrung der natürlichen Ressourcen in den Blick genommen. Die zentralen Fragen sind hier der Klimaschutz und die schonende Nutzung der Ressourcen. Mit der ökonomischen Dimension von Nachhaltigkeit werden finanzielle Fragen, vor allem nach der (Staats-)Verschuldung, in den Vordergrund gerückt. Schließlich kann Nachhaltigkeit eben auch nur dann erreicht werden, wenn ausgegeben wird, was auch erwirtschaftet wurde, und nicht auf Kosten der jeweils nachfolgenden Generationen gewirtschaftet wird.[5]

---

5 Zur Bildung für Nachhaltige Entwicklung vgl. de Haan 2002; de Haan/Harenberg 1999; zum Globalen Lernen in einer komplexen Weltgesellschaft vgl. Asbrand/Scheunpflug 2005; Lang-Wojtasik 2008; Scheunpflug 2008, 2003.

Die Ausrichtung auf die Zukunft bzw. die zukunftsfähige Gestaltung von Gesellschaften ist allen drei Dimensionen gemeinsam. Diese Zukunftsbezogenheit wird auch in der zentralen Definition des Konzepts der nachhaltigen Entwicklung, die die Weltkommission für Umwelt und Entwicklung in dem nach ihrer Vorsitzenden benannten Brundtland-Bericht geprägt hat, deutlich: „Sustainable development is development that meets the needs of the present without compromising the ability of future generations to meet their own needs. It contains within it two key concepts: The concept of 'needs', in particular the essential needs of the world's poor, to which overriding priority should be given; and the idea of limitations imposed by the state of technology and social organization on the environment ability to meet present and future needs" (Weltkommission für Umwelt und Entwicklung 1987, S. 54).

Mit dem Konzept der Nachhaltigkeit wird ein Verständnis von Generationengerechtigkeit impliziert: „Festhalten lässt sich [...], dass zwischen Nachhaltigkeit und intergenerationeller Gerechtigkeit ein Verhältnis wechselseitiger Implikationen besteht. Intergenerationelle Gerechtigkeit ist Kernbestandteil der Nachhaltigkeitsidee, nachhaltiges Handeln ist notwendig, um zukünftigen Generationen faire Lebensbedingungen bieten zu können" (Ott/Bartolomäus 2003, S. 17).[6]

Vor diesem Hintergrund ergeben sich verschiedene Anknüpfungsmöglichkeiten zwischen Bildungskonzepten des intergenerationellen Lernens und der Nachhaltigkeit:

- Themen der Nachhaltigkeit bieten intergenerationelle Anknüpfungsmöglichkeiten.
- Die didaktischen Anregungen aus der Bildung für nachhaltige Entwicklung können für intergenerationelle Lernprozesse interessante Perspektiven eröffnen.

2.3 Lernformen intergenerationellen Lernens

Wie kann intergenerationelles Lernen aussehen? Siebert und Seidel (1990) unterscheiden zwischen folgenden Zugängen intergenerationellen Lernens (vgl. Siebert/Seidel 1990; darauf aufbauend Meese 2005):

6 Tremmel differenziert den Begriff in *inter*generationale Gerechtigkeit und verweist damit auf Gerechtigkeit zwischen verschiedenen Generationen, sowie in *intra*generationelle Gerechtigkeit, die für Gerechtigkeit innerhalb einer Generation steht (vgl. Tremmel 2003a, S. 44). Weiterhin unterteilt er den Begriff in temporale und intertemporale Generationengerechtigkeit. Während der erste Ausdruck die Generationengerechtigkeit zwischen den verschiedenen gegenwärtig lebenden Generationen beschreibt, steht Letzterer für die „Gerechtigkeit zwischen Menschen, die früher lebten, die heute leben und die zukünftig leben werden" (Tremmel 2003b, S. 6).

- Voneinander-Lernen,
- Miteinander-Lernen und
- Übereinander-Lernen.

Im folgenden Abschnitt werden diese Lernzugänge jeweils vorgestellt und durch Praxisbeispiele einer intergenerationellen Bildung für nachhaltige Entwicklung illustriert.

Voneinander-Lernen

Der Lernzugang „Voneinander-Lernen" beschreibt eine originäre Form intergenerationellen Lernens, bei welcher zwei Generationen aufeinandertreffen und eine Generation die jeweils andere unterstützt und informiert. Die unterstützende Generation hat mehr Wissen und Erfahrung und gibt diese an die (noch) Unerfahrenen weiter. Diese Form des Lernens ist die natürliche Form des Lernens in einem genealogischen Generationenverhältnis, da in der Regel die Jüngeren von den Älteren lernen.

Voneinander-Lernen
Mit Senioren in Wiesen und Wald – Expertenlernen

Im Projekt „Was Großvater noch weiß" der Katholischen Erwachsenenbildung in Lingen zeigen Senioren einer Kindergruppe regelmäßig die umgebende Natur und geben so ihr naturkundliches Wissen und ihre Erfahrung an Heranwachsende weiter (vgl. Bolmer 2006). Die Senioren sind naturkundliche Experten und organisieren Exkursionen für Kinder und Kindergartengruppen. Diese erlebnispädagogische Ausrichtung – es geht ja um das Erleben der Natur – wird durch die Erzählungen und Erklärungen der Älteren ergänzt und unterfüttert. Die Kinder lernen von den Senioren die Bezeichnung verschiedener Pflanzen und Insekten. Die Jüngeren lernen also von den Älteren. In diesem Projekt der Nachhaltigkeit steht die ökologische Dimension im Mittelpunkt.
In einer Studie verweist Wehrspann (1997) auf eine umgekehrte Tradierungsrichtung im Kontext einer ökologischen Dimension von Nachhaltigkeit. Umweltbewusstsein und ökologische Themen würden vor allem durch Kinder in die Familie hineingetragen. Dies sei deshalb der Fall, da die Kinder sich in den institutionellen Bildungseinrichtungen explizit mit den Themen Nachhaltigkeit und Umwelt auseinandersetzen und dann versuchen, das Verhalten ihrer Eltern, beispielsweise bezüglich Recyclings, positiv zu verändern. Ein Standardbeispiel sind Neue Medien, bei denen die herkömmliche Tradierung, dass Jüngere von Älteren lernen, umgekehrt wird: Jugendliche unterstützen Ältere beim Umgang mit Neuen Medien, d.h. meist mit Computern oder Handys.

Leselernhelfer und Computerkurse – Mentorenprojekte
Voneinander-Lernen ist auch das Ziel in Mentorenprogrammen, in denen eine erfahrene Person eine noch unerfahrene Person in ihrer persönlichen oder beruflichen Entwicklung unterstützt. Dazu werden zwei verschiedene Generationen zusammengeführt. Ein typisches Beispiel ist das Projekt Leselernhelfer, in dem Seniorinnen und Senioren Kinder mit Migrationshintergrund beim Lesenlernen unterstützen.[7] Ein anderes Beispiel sind „Leihomas und -opas", die alleinerziehende Mütter und Familien mit der Übernahme von Betreuungstätigkeiten unterstützen.[8] Das Programm „Biffy" *(Big Friends For Youngsters)*[9] ist ein Patenschaftsprogramm, in dem Erwachsene und Ältere die Patenschaft für einen Jugendlichen übernehmen und ihn bei der Berufsfindung unterstützen. Ein weiteres Beispiel sind Mentorenprogramme in Unternehmen, für die die Tradierung von Erfahrungswissen der Älteren an die Jüngeren ein wichtiger produktiver Faktor ist (vgl. Weber 2004). In Mentorenprojekten geht es in der Regel um eine bestimmte – wenn auch sehr breit verstandene – Tätigkeit bzw. Expertise (lesen, betreuen etc.).

Miteinander-Lernen

Ein zweiter Lernzugang bezeichnet intergenerationelles Lernen als Möglichkeit des *Miteinander-Lernens.* Gemeinsame Lernaktivitäten und Lernprozesse, bei denen unterschiedliche Generationen gemeinsam an einem Projekt oder an einem Thema arbeiten, stehen im Vordergrund. Das Thema ist nicht von der Gruppe der Jüngeren oder der Älteren vorgegeben, sondern wird gemeinsam entwickelt. In dieser Konstellation kommt keiner Generation ein Expertenstatus zu, da weder die Jüngeren noch die Älteren über das entsprechende Wissen verfügen, sondern dieses in einem gemeinsamen Prozess erarbeiten. Dieser Lernprozess kann in der institutionalisierten Erwachsenenbildung durch einen externen Dozenten unterstützt werden (vgl. Meese 2005, S. 38).

Miteinander-Lernen
Das Generationennetzwerk Umwelt
Für das „Generationennetzwerk Umwelt", das von der Deutschen Gesellschaft zur Förderung der Forschung im Alter e.V. (DGFFA) und dem Institut für Entwicklungsplanung und Strukturforschung an der Universität Hannover (ies) getragen wird, steht die Dokumentation und Vermittlung von Erfahrun-

7 Weitere Informationen unter: http://www.mentor-leselernhelfer.de/ [7.11.2008]
8 Weitere Informationen unter: http://www.leihomas-leihopas.de/ [7.11.2008]
9 Weitere Informationen unter: http://www.biffy.de/ueber_biffy.htm [7.11.2008]

gen über generationenübergreifende und seniorenbezogene Ansätze in der Umweltkommunikation im Vordergrund. Es fungiert als Förderer verschiedener generationsübergreifender Umweltprojekte, wie z.B. dem *72-Stunden-Projekt* des Naturschutzzentrums Rheinauen[10], bei welchem eine intergenerationelle Gruppe das Außengelände des Naturschutzzentrums neu gestaltete, oder dem Projekt *„Das Wasser soll fließen"*[11], bei welchem der sinkende Wasserpegel des Stechlinsees und der umliegenden Moorgebiete im Mittelpunkt stehen.

Übereinander-Lernen

Übereinander-Lernen bezeichnet einen weiteren Lernzugang für intergenerationelle Lernprozesse. Die Erzählungen über die Erlebnisse verschiedener Generationen aus deren subjektiver Sichtweise sind eine ursprüngliche Form intergenerationellen Lernens, die eng mit der Entstehung der mündlichen Geschichtstradierung verbunden ist (vgl. zur Oral History Niethammer 1980). Übereinander-Lernen geschieht in der institutionellen Erwachsenenbildung vor allem dann, wenn Erlebnisse und Erfahrungen verschiedener Generationen expliziter Bestandteil der didaktischen Konzeption eines Projekts sind. Der historische Zusammenhang, in den eine Generation eingebunden ist, wird ausdrücklich thematisiert.

Übereinander-Lernen
Nachhaltigkeit als biografisches Thema

Im Projekt „Spurensuche Nachhaltigkeit – Lernpartnerschaften zwischen Alt und Jung"[12] der Bremer Heimstiftung und der econtur – Internationale Agentur für nachhaltige Projekte werden ältere Menschen zu ihren Lebenserinnerungen in Hinblick auf das Thema Nachhaltigkeit interviewt. Die Lebenserfahrungen der Älteren werden damit dem Leitbild Nachhaltigkeit zugeordnet und für die Arbeit in Schulen medial aufbereitet. Die so erstellten Videomaterialien werden in den beteiligten Schulklassen im Unterricht eingesetzt. Dieser Einsatz soll die Schüler/-innen auf den später einsetzenden Kontakt mit den älteren Menschen vorbereiten. Ziel dieser Arbeit ist es beispielsweise, ein Verständnis für die Zeitgebundenheit von Handeln zu wecken. Darüber lassen sich weitergehende Fragestellungen für die direkten Gespräche mit den Seniorinnen und Senioren entwickeln.

10 Weitere Informationen unter: http://tinyurl.com/5pxda6 [7.11.2008]
11 Weitere Informationen unter: http://tinyurl.com/6oesvk [7.11.2008]
12 Weitere Informationen unter: http://tinyurl.com/5tcfhd [7.11.2008]

2.4 Zusammenfassung: Das Feld intergenerationeller Lernarrangements

Setzt man nun die theoretischen Generationenbegriffe mit den verschiedenen Lernzugängen in Beziehung, so ergeben sich die folgenden Dimensionen intergenerationellen Lernens (vgl. Abb. 2):

	Voneinander-Lernen	**Miteinander-Lernen**	**Übereinander-Lernen**
Genealogischer Generationenbegriff			
Pädagogischer Generationenbegriff			
Gesellschaftlich-historischer Generationenbegriff			

Abb. 2: Dimensionen intergenerationellen Lernens

Mit diesem Tableau kann illustriert werden, wie intergenerationelle Lernprojekte grundsätzlich strukturiert werden können. So wird es möglich, genau zu differenzieren, *welche* Generationen auf *welche Art und Weise* lernend zusammengeführt werden sollen.

Auf der Ebene des *genealogischen Generationenbegriffs* kommen Generationen aus einer familiären Perspektive in den Blick. Kinder, Eltern und Großeltern sind die Hauptzielgruppe auf dieser Ebene. Voneinander-Lernen könnte vor diesem Hintergrund bedeuten, dass Kinder in Veranstaltungen der Familienbildung von ihren Großeltern bestimmte Fähigkeiten lernen können, wie zum Beispiel kochen. Auch die umgekehrte Richtung ist denkbar und geschieht recht häufig, wenn z.B. Enkel ihre Großeltern beim Umgang mit Neuen Medien unterstützen. Im Miteinander-Lernen-Feld steht die gemeinsam an einem Thema lernende Familie im Mittelpunkt. Wichtig ist, dass im Hinblick auf das bearbeitete Thema kein Teilnehmender altersbedingt über mehr Wissen als die anderen Teilnehmenden verfügt. Diese Form der Bildungsarbeit findet sich z.B. in den Verbänden oder Familienbildungsstätten, die regelmäßig „Großeltern-Enkel-Wochenenden“ mit unterschiedlichen Themenschwerpunkten anbieten. Übereinander-Lernen kann beispielsweise im schulischen Kontext angeregt werden, wenn Schüler/-innen im Geschichtsunterricht den Auftrag erhalten, ihre Großeltern zu einem bestimmten Ereignis zu befragen.

Auf der Ebene des *pädagogischen Generationenbegriffs* geht es um unterschiedliche Rollen im Lernprozess. Eine Generation verfügt über Erfahrungen und Wissensbestände, die an eine andere weitergegeben werden. Voneinander-Lernen wird in diesem Kontext vor allem als Mentoring bezeichnet (vgl. Schell-Kiehl 2007). Beim Mentoring gibt eine erfahrene Person, die Mentorin bzw. der Mentor, ihre Erfahrungen, Wissensbestände, Fertigkeiten und Fähigkeiten an eine noch unerfahrene Person, den Mentee, weiter. Beispiele hierfür wären die schon erwähnten Patenschaftsprogramme. Miteinander-Lernen bedeutet ein intentionales Zusammenführen zweier Generationen zu einem bestimmten Thema. In diesem Feld treffen seitens der jeweils teilnehmenden Generationen unterschiedliche Lerngewohnheiten, Perspektiven und Sichtweisen aufeinander. Auch können Reflexionen und Neuorientierungen durch die didaktische Unterstützung seitens der Erwachsenenbildner/-innen angeregt werden. Die Kombination des pädagogischen Generationenbegriffs mit der Lernform Übereinander-Lernen ist ein klassischer Bereich intergenerationellen Lernens, da das Erzählen von Erfahrungen ursprünglich im Hinblick auf die mündliche Geschichtstradierung relevant war (vgl. Niethammer 1980). In dieses Feld können in der Bildungsarbeit verschiedene Formen von Erzählrunden und Zeitzeugengesprächen fallen, die didaktisch so aufgebaut sind, dass „Generationen" und deren Erfahrungen ein explizites Thema sind und andere Generationen durch diese Schilderungen die Möglichkeit haben, etwas über sie zu erfahren.

Mit dem *historisch-gesellschaftlichen Generationenbegriff* kommt die historische Bedeutung von Generationen in den Blick. Die Reflexion der jeweiligen historischen Kontexte, in die Generationen hineingeboren werden, spielt bei Konzepten des Voneinander-Lernens eine ganz besondere Rolle. Beim Miteinander-Lernen von unterschiedlichen gesellschaftlichen Generationengruppen steht deren Prägung im Mittelpunkt. Die Heterogenität in der Gruppe und die stark unterschiedlichen Prägungen können hier in der Bildungsarbeit zu anregenden Perspektivwechseln führen, die die Arbeit an einem gemeinsamen Thema befruchten. In Kurssituationen können beispielsweise intergenerationell gemischte Gruppen oder auch generationenspezifische Gruppen explizit zusammengestellt werden mit der Aufgabe, neben der inhaltlichen Arbeit auch diesen Generationenaspekt zu reflektieren. Das letzte Feld, Übereinander-Lernen, beschreibt den klassischen Arbeitsbereich musealer Bildung. Besucher/-innen lernen im Museum zwangsläufig über verschiedene Generationen, da hier die ausgestellten Objekte zum Teil zentrale Generationsgegenstände darstellen. Solche prägenden Gegenstände, wie zum Beispiel ein Stück der Berliner Mauer, können auch in der Bildungsarbeit ohne großen Aufwand eingesetzt werden. Man kann beispielsweise die Teilnehmenden bitten, solche für ihre Generation prägenden Gegenstände, wie zum

Beispiel Schallplatten oder Modeartikel, mitzubringen, um darüber die Teilnehmenden für die unterschiedlichen Prägungen von Generationen zu sensibilisieren[13].

Diese starre Differenzierung ist natürlich nicht ganz trennscharf, denn wenn Generationen miteinander an einem Thema lernen, lernen sie häufig gleichzeitig von und über andere Generationen. Dennoch kann eine solche Differenzierung als heuristische, also aufzeigende, Planungshilfe dienen, die helfen kann, intergenerationelle Lernprozesse aus verschiedenen Perspektiven zu betrachten, um sie dadurch vielleicht klarer und vielleicht in einem anderen Licht zu sehen. Beispielsweise kann ein solches Tableau, als Planungsinstrument intergenerationeller Lernprozesse, Erwachsenenbildner/-innen bei organisatorischen, didaktischen und konzeptionellen Fragen unterstützen. Vielleicht können damit auch Projektideen angeregt oder eingeordnet werden. Das Tableau hat damit die Funktion einer Orientierungshilfe und kann möglicherweise helfen, das eigene Denken in Bezug auf intergenerationelle Lernprojekte zu strukturieren.

Alltagssprachlich wird mit intergenerationellem Lernen meist ein implizites und mitgängiges Lernen zwischen den Generationen assoziiert, für das keinerlei Unterstützung durch Bildungseinrichtungen nötig ist. Durch den demografischen Wandel und die Veränderung der Familienformen wird immer mehr befürchtet, dass dieses Lernen verloren gehen könnte und es daher explizit unterstützt werden sollte (vgl. Klerqc 1997). Auf der einen Seite geht es dann vor allem in der Familienbildung darum, extensionale Räume zu eröffnen, also Räume, in denen die Generationen, neben einer anderen Tätigkeit wie z.B. Kochen, beiläufig – wie in der Familie – lernen können. Auf der anderen Seite geht es darum, die Bedeutung von Generationen in Bildungseinrichtungen zu explizieren und den didaktischen Blick dafür zu sensibilisieren. Durch verschiedene teilnehmende Generationen kommt in einer Veranstaltung eine Vielfalt von unterschiedlichen Perspektiven, Orientierungen und Lernkulturen in den Blick, die sich nur durch eine explizite didaktische Planung und Vorbereitung anregen lassen.

Zusammenfassung

Wenn intergenerationelle Bildungsveranstaltungen in der Erwachsenenbildung initiiert werden sollen, kommen häufig zuerst Großeltern und Enkel als Zielgruppe in den Blick. Dass intergenerationelles Lernen mehr Möglichkeiten bietet, zeigt eine Differenzierung in drei Generationenbegriffe. Der genea-

13 Diese und andere Methoden sind Gegenstand der Publikation: Antz/Franz/Frieters/Scheunpflug (2009).

logische, familiäre Begriff steht hier neben pädagogischen und gesellschaftlich-historischen Generationenbegriffen, in denen die Perspektiven verschiedener Generationen in der Bildungsarbeit didaktisch eingebaut werden können. Auch die Unterscheidung zwischen drei intergenerationellen Lernformen ist für die Planung von intergenerationellen Veranstaltungen zielführend, denn schließlich unterliegt es der didaktischen Steuerung der Erwachsenenbildner/-innen, welche Lernformen initiiert werden und ob die teilnehmenden Generationen voneinander lernen sollen, ob sie miteinander an einem Thema lernen, oder ob der historische Hintergrund der unterschiedlichen Generationen eine größere Rolle spielt und Generationen übereinander lernen können. Durch die Zusammenführung beider Perspektiven auf intergenerationelles Lernen entsteht ein Tableau, das von Erwachsenenbildnerinnen und Erwachsenenbildnern als Planungs- und Analyseinstrument eingesetzt werden kann.

3 Intergenerationelles Lernen anleiten – Fortbildungen zum intergenerationellen Lernen

3.1 Einführung und Hintergrund

Viele Einrichtungen und Institutionen der Erwachsenenbildung verfügen über Erfahrungen im Umgang mit altersgemischten Lerngruppen. Die Altersheterogenität vieler Veranstaltungen ist jedoch häufig eher ein Zufallsprodukt und nicht eine bewusste und zum Lernen der Generationen fruchtbar gemachte inhaltliche Entscheidung. Wenn das Lernen zwischen den Generationen von Erwachsenenbildnerinnen und Erwachsenenbildnern bewusst gestaltet und für die Einrichtung auch strategisch eingesetzt werden soll, bedarf es allerdings der expliziten und intentionalen Auseinandersetzung mit dem Thema.

Die Berücksichtigung der Bedürfnisse verschiedener Generationen und das gemeinsame Lernen der Generationen stellen andragogische Herausforderungen dar, die eines bewussten didaktischen Zugangs von Erwachsenenbildnerinnen und Erwachsenenbildern bedürfen und damit Professionalität erforderlich machen.

Im Folgenden sollen einige konzeptionelle Überlegungen wie auch praktische Anregungen zur Fortbildung von Erwachsenenbildnerinnen und Erwachsenenbildnern im Feld des intergenerationellen Lernens angestellt werden. Dazu wird auf die Erfahrungen mit der Fortbildung im Rahmen des vom BMBF geförderten Modellprojektes „Generationen lernen gemeinsam: Nachhaltigkeit“ der KBE zurückgegriffen (vgl. Kap. 1). Im Rahmen dieser Fortbildung wurden bundesweit Erwachsenenbildner/-innen aus 15 Einrichtungen für die intergenerationelle Bildungsarbeit weiterqualifiziert.

Die Fortbildung zum intergenerationellen Lernen im Rahmen des Modellversuchs

Die Fortbildung, die dieser Publikation zugrunde liegt, umfasste insgesamt 20 Fortbildungstage, die sich über einen Zeitraum von 18 Monaten auf mehrere mehrtägige Fortbildungsblöcke erstreckten. Zunächst wurden in einer Qualifizierungsphase Konzepte des intergenerationellen Lernens und einer Bildung für nachhaltige Entwicklung erarbeitet. Hier erfolgte eine intensive Auseinandersetzung mit dem Generationenbegriff (vgl. Kap. 2.1). Als exemplarisches und in unseren Augen besonders gut geeignetes Thema wurde das Thema „Nachhaltigkeit" gewählt und entsprechend in die Grundlagen der Bildung für nachhaltige Entwicklung eingeführt (vgl. Kap. 2.2). Dabei sollten vor allem Methoden und Möglichkeiten einer intergenerationellen Bildungsarbeit am Beispiel der Nachhaltigkeit vorgestellt werden. Es ging darum, die globalen Herausforderungen zu analysieren, eigene Vorstellungen und Leitbilder zu hinterfragen, gemeinsam Lösungsansätze zu diskutieren und entsprechende Aktivitäten zu planen und durchzuführen. Ein wichtiger Schwerpunkt war die Frage, wie intergenerationelle Lernveranstaltungen so aufgebaut und gestaltet werden können, dass die Teilnehmenden dazu motiviert werden und es ggf. lernen, sich aktiv an gesellschaftspolitischen Prozessen zu beteiligen. Aus diesem Grund wurden weitere Tage der Fortbildung explizit auf Formen partizipativen Lernens verwendet. Ohne dialogisches und partizipatives Miteinander-Lernen ist ein gemeinsames Engagement verschiedener Generationen nicht vorstellbar, und ohne aktive Teilhabe und Mitgestaltung ist eine nachhaltige Entwicklung global wie lokal nicht zu realisieren. Von daher wurden im Rahmen der Fortbildung verschiedene partizipative Lehr- und Lernmethoden erprobt, in ihren Einsatzmöglichkeiten erfahrbar gemacht und durch entsprechende konzeptionelle Diskurse vertieft.

In einer sich über sechs Monate erstreckenden Praxisphase haben dann die Teilnehmenden in ihren Einrichtungen entsprechende Bildungsveranstaltungen geplant und durchgeführt. Dabei wurden sie darin unterstützt, die theoretisch erlernten Inhalte in ihrer eigenen Praxis umzusetzen. Diese Erfahrungen wurden in einer abschließenden Reflexionsphase dokumentiert und gemeinsam ausgewertet.

Was sollte eine Fortbildung berücksichtigen, um zu einer Professionalisierung von Erwachsenenbildnern und Erwachsenenbildnerinnen beizutragen und Einrichtungen der Erwachsenenbildung im Hinblick auf das intergenerationelle Lernen zu unterstützen? Dazu werden anschließend einige Überlegungen dargestellt, die sich an folgenden Fragen orientieren:

- Wie kann eine Reflexion und Auseinandersetzung mit verschiedenen Generationenbegriffen und Grundkonzeptionen des intergenerationellen Lernens kontinuierlich in einen Fortbildungsprozess eingebunden werden? (Kap. 3.2)
- Welche didaktischen Grundorientierungen sind für intergenerationelle Lernprozesse und darauf bezogene Fortbildungen von besonderer Relevanz? (Kap. 3.3)
- Welche Kompetenzen sollten Erwachsenbildner/-innen erwerben oder vertiefen, um für die Vorbereitung, Durchführung, Begleitung und Nachbereitung von intergenerationellen Lernprozessen gut qualifiziert zu sein? (Kap. 3.4)
- Wie kann ein Transfer vom theoretisch Gelernten in die eigene Handlungspraxis von Erwachsenenbildnerinnen und Erwachsenenbildnern gelingen? (Kap. 3.5)
- Wie kann eine Fortbildung über die Qualifizierung einzelner Erwachsenenbildner/-innen hinaus potenziell auch in deren jeweiliger Einrichtung wirken? (Kap. 3.6)
- Welche Anregungen können zusammenfassend für Fortbildungen zum intergenerationellen Lernen gegeben werden? (Kap. 3.7)

Die intergenerationelle Lerngruppe als Idealfall einer Fortbildung zum intergenerationellen Lernen

Intergenerationelles Lernen lässt sich vor allem dann in Fortbildungen lernen, wenn die Fortbildungsgruppe selbst intergenerationell gemischt ist und verschiedene Altersgruppen umfasst. Dadurch kann schon die Fortbildungsgruppe zum intergenerationellen Experimentier- und Lernfeld werden. Damit wird die besondere Dynamik intergenerationeller Lernprozesse direkt erfahrbar. Theaterpädagogische und biografische Methoden lassen sich direkt ausprobieren. Es wird so den Teilnehmenden möglich, schon in der Fortbildung zu lernen, die Welt mit den Augen anderer Generationen zu sehen, deren Perspektive nachzuvollziehen und im Dialog miteinander zu lernen.
Eine Möglichkeit, eine Fortbildung quasi intergenerationell zu öffnen und zu weiten liegt darin, gezielt Fortbildungsinteressierte jenseits der Erwachsenenbildung einzuladen und als Teilnehmende zu gewinnen. So gehören Erzieher/-innen in Kindertagesstätten, Lehrer/-innen, pädagogische Mitarbeiter/-innen der Jugendarbeit oder Bildungsreferentinnen und Bildungsreferenten der Seniorenarbeit zwar nicht der Alterskohorte ihrer Zielgruppe an, sie können aber wichtige Impulse aus ihrer Arbeit und die Perspektiven ihrer jeweiligen Zielgruppen in den gemeinsamen Lernprozess einbringen.

3.2 Generationenverständnis und Grundkonzepte intergenerationellen Lernens

Bei der Planung einer Fortbildung zum intergenerationellen Lernen ist es von zentraler Bedeutung, der Reflexion und Auseinandersetzung mit verschiedenen Generationenbegriffen und Grundkonzeptionen des intergenerationellen Lernens genügend Zeit einzuräumen. Ohne die Reflexion von Generationsverständnissen kommt die explizite Gestaltung intergenerationeller Lernprozesse nicht in den Blick. Die bewusste Auseinandersetzung ermöglicht Erwachsenenbildnerinnen und Erwachsenenbildnern ein professionelles Verständnis intergenerationeller Lernprozesse, das über beiläufige und implizite Lernformen hinausgeht.

Die Reflexion von Vorerfahrungen

In Fortbildungen zum intergenerationellen Lernen werden zwei unterschiedliche Formen von Vorverständnis eingebracht, die es zu reflektieren und zu klären gilt.

(1) Zum einen sind dies die individuellen Vorerfahrungen der Erwachsenenbildner/-innen mit dem Thema „Intergenerationalität". Jeder Mensch macht im Laufe seines Lebens Erfahrungen mit unterschiedlichen Altersgruppen, erfährt Generationenbeziehungen und muss sich in Generationen verorten. Diese Erfahrungen sollten durch eine Fortbildung reflektiert werden, damit es gelingt, auf intergenerationelle Lernprozesse flexibel zu reagieren (vgl. Kap. 3.3 zur Biografieorientierung)[1].

(2) Zum anderen sind dies die Erfahrungen und Konzepte der jeweiligen Träger. Zahlreiche Bildungshäuser haben zwar bereits vielfältige Erfahrungen mit intergenerationellen Dialog-, Begegnungs- und Bildungsprozessen. Viele Verbände und Organisationen sind darüber hinaus altersgruppenübergreifend ausgerichtet und sprechen damit in ihrer Arbeit verschiedene Generationen an. Aber gerade für die Bildungshäuser und Verbände, die bereits implizite Erfahrungen mit verschiedenen Generationen haben oder altersübergreifend ausgerichtet sind, ist die explizite Reflexion der bisherigen Erfahrungen von großer Bedeutung. Denn nur so kann es gelingen, sich auch für neue intergenerationelle Lernkonzepte und Bildungsansätze zu öffnen. Eine Fortbildung sollte insofern die unterschiedlichen Erfahrungen, Arbeitsstrukturen und Interessen der Einrichtungen didaktisch einbeziehen und die Möglichkeit bieten, diese auch kritisch zu reflektieren.

---

1 Biografisch orientierte Methoden sind ein wichtiger Bestandteil der intergenerationellen Bildungsarbeit, vgl. dazu: Antz/Franz/Frieters/Scheunpflug (2009).

Reflexion theoretischer Generationenbegriffe

Die Auseinandersetzung mit theoretischen Konzepten zu Generationenbegriffen ist für eine Fortbildung zum intergenerationellen Lernen unabdingbar. Was ist mit unterschiedlichen Generationen eigentlich gemeint? Was macht eine Generation aus? Wer gehört warum welchen Generationen an? Um diesen Fragen in einer Fortbildung nachzugehen, bietet sich ein Rückgriff auf die in Kap. 2 vorgestellten drei Generationenbegriffe an.

Mögliche Leitfragen für die Auseinandersetzung und Reflexion mit diesen Generationenbegriffen sind die folgenden:

- Welches Generationenverständnis ist für die Teilnehmenden und ihre Praxis leitend?
- Wie wird dadurch der intergenerationelle Lernprozess geprägt?
- Wie verändert sich die Sichtweise auf Generationen im Laufe der Fortbildung?
- Welches Generationenverständnis kristallisiert sich als dominierend innerhalb der Fortbildung heraus?

Da es um die historisch, kulturell oder sozial bedingten Gemeinsamkeiten geht, bietet es sich an, mit Schlüsselbegriffen, welche die Generationen durch geschichtliche Ereignisse (z.B. Kriegsgeneration, Wirtschaftswundergeneration, 68er-Generation, 89er-Generation), durch gemeinsame Erfahrungen (z.B. Null-Bock-Generation, Generation@ oder Generation Praktikum) oder durch literarische Werke (z.B. Skeptische Generation, Generation X, Generation Golf) beschreiben, zu arbeiten. Durch die explizite Auseinandersetzung mit diesen unterschiedlichen Generationszugehörigkeiten in einer Fortbildung können Erwachsenenbildner/-innen diese für sich selbst reflektieren und einordnen sowie beispielsweise in Form von soziometrischen Stellübungen in die eigene Bildungspraxis überführen (vgl. Antz et al. 2009).

Soziometrische Stellübungen

In einer Fortbildung bietet es sich an, sich mit diesen Begriffen reflexiv auseinanderzusetzen. Zur Unterstützung dieser Auseinandersetzung können soziometrische Stellübungen besonders fruchtbar sein, da sie die unterschiedlichen Sichtweisen und Positionen der Teilnehmenden sichtbar machen können. Bei einer Stellübung werden die Teilnehmenden gebeten, sich im Raum zu verschiedenen Fragestellungen aufzustellen.

Beispielsweise könnten die oben genannten verschiedenen Generationenbegriffe anhand einer chronologisch sortierten Linie auf Karten platziert werden, zu denen sich die Teilnehmenden dann verorten können. Anschließend können die Teilnehmenden Statements zu ihrer Generationenzugehörigkeit

geben und diese in generationsspezifischen oder generationsgemischten Kleingruppen vertiefend diskutieren.
Im Raum können darüber hinaus zwei „Pole" skizziert werden, um nach der Wahrnehmung der Generationenbeziehungen der Teilnehmenden zu fragen. Der Pol „Generationenbeziehungen nehme ich grundsätzlich als konfliktbehaftet wahr" könnte dem Pol „Generationenbeziehungen nehme ich eher konfliktfrei wahr" gegenübergestellt werden. Die Teilnehmenden sollen sich hier auf einer imaginären Linie zwischen beiden Polen positionieren und haben hinterher kurz Gelegenheit, ihre Position den anderen Teilnehmenden zu erläutern.

Reflexion von Grundkonzepten des intergenerationellen Lernens

Im Kontext von intergenerationellem Lernen können, wie in Kap. 2 dargestellt, Konzepte intergenerationellen Lernens danach unterschieden werden, wie der Lernprozess im Hinblick auf die Generationen hin organisiert ist. Man unterscheidet das Voneinander-Lernen der Generationen, das Miteinander-Lernen der Generationen und das Übereinander-Lernen der Generationen (vgl. die Darstellung in Kap. 2.3).

Vor diesem Hintergrund lassen sich folgende Fragen reflektieren:

- Welche Erfahrungen haben Teilnehmende an der Fortbildung mit intergenerationellen Lernprozessen?
- Welche Generationen kommen in den jeweiligen Einrichtungen mit welchen Lernerwartungen zusammen?
- Welche Rolle hatten oder haben die Teilnehmenden als Erwachsenenbildner/-innen in der Regel in ihrer pädagogischen Arbeit mit generationsübergreifenden Gruppen?
- Welches der drei Grundkonzepte des intergenerationellen Lernens wird bewusst oder unbewusst präferiert und warum?
- Wie hat sich diese Sichtweise im Laufe des Fortbildungsprozesses möglicherweise geändert?
- Welche Konsequenzen lassen sich für die zukünftige Bildungspraxis ableiten?
- Und welche Schlussfolgerungen ergeben sich für die Angebots- und Programmstruktur der Einrichtungen der Erwachsenenbildung?[2]

2 Insbesondere diese Frage verweist bereits darauf, wie wichtig es für eine Breitenwirkung von Fortbildungen zum intergenerationellen Lernen ist, sich nicht nur auf die Qualifizierung einzelner Erwachsenenbildner/-innen zu konzentrieren, sondern die entsendenden Einrichtungen mit einzubeziehen. Diese Erfahrung und Anregung werden in Abschnitt 3.6 und 3.7. detaillierter entfaltet.

Kriterien für intergenerationelles Lernen

Vor dem Hintergrund der Reflexion der Generationenbegriffe und der drei Grundkonzepte des intergenerationellen Lernens lassen sich für die spätere Bildungspraxis der Teilnehmenden Kriterien für intergenerationelle Lernprozesse diskutieren. Wodurch sollen sich intergenerationelle Lernprozesse auszeichnen, wodurch von anderen unterscheiden? Bei der Bearbeitung dieser Fragen kann es auch darum gehen, die unterschiedlichen Anknüpfungsmöglichkeiten verschiedener Generationenbegriffe und Lernkonzepte für die jeweilige Praxis zu berücksichtigen und abzuwägen. Im Laufe der Fortbildung können diese Kriterien immer wieder aufgegriffen, überprüft und modifiziert werden. Die Kriteriensammlung bietet den Teilnehmenden an der Fortbildung somit einen flexiblen Reflexionsrahmen für die eigene intergenerationelle Bildungspraxis. Kriterien intergenerationeller Lernprozesse könnten sein, dass ein hoher Grad an Interaktion und Erfahrungsaustausch ermöglicht, das Zusammentreffen der Generationen intentional arrangiert oder die Bedeutung von Lebensphase und Lebensalter berücksichtigt werden (vgl. auch die Darstellung im Kasten). Zudem ermöglicht der kontinuierliche Einbezug dieser Aspekte in Reflexionsphasen Erwachsenenbildnerinnen und Erwachsenenbildnern eine Präzisierung der eigenen Vorstellungen von intergenerationellen Lernprozessen.

Beispielhafte Kriterien für intergenerationelle Lernprozesse

Intergenerationelle Lernprozesse sollten sich dadurch auszeichnen, dass

- ein hoher Grad an Interaktion und Erfahrungsaustausch ermöglicht wird,
- verschiedene Lebensalter zusammenkommen,
- außerfamiliäre Kommunikation zwischen verschiedenen Altersgruppen und Generationen stattfindet,
- das Zusammentreffen der Generationen intentional arrangiert wird,
- es ein verbindendes Thema gibt, das gemeinsam bearbeitet wird,
- die Fremd- und Selbstwahrnehmung der Lernenden geschärft wird,
- „Jüngere“ und „Ältere“ zusammengebracht werden,
- verschiedene Generationen miteinander kreativ in Beziehung kommen,
- die Bedeutung von Lebensphase und Lebensalter berücksichtigt und
- die Lernprozesse pädagogisch inszeniert, begleitet und reflektiert werden.

Quelle:
Kriteriensammlung der teilnehmenden Erwachsenenbildner/-innen an der Fortbildung im Modellprojekt „Generationen lernen gemeinsam: Nachhaltigkeit“.

Durch die Bearbeitung dieser Themen und Fragestellungen wird das Fundament für die weitere Fortbildung zum intergenerationellen Lernen gelegt.

Umsetzung in der Fortbildungspraxis

In einer Fortbildung können die oben genannten Themen beispielsweise folgendermaßen eingeführt und verknüpft werden:
Nach einem kurzen Input zu unterschiedlichen Generationenbegriffen und -beziehungen werden die Teilnehmenden durch soziometrische Stellübungen dazu angeregt, ihre eigenen Positionen und damit auch ihre Vorerfahrungen zu reflektieren. Anschließend können die Teilnehmenden in Kleingruppen – entweder generationsgemischt oder generationsübergreifend – eingeteilt werden. Den Teilnehmenden wird darauffolgend ein weiterer kurzer Input zu den unterschiedlichen Zugängen intergenerationellen Lernens – Voneinander-, Übereinander- und Miteinander-Lernen (vgl. Kap. 2.3) – gegeben. Im Anschluss daran können die Gruppenmitglieder miteinander reflektieren und diskutieren, an welchen Stellen sie persönlich von, mit und über andere Generationen gelernt und an welchen Stellen sie diese Formen in der eigenen Bildungspraxis erlebt haben.
Die Auseinandersetzung mit den theoretischen Konzepten und der eigenen Erfahrung damit ist Voraussetzung für eine darauf aufbauende gemeinsame Sammlung von Kriterien intergenerationeller Lernprozesse im Plenum. Diese sollten durch die Leitung visualisiert und den Teilnehmenden zugänglich gemacht werden.

3.3 Didaktische Grundorientierungen

Neben dem bewussten und reflektierten Umgang mit verschiedenen Generationenbegriffen und Grundkonzeptionen des intergenerationellen Lernens sind auch weitere allgemeine didaktische Grundorientierungen für eine Fortbildung zur Gestaltung intergenerationeller Lernprozesse von Bedeutung. Die Berücksichtigung dieser Grundorientierungen kann die pädagogische Arbeit in altersgemischten Gruppen in vielfacher Weise anregen und begleiten. Von daher kann eine Auseinandersetzung mit ihnen auch Bestandteil von Fortbildungen zum intergenerationellen Lernen sein. Im Folgenden werden sechs didaktische Grundorientierungen vorgestellt, die für eine Fortbildung zu intergenerationellen Lernprozessen besonders bedeutsam erscheinen. Die Berücksichtigung dieser sechs Grundorientierungen sind in der Erwachsenenbildung nicht neu, sondern stellen zum Teil altbewährte Prinzipien dar, die aber gerade im Hinblick auf die pädagogische Arbeit in altersgemischten und generationsübergreifenden Gruppen in vielfacher Weise wertvoll sein können.

Bei den sechs didaktischen Grundorientierungen handelt es sich um folgende Aspekte:

(1) Mit einer *Orientierung an der Biografie* geht eine Reflexion der vielfältigen, oftmals auch generationsbedingt sehr unterschiedlichen Lebenserfahrungen einher.
(2) Eine *Orientierung am Sozialraum* ermöglicht eine Perspektiverweiterung und Reflexion des Arbeitsumfeldes von Erwachsenenbildnerinnen und Erwachsenenbildnern. Die Berücksichtigung solcher Träger- und Einrichtungsstrukturen ermöglicht den Einbezug vorhandener Ressourcen und das Anknüpfen an bestehende Netzwerke.
(3) Durch eine *Orientierung an einer Interaktion* der Fortbildungsteilnehmenden werden deren Austauschprozesse in den Mittelpunkt gestellt.
(4) Mit einer *Orientierung an der Partizipation* der Fortbildungsteilnehmenden wird ein offener und gleichberechtigter Prozess des Miteinander-Lernens unterstützt, um die Interessen von Erwachsenenbildnerinnen und Erwachsenenbildnern vor dem Hintergrund ihrer unterschiedlichen Träger und Strukturen einzubeziehen.
(5) Eine *Orientierung an Aktion* bezieht sich auf eigenverantwortliche Lern- und Handlungsprozesse und konzentriert sich auf das gemeinsame Erleben, Handeln und Gestalten der Fortbildungsteilnehmenden.
(6) Dieses eigene Handeln wird durch eine *Orientierung an Reflexionsprozessen* ergänzt. Die Reflexion von individuellen und kollektiven Lernerfahrungen im Rahmen von Fortbildungen kann zu einer Stärkung des professionellen Selbstverständnisses in der Erwachsenenbildung beitragen.

Diese hier skizzierten didaktischen Orientierungen für intergenerationelles Lernen und eine darauf bezogene Fortbildung werden im Folgenden ausführlich in den Blick genommen. Dabei ist hervorzuheben, dass die einzelnen Kategorien nicht immer eindeutig voneinander zu trennen sind. So ist beispielsweise der Austausch über biografische Erfahrungen oder das gemeinsame Reflektieren sehr stark an die Interaktion der Lernenden gekoppelt. Oftmals folgt aus einer Einbeziehung des Sozialraumes auch der gemeinsame Wunsch, diesen zu gestalten und durch Aktionen zu verändern. Daher sind die sechs Orientierungen eng miteinander verbunden, überschneiden sich und bedingen einander. Dennoch eröffnet jede Orientierung für sich einen besonderen Schwerpunkt im Hinblick auf intergenerationelle Bildungsprozesse, wodurch jeweils eine spezifische Herausforderung und Chance generationsübergreifenden Lernens fokussiert wird. Dabei kann und soll es auch nicht darum gehen, immer alle sechs Orientierungen gleichermaßen und gleichwertig zu berücksichtigen. Aber die sechs Aspekte eröffnen einen Orientierungsrahmen, der zur Planung, Gestaltung und Bewertung intergenerationeller Lernprozesse wertvolle Anregungen und Hinweise liefern kann.

3.3.1 Biografieorientierung: Lebenserfahrungen und Biografien einbeziehen

Die Biografie eines jeden Menschen ist durch vielfältige individuelle Lebenserfahrungen charakterisiert, die in ihrer Gesamtheit seinen Lebensweg und Werdegang ausmachen. Biografiearbeit und biografisches Lernen sind wertvolle Bestandteile von Bildungsprozessen (vgl. u.a. Klingenberger 2003; Sautter 2004) und eröffnen gerade für intergenerationelle Lerngruppen intensive Lernerfahrungen. Häufig teilen Menschen einer Altersgruppe ähnliche Erfahrungen oder wurden von ähnlichen oder gleichen historischen Ereignissen, öffentlichen Personen oder kulturellen Moden und Musikrichtungen geprägt. Wenn sich verschiedene Altersgruppen und Generationen mit ihren generationenspezifisch prägenden Erfahrungen in einem Lernprozess begegnen, bietet es sich an, den jeweiligen biografischen Erlebnissen und Erinnerungen besondere Aufmerksamkeit zu schenken, um das Übereinander-Lernen der Generationen zu unterstützen. Erwachsenenbildner/-innen, die in einer Fortbildung zur Auseinandersetzung mit der eigenen Biografie angeregt werden, können die selbst erlebten Methoden auch für die Gestaltung ihrer intergenerationellen Bildungsangebote fruchtbar machen. Eine Fortbildung, die Erwachsenenbildner/-innen didaktisch anleitet, die Biografien ihrer Teilnehmenden mit in den Blick zu nehmen, könnte folgende Aspekte berücksichtigen.

Biografie und Lerngewohnheiten

Vorstellungen von Lern- und Bildungsprozessen sind immer biografisch geprägt. In intergenerationellen Veranstaltungen treffen unterschiedliche Lerngewohnheiten und -präferenzen der Teilnehmenden aufeinander, mit denen umgegangen werden muss. So haben Ältere, gerade wenn sie aus bildungsferneren Milieus stammen, häufig weniger Erfahrungen im Umgang mit selbstgesteuerten Lernmethoden, wohingegen dies für die Jüngeren tendenziell selbstverständlicher ist. Eine Fortbildung kann Raum geben, diese Unterschiedlichkeiten zu reflektieren und didaktische Möglichkeiten des Umgangs damit zu entwickeln. Dabei gilt es den eigenen Lernerfahrungen in Elternhaus, Schule und anderen Sozialisationsinstanzen nachzuspüren, um so für die Unterschiedlichkeit von Lernerfahrungen und -gewohnheiten sensibilisiert zu werden.

Historische Bedingtheit der Biografien von Teilnehmenden

Generationen sind durch unterschiedliche historische Ereignisse geprägt und erleben und bewerten Zeitgeschichte aus dieser Perspektive. Dies aufzudecken und auszutauschen birgt ein wertvolles inhaltlich-thematisches und sozial-kommunikatives Potenzial für intergenerationelle Lernprozesse und zahlreiche Erkenntnismöglichkeiten für alle Lernenden. Dabei sind mögliche Irritationen, Missverständnisse und Konflikte zwischen den Generationen herausfordernde, aber auch spannende und bereichernde Wegbegleiter intergenerationeller biografischer Arbeit. Auf diese können Erwachsenenbildner/-innen in einer Fortbildung vorbereitet werden, beispielsweise durch die Reflexion prägender Erlebnisse oder die Reflexion kollektiver generationsverbindender Elemente. Auf dieser Basis lassen sich gemeinsame Generationenidentitäten und -zugehörigkeiten diskutieren.

Gemeinsame Generationenidentität entdecken

Die Teilnehmenden einer Fortbildung zur Gestaltung intergenerationeller Lernprozesse können auf verschiedenen Wegen dazu angeregt werden, die eigene Generationszugehörigkeit zu reflektieren und mit anderen Teilnehmenden in Verbindung zu bringen.

Eine kollektive Generationenidentität kann

- durch theaterpädagogische Übungen erfahrbar werden. Die Teilnehmenden stellen hier zum Beispiel in generationenspezifischen Kleingruppen ein Bild bzw. ein Denkmal ihrer Generation dar und müssen sich dabei intensiv mit den prägenden Merkmalen ihrer Generation auseinandersetzen.
- durch biografische Methoden reflektiert werden. Beispielsweise können die Teilnehmenden dazu angeregt werden sich individuell mit einer Zeitleiste, auf der wichtige historische Ereignisse vermerkt sind, auseinanderzusetzen. Sie sollen die für sie prägenden Ereignisse identifizieren und anschließend in Kleingruppen diskutieren (vgl. Antz et al. 2009).

Emotionen und Biografiearbeit

Die persönlichen Erinnerungen, individuellen Erfahrungen und subjektiven Erzählungen in Bezug auf historische Ereignisse sind häufig vom eigenen emotionalen Erleben geprägt. Biografisch ausgerichtetes Arbeiten schließt daher die Auseinandersetzung mit Emotionen ein. Denn die persönlichen Erinnerungen, individuellen Erfahrungen und subjektiven Erzählungen in Bezug auf historische Ereignisse sind selten nur sachlich-rational zu leisten, sondern meist vom eigenen Erleben geprägt und zwar insbesondere dann, wenn diese Ereignisse von anderen Generationen anders gedeutet und vorgetragene generationenspezifische Sichtweisen diskutiert werden. Solche interaktiven Lernprozesse können die Subjektivität persönlicher Erfahrungen und den Einfluss von historisch-gesellschaftlichen Generationenzugehörigkeiten deutlich machen und damit zu einer Relativierung der eigenen generationenspezifischen Sichtweisen beitragen.

Eine Fortbildung zum intergenerationellen Lernen kann vor diesem Hintergrund die Teilnehmenden auf die Emotionen, Konflikte und Missverständnisse, die intergenerationelle biografische Lernprozesse begleiten können, vorbereiten. Denn biografieorientiertes Lernen kann über das individuelle Reflektieren der eigenen Lebensgeschichte sowie die einseitige Vermittlung biografischer Erfahrungen an andere weit hinausgehen. Biografiearbeit kann sehr interaktiv, dialogisch und dynamisch erfolgen. Die Moderation emotional behafteter biografischer Bildungsprozesse bedarf einer besonderen Sensibilität, die im geschützten Raum einer Fortbildung erprobt werden kann.

Sensibler Umgang mit Methoden

Um die Fortbildungsteilnehmenden auf den Umgang mit Emotionen in biografisch orientierten Lernprozessen vorzubereiten, bietet es sich an, Methoden in der Fortbildung einzusetzen, die in einem hohen Maß an die Emotionen der Erwachsenenbildner/-innen anknüpfen, damit die für diese Arbeit notwendige Sensibilität erfahrbar wird. Dies kann beispielsweise mithilfe einer Fantasiereise verdeutlicht werden. Bei dieser Methode werden die Teilnehmenden dazu angeregt, sich in angenehmer und vor allem geschützter und störungsfreier Atmosphäre mit einzelnen Aspekten ihrer Biografie auseinanderzusetzen. Dazu werden von der Leitung verschiedene Aussagen und Fragen langsam vorgelesen, die von den Teilnehmenden still reflektiert werden sollen. Eine mögliche Frage ist hier beispielsweise „Welche Personen haben Dich/Sie in Deiner/Ihrer Kindheit besonders geprägt?" Solche Fragen können hochgradig emotional wirken und müssen sorgfältig begleitet werden. In einer Fortbildung können Erwachsenenbildner/-innen dieses Arbeiten mit Emotionalität selbst erleben und für ihre eigene Bildungspraxis reflektieren.

3.3.2 Sozialraumorientierung: Lebenswelt und Sozialraum der Lernenden berücksichtigen

Der soziale Raum ist insbesondere in urbanen Kontexten ein Raum, in dem sich verschiedene gesamtgesellschaftliche Strömungen, Entwicklungen, Konflikte und Widersprüche widerspiegeln und brechen. Die Dynamik sozialer Räume wird durch strukturelle, soziale, kulturelle und demografische Wandlungsprozesse verursacht und geprägt. Vor diesem Hintergrund sollte eine Fortbildung zum intergenerationellen Lernen diese sozialräumlichen Dynamiken und die damit verbundenen Potenziale und Chancen berücksichtigen und Erwachsenenbildner/-innen für eine Integration des Sozialraums im Kontext intergenerationeller Bildungsprozesse sensibilisieren.

Im sozialpolitischen und sozialwissenschaftlichen Kontext hat sich die Sozialraumanalyse als ein Ansatz etabliert, um Lebensräume möglichst wirklichkeitsnah abzubilden, zu beschreiben und deren Dynamiken zu erfassen und darzustellen (vgl. Riege/Schubert 2005; Urban/Weiser 2006). In einer Fortbildung kann in Anlehnung an diese Konzepte eine Sozialraumanalyse angeregt werden. Dieses didaktische Instrument kann sowohl als Planungsinstrument für Bildungsverantwortliche als auch als Lernmethode in der Lerngruppe genutzt werden. Eine Fortbildung sollte beide Einsatzmöglichkeiten berücksichtigen, denn beide Verwendungsvarianten ermöglichen es, den Sozialraum aus verschiedenen generationenrelevanten Perspektiven zu beleuchten. Erwachsenenbildner/-innen können in einer Fortbildung dazu angeregt werden, ihren relevanten Sozialraum (die Nachbarschaft, die Umgebung, das Umfeld, die natürliche Umwelt, den Stadtteil, die Stadt, die Region, ein Bildungshaus, ein Bildungswerk, eine Organisation, einen Verband etc.) zu analysieren (vgl. Deinet 2009).

Aspekte und Suchstrategien einer Sozialraumanalyse

Viele institutionelle Lernorte sind auf eine spezifische Lebensphase und damit auf eine Generation ausgerichtet. So sind Kindertagesstätten, Jugendzentren, Schulen, Erwachsenenbildungseinrichtungen und Seniorenheime Lernorte, die explizit für eine Generation konzipiert und für diese entsprechend gestaltet werden. Eine Sozialraumanalyse kann diese Einrichtungen gezielt in den Blick nehmen und zu einer Förderung von Kooperationen beitragen.

Intergenerationelle Lernprozesse können auch an Lernorten stattfinden, die von verschiedenen Altersgruppen und Generationen akzeptiert, gut erreicht und positiv angenommen werden. Dadurch werden mögliche altersgruppenspezifische und generationenbezogene Hemmschwellen, Zugangsschwierigkeiten und Barrieren in Bezug auf einzelne Lernorte vermieden. Die Suche nach solchen Lernorten ist nicht immer leicht und kann in einer Fortbildung didaktisch initiiert werden. Auf diese Weise kommen möglicherweise neue, bisher noch nicht bekannte und versteckte Orte und Räume in den Blick. Möglich ist auch eine Sozialraumanalyse zu bestimmten Themen, z. B. zur Jugendkultur oder zur Barrierefreiheit, zur Nachhaltigkeit oder zur Zukunft eines Stadtteils. Eine Analyse kann die Identifikation mit generationsübergreifenden und -verbindenden lokalen und kommunalen Themen anregen. Sie kann auch dazu anregen, intergenerationelle Konfliktlinien und Spannungsbereiche zu identifizieren. Und schließlich bietet die Sozialraumorientierung die Chance, neue Kooperationspartner, Netzwerke und Lernorte zu identifizieren, die bisher nicht im Blick waren, oder bereits bekannte Institutionen, Akteure und Orte aus einer neuen Perspektive zu betrachten.

Insofern kann es sehr anregend und bereichernd sein, sich als Bildungsträger oder -einrichtung für den intergenerationellen Bildungsprozess durch verschiedene Varianten einer Sozialraumanalyse oder -erkundung inspirieren zu lassen und auf dieser Basis seine Angebotsstruktur und Zielgruppenorientierung zu erweitern.

Die Sozialraumanalyse in der Fortbildung

Wie kann dies nun konkret aussehen? Die Teilnehmenden einer Fortbildung können die Grundidee der Sozialraumanalyse über ein einführendes Referat kennenlernen. In diesem wird die Sozialraumanalyse als Methode dargestellt und deutlich gemacht, dass für diese Fortbildung eine Analyse des eigenen Umfelds als Erwachsenenbildner/-in unter jeweils drei Aspekten möglich ist:

- im Hinblick auf Generationenbeziehungen
- im Hinblick auf den thematischen Fokus der intergenerationellen Veranstaltung (in unserem Fall war dies das Thema Nachhaltigkeit) und
- im Hinblick auf Lernorte und Lernkulturen

Im Anschluss an die Einführung werden gemeinsam Leitfragen entwickelt. Ggf. können diese auch vorgegeben werden, wie zum Beispiel:

- Welche Generation hält sich wo bevorzugt auf?
- Welche generationenspezifischen und intergenerationellen Probleme gibt es?
- Wie lauten mögliche generationsverbindende Themen und Anliegen?
- Welche bestehenden generationenspezifischen oder generationenübergreifenden Netzwerke, Strukturen, Treffpunkte, Institutionen, Projekte, Initiativen gibt es?
- Welche Aktivitäten und möglichen Kooperationspartner gibt es für mein Projekt?

Diese Leitfragen können dann auf die obigen Perspektiven bezogen werden. In unserer Fortbildung entstand folgender Fragenkatalog (vgl. Abb. 3):

Fokus	Fragen
Fokus Generationen	• Wo sind die „Hotspots“, wo die „No-Go-Areas“ einzelner Generationen? • Wo und wie wohnen und leben welche Generationen? • Was sind die (lokalen) Themen der einzelnen Gruppen/Generationen? • Wie ist das Verhältnis der Generationen? • Wie lauten mögliche generationsverbindende Themen? • Wo liegen generationsbezogene Konfliktpotenziale? • Wo sind (mögliche) Begegnungsorte verschiedener Generationen? • Welche bereits bestehenden generationenspezifischen oder generationenübergreifenden Netzwerke, Strukturen, Treffpunkte, Institutionen, Projekte, Initiativen gibt es? • Wie gestalten sich intergenerationelle Dialog- und Lernprozesse? • Welche Aktivitäten und möglichen Kooperationspartner gibt es für mein Projekt?
Fokus Nachhaltigkeit/ Bildung für nachhaltige Entwicklung	• Welche lokalen Herausforderungen und Probleme der Nachhaltigkeit sind erfahrbar? • Welche globalen Probleme und Herausforderungen der Nachhaltigkeit spiegeln sich im Sozialraum wieder? • Wie nachhaltig verhalten sich Industrie, Gewerbe und größere Firmen? • Wie nachhaltig verhalten sich Landwirtschaft und Bauindustrie? • Welche politischen Stellungnahmen/Aktionspläne/Leitbilder in Bezug auf Nachhaltigkeit gibt es in der Kommune, bei den Parteien, im Verband, im Bildungswerk, im Bildungshaus? • Welche Kampagnen, Aktionen und Bildungsaktivitäten gibt es? • Welche Akteure/Lernorte/Kooperationspartner/Netzwerke in Bezug auf nachhaltige Entwicklung und Bildung für nachhaltige Entwicklung (BNE) gibt es?
Fokus Lernen	• Wo wird gelernt? Welche Orte/Räume/Institutionen gibt es, wo gelernt wird? • Welche offensichtlichen Lernorte (z.B. Schule, VHS, Kindergarten, Uni) und welche versteckten (z.B. Fußgängerzone, Stadion, Marktplatz) gibt es? • Welche Akteure und Anbieter außerschulischer Bildung gibt es? • Welche Begegnungs- und Lernräume verschiedener Gruppen gibt es? • Wie erreichbar und barrierefrei sind die Lernorte? • Wie wird gelernt? • Welche Lernformen und Lernkulturen gibt es? • Welche Interaktionsformen gibt es beim Lernen? • Welche Methoden, Medien und Lernmaterialien kommen zum Einsatz? • Was wird gelernt? Was soll gelernt werden?

Abb. 3: Mögliche Fragen einer Sozialraumanalyse

Nun wäre es Aufgabe der Teilnehmenden, eine Perspektive auszuwählen und das eigene Umfeld zu erkunden.

In dem Fall unserer Fortbildung erfolgte die Sozialraumanalyse aus jeweils einer Perspektive zwischen zwei Fortbildungsblöcken. Dadurch konnten die Teilnehmenden ihre Einrichtung oder ihren Verband im Laufe der Fortbildung aus den drei Perspektiven beobachten und analysieren und sich über die Ergebnisse jeder Beobachtungsperspektive mit den Mitlernenden austauschen.

Die Sozialraumanalyse fungierte damit auch als ein verbindendes, durchgehendes Element für die verschiedenen thematischen Fortbildungsblöcke, die jeweils auf unterschiedliche Schwerpunkte ausgerichtet waren (Generationen, Thema Nachhaltigkeit, partizipatives Lernen).

Von daher bietet es sich für Fortbildungen an, die sich über mehrere Einheiten oder Blöcke erstrecken, diesen Ansatz aufzugreifen und die Sozialraumanalyse aus jeweils spezifischen Perspektiven als verbindendes Lernangebot und Element einzusetzen.

Bei der Wahl von Erkundungsmethoden und Darstellungsformen sind der Fantasie und der Kreativität der Teilnehmenden keine Grenzen gesetzt. Es geht nicht um sozialwissenschaftliche Exaktheit, sondern darum, passende, praxisorientierte, partizipative Methoden zu wählen oder zu entwickeln, die geeignet sind, den Sozialraum im Hinblick auf die Bedürfnisse des eigenen Handelns hin zu analysieren.

So können Sozialraumanalysen anhand von Exkursionen und Ortsbesichtigungen oder durch Gespräche mit Kolleginnen und Kollegen, lokal engagierten Personen und Experten durchgeführt werden.

Die Ergebnisse dieser Analysen können durch Mind-Map, Tabellen, Soziogramme, Schaubilder, kommentierte Stadtpläne und Landkarten oder andere Darstellungsformen strukturiert und dargestellt werden. Diese Möglichkeiten sollten vor Beginn der eigentlichen Analyse kurz vorgestellt werden. Oftmals reichte es schon aus, zu den Leitfragen mit Kolleginnen und Kollegen vor Ort die vorhandenen Erfahrungen und Wissensbestände zusammenzutragen, um sich einen Fundus an Möglichkeiten bewusst zu machen. Demgegenüber bilden Exkursionen, alternative Stadtrundgänge und Ortsbegehungen zeitintensivere Formen der Sozialraumerkundung.

Zwei Blickwinkel von Sozialraumanalysen
Beispielsweise ging die Sozialraumanalyse eines regionalen Verbandes der Erwachsenenbildung zum intergenerationellen Lernen von den Strukturen des Verbands selbst aus. Ausgangspunkt der Mind-Map war also der Verband. Dieser wurde aufgefächert in verschiedene Projekte, Arbeitsgruppen und Schwerpunkte sowie dessen lokale Strukturen, die nach den jeweiligen generationenspezifischen und generationsübergreifenden Aspekten des Verbandes sortiert wurden.
Eine andere Einrichtung fokussierte im Rahmen der Sozialraumanalyse hauptsächlich das lokale Umfeld. In dieser Analyse wurden lokale Initiativen im Rahmen des bürgerschaftlichen Engagements sowie lokale Jugend- und Seniorengruppen in den Blick genommen.

Mithilfe der Durchführung einer Sozialraumanalyse können unterschiedliche Interessen der Teilnehmenden Berücksichtigung finden. Während beispielsweise Mitarbeiter/-innen aus Verbänden die Verbandsstrukturen, die häufig altersübergreifend ausgerichtet sind, zum Ausgangspunkt ihrer Analyse nehmen können, kommen für pädagogische Mitarbeiter/-innen häufig das Bildungshaus, an dem sie beschäftigt sind, und dessen Kooperationsstrukturen in den Blick. Darüber hinaus bietet es sich an, auch die Strukturen des lokalen Gemeinwesens zu analysieren, um so weitere mögliche Anknüpfungspunkte zu identifizieren.

3.3.3 Interaktionsorientierung: Perspektivwechsel und Dialog ermöglichen

Begegnen und Lernen von verschiedenen Generationen erfordert und ermöglicht zahlreiche Perspektivwechsel und Verständigungsprozesse, wenn es in kommunikativ und dialogisch orientierten Lernarrangements erfolgt. Intergenerationelles Lernen kann dann als eine besondere Form des interkulturellen Lernens bezeichnet und entfaltet werden (vgl. Gregarek 2007). Denn häufig treffen in alters- und generationsheterogenen Lerngruppen extrem unterschiedliche generationenspezifische Erfahrungen, Einstellungen, Erwartungen und Eigenheiten aufeinander. Hinzu kommt, dass die Begegnung verschiedener Generationen oftmals durch bestehende Bilder, Stereotypen und Vorurteile über die anderen Generationen, z.B. über „die Jugend“ oder „die Alten“, gekennzeichnet ist. Intergenerationelle Lerngruppen und die damit häufig verbundene Vielzahl von biografisch geprägten Sichtweisen, Einschätzungen, Gewohnheiten, Wertvorstellungen und Lernpräferenzen verweisen somit auf eine ausdifferenzierte Pluralität, die einen entscheidenden Einfluss auf den Lernprozess haben kann. Eine Fortbildung zur Gestaltung intergenerationeller Lernprozesse sollte Erwachsenenbildner/-innen dazu befähigen, diese Pluralität nicht als Problem und Risiko, sondern als Potenzial und Ressource einer intergenerationellen Lerngruppe wahrzunehmen und für einen interaktiven und transparenten Umgang mit Differenzen zu sensibilisieren.

Daher sollten Fortbildungen zum intergenerationellen Lernen kommunikative und moderative Kompetenzen der Teilnehmenden fördern. Denn ohne Dialogbereitschaft, eine grundlegende Neugierde und Offenheit für die anderen – und damit auch für die fremden oder die wenig bekannten und vertrauten Mitlernenden – ist ein intensives Miteinander-Lernen mehrerer Generationen nur schwer möglich. Durch eine verstärkte Interaktionsorientierung sollen die vorhandenen Differenzen und Vorbehalte nicht ignoriert oder bagatellisiert werden. Im Gegenteil: sie sollten expliziert und reflektiert und somit Gegenstand des gemeinsamen Lernprozesses werden, aber in einer Art und Weise, die allen Beteiligten mit Achtsamkeit und Respekt begegnet. Fortbildungen zum intergenerationellen Lernen sollten für die Teilnehmenden genügend Raum bieten, ihre kommunikativen und moderativen Kompetenzen zu vertiefen und zu reflektieren.

Um auf die interaktiven und gruppendynamischen Prozesse von intergenerationellen Lerngruppen adäquat reagieren und diese konstruktiv nutzen zu können, benötigen Erwachsenenbildner/-innen jedoch neben kommunikativen Kompetenzen auch ein gewisses Maß an Methodenkenntnissen und -erfahrungen. Oftmals ermöglicht gerade der gezielte Einsatz von interaktionsfördernden Methoden spannende und intensive Dialog- und Diskussionsprozesse. Dies sollte in Fortbildungen zum intergenerationellen Lernen berücksichtigt werden, indem verschiedene interaktionsfördernde und -begleitende Methoden und Zugänge erfahrbar gemacht werden.

Interaktionsorientierte Methoden

In einer Fortbildung können Erwachsenenbildner/-innen als Teilnehmende verschiedene Methoden kennenlernen und überlegen, wie diese in die eigene Praxis übertragbar sind. Zwei Beispiele für interaktive Lernmethoden, die eine besondere Lernkommunikation fördern, sind der Fishbowl, auch Innenkreis-/Außenkreis-Methode genannt und das Karussellgespräch, auch unter dem Namen Kugellager bekannt:
Die Fishbowl-Methode ist eine dynamische Alternative zu normalen Gruppendiskussionen, die wegen langer Redebeiträge unbefriedigend verlaufen können. Beim Fishbowl diskutiert nur ein kleiner Teil der Gruppe im Innenkreis, während der Großteil der Gruppe im Außenkreis zuhört. Die Plätze können allerdings nach vorher festgelegten Regeln getauscht werden, sodass jeder die

Möglichkeit hat, bei Bedarf im Innenkreis mitzudiskutieren. Der Fishbowl eignet sich besonders dazu, kontroverse Positionen herauszuarbeiten und konfliktbehaftete Themen zu diskutieren.
Das Karussellgespräch ermöglicht hingegen intensive Paardialoge mit verschiedenen Gesprächspartnern in kurzer Zeit. Dazu setzt sich eine Hälfte der Lerngruppe in den Innenkreis und blickt nach außen, während die andere Hälfte den Außenkreis bildet und nach innen schaut, sodass sich jeweils zwei Diskussionspartner gegenübersitzen. Die Gesprächspaare diskutieren nun eine vorgegebene Fragestellung. Nach wenigen Minuten drehen sich Innen- und Außenkreis in entgegengesetzter Richtung weiter, sodass sich nun neue Paare gegenübersitzen und diskutieren. Dieser Vorgang lässt sich mehrfach wiederholen, wodurch immer neue Gesprächspaare in einen Austausch kommen (vgl. Antz et al. 2009).

3.3.4 Partizipationsorientierung: Mitbestimmung und Selbstlernpotenziale der Lernenden erhöhen

Die Gestaltung von Lernarrangements, in die sich Lernende partizipierend einbringen und in denen sie selbsttätig agieren können, ist eine zentrale Kompetenz von Professionellen in der Erwachsenenbildung. Diese Kompetenz ist gerade auch für intergenerationelle Lernarrangements erforderlich. Sie lässt sich lernen, indem man sie selber in der Fortbildung erfährt, aber auch durch entsprechende Theorieangebote immer wieder reflektiert. So, wie in Veranstaltungen des intergenerationellen Lernens durch Partizipationsmöglichkeiten die Selbstwirksamkeit der Lernenden erhöht wird, sollte dieses auch in Fortbildungen zum intergenerationellen Lernen gegeben sein. Das partizipative intergenerationelle Lernen ist aber auch deshalb von so großer Bedeutung, weil ohne aktive Teilhabe an gesellschaftlichen und politischen Prozessen der Zusammenhalt und die Solidarität der Generationen kaum zu realisieren sind.

Partizipatives Curriculum

Erwachsenenbildner/-innen haben in Fortbildungen unterschiedliche Erwartungen und Interessen. Sie bringen sehr verschiedene Erfahrungen über die Rahmenbedingungen ihrer Arbeit und die entsprechenden Arbeitsstrukturen mit. Dies gilt es in einer Fortbildung transparent zu machen und – im Sinne eines partizipativen Curriculums – in sie zu integrieren. Damit werden konzeptuell Freiräume eröffnet, in die die Interessen der Fortbildungsteilnehmenden gezielt eingebracht werden können.

Partizipatives Curriculum

In einem partizipativen Curriculum können die Teilnehmenden einer Veranstaltung die angebotenen Themen und Schwerpunkte zum Teil selbst mitbestimmen. Dies bedeutet, dass ein Fortbildungskonzept offene Zeit beinhalten muss, die gemeinsam mit den Teilnehmenden ausgestaltet werden kann.
Beispielsweise können diese Freiräume bei einer Auftaktveranstaltung gefüllt werden, indem gemeinsam in einem partizipativen Prozess geklärt wird,

- welche Inhalte und Schwerpunkte von der Gruppe gewünscht werden und in die bestehende Fortbildungsstruktur eingebaut werden könnten,
- welche Methoden und Medien bevorzugt werden,
- welche externen Referentinnen und Referenten eventuell eingeladen werden sollen und
- welche Teilnehmenden selbst ihre eigene Expertise in die Fortbildung einbringen können.

Ergebnisoffenheit

Erwachsenenbildner/-innen sollten auf die Ergebnisoffenheit von Lernprozessen vorbereitet werden. Die Möglichkeit, die Interessen der Teilnehmenden gleichberechtigt einzubeziehen, setzt eine transparente und klare Kommunikation voraus und beinhaltet das flexible Reagieren auf im Vorfeld nicht planbare Entwicklungen. Diese offenen Prozesse in der Bildungspraxis auszuhalten, ist nicht immer leicht. Die Fortbildung sollte Erwachsenenbildner/-innen gezielt dafür sensibilisieren.

Von der Belehrungsdidaktik zur Ermöglichungsdidaktik und zur Gestaltung von Lernarrangements

Seit einigen Jahren wird in der Erziehungswissenschaft ein sogenannter Lernkulturwandel diskutiert (vgl. z. B. Arnold/Schüssler 2003). Dieser steht vor dem Hintergrund der konstruktivistischen Wende in der Erziehungswissenschaft. Mit ihr fand ein Paradigmenwechsel in Bezug auf das Verständnis von Lernprozessen statt. Wissen kann demnach nicht direkt – im Sinne eines Nürnberger Trichters – durch Belehrung vermittelt werden, sondern Lernprozesse sind immer Konstruktionsleistungen der Lernenden selbst. Für Lehrpersonen heißt das, dass sie zwar Lernangebote machen können, aber was das Individuum letztendlich lernt, kann nicht durch die Lehrenden direkt beeinflusst werden – dies wird auch als Lehr-Lern-Kurzschluss bezeichnet. Vielmehr müssen Lehrende das Lernen der Individuen ermöglichen, das heißt ausreichend und verschiedene Möglichkeiten schaffen, in denen Lernende sich

eigenständig mit bestimmten Fragestellungen und Themen beschäftigen können. Dabei werden sie durch die Lehrperson begleitet und beraten.
In einer Fortbildung kann dieser Wechsel von einer Belehrung zu einem Gestalten und Ermöglichen von Lernräumen unterstützt werden, indem die Teilnehmenden vornehmlich eigenverantwortlich in Lernarrangements lernen und dabei begleitet und unterstützt werden.

Gleichberechtigung der Generationen

Eine an Partizipation orientierte Fortbildung kann zudem zur Gestaltung gleichberechtigter intergenerationeller Lernprozesse befähigen. Häufig orientieren sich die Vorstellungen von Teilnehmenden an intergenerationellen Lernprozessen an der Annahme, dass Jüngere von Älteren lernen können und sollen, da diese über einen unterstellten Wissens- und Erfahrungsvorsprung gegenüber Jüngeren verfügen. Auch haben die Erfahrungen in zahlreichen intergenerationellen Lernprozessen gezeigt, dass sich die ältere Generation aufgrund ihres Alters und ihrer Lebenserfahrung häufig in einer quasi natürlichen Dominanzposition sieht und eine belehrende Funktion ausübt. Jüngere Generationen neigen nicht selten dazu, dieses Rollenverständnis zu akzeptieren und bestätigen dadurch die Orientierung, dass die Jüngeren von den Älteren lernen können – und nicht umgekehrt. Durch dieses Rollenverständnis werden unbewusst mögliche Lernhorizonte verstellt und mehrperspektivische und partizipative intergenerationelle Lernprozesse erschwert. In einer Fortbildung können Erwachsenenbildner/-innen diese möglichen Orientierungen intensiv reflektieren und didaktische Umgangsformen entwickeln, um ein gleichberechtigtes Miteinander-Lernen der Generationen zu fördern. Eine offene partizipative Orientierung ist für intergenerationelle Lernprozesse über die bereits erwähnten Aspekte hinaus aber auch von besonderer Bedeutung, weil das Miteinander-Lernen kaum über frontal ausgerichtete Belehrungsdidaktik oder eine einseitige Erzeugungsdidaktik angestoßen oder durch sie hergestellt werden kann. Die Chance, sich aktiv, interaktiv, biografisch und reflexiv in intergenerationelle Bildungsprozesse einzubringen, unterstützt ein Miteinander-Lernen auf Augenhöhe.

3.3.5 Aktionsorientierung: Das Handeln von Lernenden unterstützen

Das eigene Erarbeiten von Lerngegenständen führt zu intensiven und anhaltenden Lernprozessen. Durch das aktive Ausprobieren, praktische Gestalten und konkrete Handeln werden Erwachsenenbildner/-innen in der Fortbildung ermutigt, ähnliche didaktische Arrangements in ihren eigenen Veranstaltungen einzusetzen.

Gemeinsame Übungen und Gruppenarbeiten, sei es im Stuhlkreis, im freigeräumten Seminarraum, im gesamten Bildungshaus oder im Außengelände, sind Beispiele für gemeinsames Handeln. Aktionsorientiertes Erfahren und Erproben von Handlungsstrategien und Aktionsmustern, z.B. in Rollenspielen oder Simulationen, ermöglicht es Erwachsenenbildnern und Erwachsenenbildnerinnen, diese Orientierung in ihre eigene Handlungspraxis zu integrieren. Sie werden befähigt, handlungsorientierte Bildungskonzepte für intergenerationelle Lerngruppen zu initiieren. Gemeinsam etwas zu tun und zu erfahren kann, unabhängig von größeren Projekten und externen Unternehmungen, schon durch aktivierende Methoden, die über das reine Gespräch hinausgehen, angestoßen werden. Denn durch aktionsbezogene Lernprozesse können im geschützten Raum der Lerngruppe wichtige Erfahrungen gesammelt und Kompetenzen erworben werden, die zur aktiven Teilhabe und zum gesellschaftlichen, politischen und sozialen Handeln motivieren und befähigen können.

Aktionsorientierung

Die Teilnehmenden können verschiedene aktionsorientierte Methoden in einer Fortbildung erleben. Beispielsweise können sie dazu aufgefordert werden, gemeinsam in Kleingruppen Generationsdenkmäler herzustellen. In dieser theaterpädagogischen Übung stellt je eine Person still ein Generationendenkmal mit den anderen Gruppenmitgliedern dar. Anschließend diskutiert die Gruppe, welches dargestellte Bild die kollektive Identität dieser Generation am besten beschreibt. Dieses Bild wird dann der Gesamtgruppe im Plenum vorgestellt und diskutiert.

Eine weitere aktionsorientierte Methode ist eine Materialmesse, die sich besonders für den Einstieg in ein Thema eignet. In der Mitte des Raums werden verschiedene Pakete aufgestellt. Die Pakete enthalten Infomaterial zu dem thematischen Schwerpunkt der Fortbildung, das im Vorfeld der Veranstaltung von verschiedenen Organisationen angefragt wurde. Die Teilnehmenden werden gebeten, sich in drei Gruppen zusammenzufinden, gemeinsam die Pakete zu öffnen und das Material zu sichten, um so einen Überblick über das Feld zu gewinnen. Anschließend sollen sie das Material sortieren und gemeinsam einen kleinen Informationsstand aus dem Material herstellen (vgl. Antz et al. 2009).

Zum Verhältnis von Bildung und Engagement

In Fortbildungen zum intergenerationellen Lernen, in denen die thematische Zuspitzung im politischen Feld liegt – wie z.B. in unserem Modellprojekt, in dem das Thema Nachhaltigkeit im Mittelpunkt stand – wird möglicherweise das Spannungsfeld zwischen Bildung und pädagogischen Ansprüchen einerseits und

Engagement und politischen Ansprüchen andererseits erfahrbar. Beispielsweise geht es in der Bildung für eine nachhaltige Entwicklung darum, spezifische Kompetenzen zu erlangen, die es Einzelpersonen und Gruppen ermöglicht, aktiv und eigenverantwortlich die Zukunft mitzugestalten. Auf der anderen Seite liegt es auch nahe, sich zu engagieren, z.B. im Klimaschutz oder im fairen Handel, wenn diese Kompetenzen nicht graue Theorie bleiben, sondern in aktivem Handeln münden sollen. Oftmals sind die beiden Seiten nur schwer voneinander zu trennen, denn Bildungsangebote und pädagogische Zugänge werden nicht selten mit Aktionsangeboten und politischen Kampagnen vermischt, sie gehen ineinander über und überschneiden sich (vgl. Scheunpflug 2006b). Insbesondere in den Bildungsangeboten von entwicklungspolitischen und umweltpolitischen Kampagnen und Aktionen, aber auch in Projekten zur Förderung des intergenerationellen Miteinanders, ist das oftmals zu beobachten. Die pädagogische Perspektive dient dann als Zuarbeit für ein erhofftes praktisch-politisches Engagement. Hier entsteht häufig eine Spannung bzw. ein Widerspruch: Mit Bildung wird die mündige Entscheidung eines Lernenden verbunden, sich intensiv mit einem Lerngegenstand auseinanderzusetzen. Mit Engagementsformen wird diese Entscheidung allerdings schon als gegeben erachtet. Oder andersherum: Oft sind Erwachsenenbildner/-innen enttäuscht, wenn aus Veranstaltungen zum intergenerationellen Lernen oder zur Nachhaltigkeit kein gesellschaftliches Engagement hervorgeht, sie halten ihre Veranstaltung dann für nicht erfolgreich. Im Rahmen der Fortbildung ist es daher wichtig, die teilnehmenden Erwachsenenbildner/-innen auf dieses Spannungsfeld vorzubereiten und sich in ihm professionell zu verorten: Bildungsangebote können informieren, sensibilisieren, motivieren und zu Engagement befähigen. Sie können aber dieses Engagement nicht einfordern. Den Erfolg einer Bildungsveranstaltung am nachfolgenden Engagement zu messen, wäre unangemessen (vgl. Franz 2006).

Sensibilisierung für das Spannungsfeld zwischen Engagement und Bildung

Erwachsenenbildner/-innen können auf das Spannungsfeld zwischen Bildung und Engagement vorbereitet und sensibilisiert werden, indem diesem Thema in einer Fortbildung genügend Raum gegeben wird. Dies kann beispielsweise durch eine Fishbowl-Diskussion geschehen, bei der die Teilnehmenden in einem halben Stuhlkreis zusammensitzen. Etwas eingerückt stehen auf der gegenüberliegenden Seite vier Stühle. Zu Beginn der Diskussion können auch schon einzelne Teilnehmende, die sich eventuell vorher über das Thema geäußert haben, von der Leitung im Innenkreis platziert werden. Die weiteren Stühle können besetzt werden, indem Teilnehmende, die Fragen oder Anmerkungen haben, sich dort hinsetzen und für diese Dauer mitdiskutieren. Als

Diskussionsanreiz wird ein Plakat mit zentralen Fragen hinter den Diskutanten aufgehängt, z.B.:
Bildung und Engagement: Der Weg vom Wissen zum Handeln!
- *Kann ich das steuern?*
- *Wenn ja, wie?*
- *Wenn nein, warum nicht?*

Ergebnisoffenheit und Aktionsorientierung – ein Widerspruch?
Ein weiteres in einer Fortbildung zu thematisierendes Spannungsfeld ist jenes zwischen Ergebnisorientierung und Aktionsorientierung. Lernarrangements zu gestalten, in denen die Teilnehmenden selber agieren und die gleichzeitig offen für spontane Entwicklungen sind, ist keine leichte Aufgabe. Aktionen und Selbstlernprozesse müssen durch Erwachsenenbildner/-innen sorgfältig vorbereitet und geplant werden. Es reicht jedoch nicht aus, verschiedene Aktionen ohne Reflexionen aufeinanderfolgen zu lassen, denn damit werden Teilnehmende in ihrem eigenen Lernprozess eng geführt. Vielmehr geht es darum, offen für spontane Entwicklungen in der Gruppe zu sein und auf deren Bedürfnisse zu reagieren. Diese Ergebnisoffenheit wird manchmal als Makel didaktischer Unzulänglichkeit oder als Beliebigkeit beschrieben, dabei ist die Kompetenz, auf die Lernbedürfnisse der Gruppe spontan zu reagieren und die Teilnehmenden in ihrem Lernprozess zu begleiten, gerade ein Merkmal gehaltvoller andragogischer Arbeit.

Diese Themen sind für Fortbildungen immer wieder von Bedeutung, wenn es darum geht, Erwachsenenbildner/-innen auf die Gestaltung von intergenerationellen Lernarrangements vorzubereiten. Das bedeutet für die Leitung der Fortbildung, dass sie den Teilnehmenden didaktische Entscheidungen transparent und klar darstellen muss. Zum einen, um den Teilnehmenden die Möglichkeit zu geben, sich aktiv einzubringen, und zum anderen, um die Teilnehmenden sensibel für die Gestaltung von ergebnisoffenen und an Aktion orientierten Lernprozessen zu machen.

3.3.6 Reflexionsorientierung: Austausch und Reflexion über Lernen fördern

Der Austausch von biografischen Erlebnissen, die gemeinsame Erkundung des Sozialraumes, die Diskussion von strittigen Sichtweisen und Standpunkten, das partizipative Erarbeiten von Kommunikationsregeln und Absprachen für den Lernprozess oder das gemeinsame Handeln und Gestalten: Alle diese Erfahrungen können eine intergenerationelle Lerngruppe beleben und Lernende motivieren und bereichern. Ohne Zeit und Raum für Reflexion werden diese Erfahrungen aber häufig für die Handlungspraxis nicht relevant. Reflexionsprozesse in Fortbildungen fördern die Bildung von metakognitiven Kompetenzen, das heißt, die Erwachsenenbildner/-innen erwerben die Kompetenz, ihr eigenes Rollenhandeln aus einer übergeordneten Perspektive zu reflektieren. Damit wird auch eine Auseinandersetzung mit ihrem professionellen Selbstverständnis angeregt. Deshalb sind Reflexionsphasen ein zentraler Bestandteil der Fortbildungen zum intergenerationellen Lernen.

Zwischenreflexionen eröffnen kontinuierlich die Gelegenheit, intergenerationelle Dialog- und Bildungsprozesse zu bewerten und jene Aspekte zu beleuchten, die durch das gemeinsame Lernen in der Gruppe sichtbar wurden. Es geht um die Auswertung und den Austausch von individuellen und kollektiven Lernerfahrungen. Dabei sollte nicht nur für die positiven und schönen Erfahrungen Raum sein, sondern auch für schwierige oder konfliktive Momente. Wichtige Reflexionsergebnisse sollten zusammengefasst und visualisiert werden.

Fortbildungsbegleitende Reflexionsangebote

Neben situativen Reflexionen ist es sinnvoll, dass eine Fortbildung durch fortlaufende durchgehende Reflexionsinstrumente begleitet wird, die den Teilnehmenden die systematische Reflexion ihrer intergenerationellen Professionalisierung erlauben. Dieses können unterschiedliche Aspekte sein:

- Eine Möglichkeit ist die Nutzung eines Lerntagebuchs. Dieses stellt eine sehr individuelle Form der Reflexion und Dokumentation des individuellen Lernens dar.
- Eine andere Möglichkeit ist die Ernennung von an der Fortbildung Teilnehmenden zu Beobachtenden für ein bestimmtes Thema, z. B. eine/-n Beobachter/-in für das Thema „Generationen“ und eine/-n für das Thema „Nachhaltigkeit“. Der oder die Beobachter/-in ist dafür zuständig, eine Fortbildungseinheit oder einen bestimmten Zeitraum aus einer bestimmten Perspektive („Generationen“, „Nachhaltigkeit“) zu reflektieren. Die Ergebnisse der Beobachtung werden dann in der gesamten Gruppe vorgestellt und diskutiert. Gerade dann, wenn in Fortbildungsblöcken unterschiedliche Themen behandelt werden, ist es sinnvoll, jedes Thema nochmals aus der Perspektive des jeweils anderen Themas reflektieren zu lassen. Damit werden Verbindungen zwischen Themen und Fortbildungsblöcken sichtbar und Transfermöglichkeiten von einem Thema zum anderen bewusst aufgegriffen.
- Eine dritte Möglichkeit stellt die Arbeit mit einer Kompetenzmatrix dar. Die Teilnehmenden erhalten eine Darstellung mit den Kompetenzen, die sie

während der Fortbildung erwerben sollen, und ordnen die Fortbildungsinhalte jeweils ihrem eigenen Lernfortschritt zu. Ein Beispiel für einen solchen Zugang wird in Kap. 3.4 dargestellt.

Bei der Anwendung durchlaufender Reflexionsangebote ist auf ein angemessenes Gleichgewicht zwischen Lern- und Reflexionszeiten zu achten.

Ein Lerntagebuch anleiten
Ein individuelles Reflexionsinstrument, wie ein Lerntagebuch, kann in einer Fortbildung gut eingesetzt werden. Lerntagebücher ermöglichen persönliche und private Reflexionen über den Inhalt der Fortbildung, den eigenen Lernprozess und über das Lernen in der Lerngruppe. Zu Beginn einer Fortbildung kann man den Teilnehmenden ein Lerntagebuch aushändigen, in den Gebrauch einführen und die Möglichkeiten darstellen, die ein solches Instrument ihnen bietet. Um die Teilnehmenden zu einem kontinuierlichen Gebrauch anzuregen, ist es von besonderer Bedeutung, immer wieder solche Lerntagebuchphasen zu integrieren. Das heißt, dass beispielsweise am Ende des Tages die Teilnehmenden gebeten werden, 20 Minuten in ihrem Lerntagebuch zu reflektieren. Dabei können ihnen Leitfragen zur Orientierung an die Hand gegeben werden. Bei Fortbildungen, die über mehrere Fortbildungseinheiten angelegt sind, kann auch der Einstieg in den Lernprozess über ein Lerntagebuch erfolgen, indem die Teilnehmenden hier gebeten werden, sich mithilfe der Reflexionen in ihrem Lerntagebuch an die letzte Einheit zu erinnern und diese noch einmal zu vergegenwärtigen.

Abschlussreflexionen und Rückmeldungen

Wichtig ist auch die Einübung einer Feedback-Kultur. Teilnehmende von Veranstaltungen der Erwachsenenbildung müssen die Gelegenheit erhalten, sich zu der von ihnen besuchten Bildungsveranstaltung zu äußern. Diese Rückmeldekultur müssen Erwachsenenbildner/-innen auch für sich selber ernst nehmen. Daher sind Feedbackrunden in der Fortbildung von großer Bedeutung. Erwachsenenbildner/-innen müssen zudem lernen, diese Rückmelderunden generationensensibel zu gestalten, sodass z.B. Kinder genauso eine Möglichkeit haben sich zu äußern wie Seniorinnen und Senioren.

Generationensensibles Feedback
Die Frage, wie Erwachsenenbildner/-innen ihre Praxisprojekte selbst evaluieren können, sollte in einer Fortbildung explizit diskutiert werden. Beispielsweise können für die Teilnehmenden unterschiedliche Feedbackbögen

(für ältere Erwachsene sowie für Kinder) durch die Leitung bereitgestellt werden. Für Kinder, die noch nicht oder noch nicht gut lesen und schreiben können, sollten Bögen entwickelt werden, auf denen die Fragen durch Bilder und Grafiken gut transportiert werden können. Anhand dieser Vorlagen werden die Teilnehmenden für die Unterschiedlichkeiten bei der Gestaltung von Feedbackbögen sensibilisiert und lernen die Vorlagen im Hinblick auf ihre eigenen Projekte und Veranstaltungen zu adaptieren.

3.4 Kompetenzorientierung zur Anleitung und Begleitung intergenerationeller Lernprozesse

Erwachsenenbildner/-innen, die sich im Kontext intergenerationeller Bildungsarbeit weiterqualifizieren wollen, erwarten den Erwerb neuer oder die Vertiefung vorhandener Kompetenzen. Welche Kompetenzen sind dies? Darum soll es im Folgenden gehen.

Kompetenzorientierung

Im gegenwärtigen deutschsprachigen Diskurs der Erwachsenenbildung besteht weitgehender Konsens darüber, dass Kompetenzen als Dispositionen zur Selbstorganisation zu verstehen sind, die sich umfassend auf das Fühlen, Denken, Wollen und Handeln von lernenden Individuen beziehen (vgl. Erpenbeck/Heyse 1999, S. 156; Tippelt/Edelmann 2007, S. 8). Diese Sichtweise verweist auf verschiedene Kompetenzbereiche und spiegelt sich in der verbreiteten Unterscheidung von Fach-, Personal-, Methoden- und Sozialkompetenzen als die vier zentralen Kompetenzen oder auch Kernkompetenzen wieder (vgl. u.a. Siebert 2004). In Fortbildungen der Erwachsenenbildung kann es von daher weder ausschließlich um Wissensbestände gehen noch um technologisch vermittelte Methoden. Dabei sind Kompetenzmodelle meist auf zwei Funktionen hin ausgerichtet. Einerseits sollen sie dazu dienen, den Lern- oder Fortbildungsprozess zu ordnen und zu strukturieren, indem verschiedene Kompetenzbereiche oder -ebenen unterschieden werden. Andererseits sollen sie die Lernenden dabei unterstützen, ihre Lernerfahrungen und den damit verbundenen vielschichtigen Kompetenzerwerb zu reflektieren. In diesem Sinne verstehen sich zahlreiche Kompetenzmodelle als Strukturierungs- und Reflexionsmöglichkeit für Lernprozesse, die das Selbstlernpotenzial der Lernenden erhöhen können.

Kompetenzmatrix

Eine Möglichkeit, die in einer Fortbildung zu erwerbenden Kompetenzen darzustellen, ist eine Matrix, in der allgemeine domänenunspezifische Kern- oder

Schlüsselkompetenzen auf die inhaltlichen Schwerpunkte einer Fortbildung bezogen dargestellt werden können. Eine solche Kompetenzmatrix stellt den Versuch dar, das breite Spektrum von Fertigkeiten und Kompetenzbereichen, die im Kontext einer intergenerationellen Bildung in einem thematischen Feld, wie zum Beispiel Nachhaltigkeit, von Bedeutung sind, strukturiert darzustellen. Damit sollte das komplexe Geflecht verschiedener Kompetenzen näherungsweise erfasst, eingegrenzt und den Teilnehmenden bewusst gemacht werden. Dadurch dient die Matrix, die sich an ähnliche Strukturierungsvorschläge in der Erwachsenenbildung (vgl. Siebert 2004), in der Bildung für nachhaltige Entwicklung (vgl. de Haan 2002) und des Globalen Lernens (vgl. Scheunpflug/Schröck 2000; Lang-Wojtasik/Scheunpflug 2005) anlehnt, in der Fortbildung als ein Instrument zur Vorbereitung, Strukturierung, Selbstevaluierung und Auswertung des Lernprozesses. Es entstehen verschiedene Kombinationsmöglichkeiten der Kompetenzbereiche, in denen die allgemeinen domänenunspezifischen Kern- oder Schlüsselkompetenzen jeweils durch eine inhaltliche Schwerpunktsetzung konkretisiert werden (vgl. ausführlich Franz/Frieters 2007, 2008) (vgl. Abb. 4).

Kompetenzebenen / Inhaltsbereiche	Fachliche Ebene	Methodische Ebene	Kommunikative und soziale Ebene	Personale Ebene
Intergenerationelles Lernen				
Bildung für nachhaltige Entwicklung				
Miteinander lernen				

Abb. 4: Kompetenzmatrix für Fortbildungen zum intergenerationellen Lernen

Die inhaltlichen Schwerpunkte können je nach Fortbildung variieren. Im hier dargestellten Beispiel sind es die Themen intergenerationelles Lernen, Bildung für Nachhaltigkeit und Miteinander-Lernen/Partizipation. Vor dem Hintergrund dieser Inhalte gilt es dann, sich auf der fachlichen Ebene Fachwissen zu dem Thema anzueignen und theoretische und wissenschaftliche Hintergründe zu erschließen. Auf einer methodischen Ebene geht es um das Kennenlernen und Erproben verschiedener methodischer Zugänge, Instrumente und Lernformen sowie um die Reflexion und Erprobung von (Selbst-)Lernmodellen. Auf der kommunikativen und sozialen Ebene stehen sowohl interaktive, diskursive und moderative Fertigkeiten als auch konfliktbearbeitende, metakommunikative Kompetenzen im Vordergrund. Auf der personalen Ebene geht es um Selbstreflexion, Metakognition, Empathie, Toleranz, Motivation sowie darum, Komplexität, Widersprüche und Ohnmachtsgefühle aushalten zu können.

Nachfolgende Beispiele veranschaulichen die sich ergebenden Kombinationsmöglichkeiten:

- Werden allgemeine soziale und kommunikative Kompetenzen mit den Inhalten des intergenerationellen Lernens verknüpft, kommen die Kompetenzen in den Blick, mit denen die Fortbildungsteilnehmenden in die Lage versetzt werden, mit unterschiedlichen Generationen zu kommunizieren, verschiedene generationenspezifische Sprachcodes und Sprachspiele zu verstehen und selber einen Kommunikationsstil zu entwickeln, der es ermöglicht, sich sowohl gegenüber verschiedenen Generationen als auch in generationsübergreifenden Gruppen zu verständigen.
- Eine generationssensible Moderationskompetenz stellt ebenfalls eine Kombination von sozialen und kommunikativen Kompetenzen mit intergenerationellem Lernen dar. Dadurch wird der Blick dafür geschärft, wie wichtig es in generationsübergreifenden Lernprozessen sein kann, in der Moderationsrolle eine Vielfalt an generationsspezifischen Kommunikations- und Lernkulturen zu berücksichtigen und darauf regieren zu können.
- Aspekte der personalen Ebene, verbunden mit dem inhaltlichen Bereich einer Bildung für nachhaltige Entwicklung, verweisen auf Kompetenzen im persönlichen Umgang mit Komplexität, Undurchsichtigkeit und Widersprüchen von Strukturen und Prozessen. Hierbei stünden dann die Fähigkeit, eigene Verunsicherungen auszuhalten, sowie die Akzeptanz von eigenen Ohnmachtsgefühlen im Mittelpunkt.

Für Fortbildungen von Erwachsenenbildnerinnen und Erwachsenenbildnern bietet sich die Verwendung dieser oder ähnlicher Tabellen an. Dabei lassen sich je nach inhaltlichem Schwerpunkt der Fortbildung die Bereiche Bildung für nachhaltige Entwicklung und Miteinander-Lernen durch andere Inhalte ersetzen.

Einsatzmöglichkeiten in Fortbildungen

Ein solches Raster kann in einer Fortbildung vielfältig eingesetzt werden. Beispielsweise können im Rahmen eines partizipativen Prozesses zu Beginn einer Fortbildung die Kompetenzen, die Erwachsenenbildner/-innen erwerben möchten, diskutiert werden. Am Anfang der Fortbildung können Teilnehmende anhand der Matrix einschätzen, über welche Kompetenzen sie bereits verfügen und in welchen Bereichen sie ihre Kompetenzen vertiefen wollen. Oder es ist möglich, dieses Raster als individuelles Reflexionsinstru-

ment in Form eines Einlegeblattes für das Lerntagebuch oder als Bewertungsinstrument, mit dem die Teilnehmenden ihre Kompetenzerweiterungen am Ende einer Fortbildung reflektieren, zu verwenden. Möglich ist es auch, die Matrix als Blankoformular auszuteilen und sie während der Fortbildung ausfüllen zu lassen, um damit bei den Teilnehmenden die Reflexion ihrer eigenen professionellen Entwicklung anzustoßen. Zum Abschluss einer Fortbildung können die Teilnehmenden anhand der Matrix ihre individuellen Lernerfolge und Kompetenzgewinne bewerten.
Für die Leitung einer Fortbildung dient eine solche Matrix dazu, nicht nur einseitig Wissen zu vermitteln, sondern vor allem auch die Methodenkompetenz und die Handlungspraxis der Erwachsenenbildner/-innen im Blick zu behalten. Damit kann die Ausgewogenheit von methodisch-didaktischen Zugängen und Inhalten in der Fortbildung erleichtert werden.

3.5 Verzahnung von Qualifizierung, Praxis und Reflexion

Wie können nun Erwachsenenbildner/-innen dabei unterstützt werden, das Gelernte in die Praxis umzusetzen? Wie kann eine Fortbildung so angelegt sein, dass sie zur Umsetzung des Gelernten animiert? Schließlich ist es ja häufig so, dass das, was im geschützten Rahmen der Fortbildung schlüssig ist, leicht zu verwirklichen und anschlussfähig an die eigene Praxis wirkte, bei der Rückkehr in den pädagogischen Alltag der jeweiligen Einrichtung möglicherweise als schwierig umzusetzen erscheint. Der Transfer vom theoretisch Gelernten in die eigene Handlungspraxis ist nicht immer leicht und stellt eine besondere Herausforderung dar.

Um diesen Problemen frühzeitig zu begegnen und eine unmittelbare Umsetzung des Gelernten anzuregen, bietet es sich an, die Teilnehmenden in einer Phase der Fortbildung eigene Projekte entwickeln zu lassen. Die Erwachsenenbildner/-innen erhalten so die Möglichkeit, die neuen Lernerfahrungen im eigenen Praxisprojekt in der eigenen Einrichtung umzusetzen. Die Vorbereitung und Durchführung solcher Praxisprojekte kann innerhalb einer Fortbildung begleitet und von der Lerngruppe kollegial beraten werden.

Das eigene Praxisprojekt kann in einer Fortbildung ein Lern- und Experimentierfeld darstellen. Das bedeutet, dass die Erwachsenenbildner/-innen durchaus ermutigt werden sollen, neue und innovative Ansätze zu entwickeln und zu erproben. Es sollte verdeutlicht werden, dass es nicht primäres Ziel ist, ein möglichst gelungenes und funktionierendes Praxisprojekt zu konzipieren und zu realisieren, sondern, dass es vor allem darum geht, den Lernprozess der Qualifizierungsphase in der Praxis weiterzuführen. Die Reflexion der dort gemachten Erfahrungen kann wiederum durch begleitete Austauschtreffen der Fortbildungsteilnehmenden angeregt werden. Der Austausch dieser wichtigen Lernerfahrungen bedarf einer intensiven Begleitung, denn gerade die Auseinandersetzung mit Schwierigkeiten erfordert eine sensible Moderation, um das Entstehen von Blockaden wegen möglicher negativer Erfahrungen zu verhindern und Reflexions- und Lernprozesse zu ermöglichen.

Die Verwobenheit von Qualifizierung, Praxis und Reflexion

Dadurch ergibt sich eine gegenseitige Anregung der Qualifizierungs-, Praxis- und Reflexionsteile der Fortbildungen. Während die Qualifizierung vor allem dazu dient, eine intensive Auseinandersetzung mit Generationenbegriffen, Generationenbeziehungen und theoretischen Inputs und praktischen Übungen zum intergenerationellen Lernen zu ermöglichen, eröffnet die Praxis die Chance, die neuen Lernerfahrungen in einem eigenen Bildungsprojekt umzusetzen und in der anschließenden Reflexion auszuwerten sowie Schlussfolgerungen für die weitere Bildungsarbeit zu ziehen. Diese Teile der Fortbildung folgen zwar zeitlich aufeinander; sind aber in der Praxis eng miteinander verbunden und nichtlinear aufeinander aufbauend, auch wenn sich das auf den ersten Blick so darstellt: Reflexionen der Qualifizierung münden in den Prozess der Themenfindung für das Praxisprojekt mit ein – und umgekehrt stellen erste Erfahrungen aus den Praxisprojekten einen Wahrnehmungsfilter für die weiteren Inhalte der Fortbildung dar.

Die Begleitung von Praxisprojekten in der Fortbildung

Die Begleitung der Teilnehmenden in einer Praxisphase kann auf unterschiedliche Weise gestaltet werden. Im Sinne einer Orientierung an der Partizipation der Teilnehmenden ist es sinnvoll, ihnen verschiedene Möglichkeiten zur Begleitung anzubieten. Beispielsweise können den Teilnehmenden folgende Angebote für die Begleitung gegeben werden:

- *Zentrale Austauschtreffen mit der gesamten Gruppe:* Bei zentralen Treffen kann die Lerngruppe gemeinsam ihre Erfahrungen mit der Planung und Gestaltung intergenerationeller Projekte reflektieren.
- *Regionale Treffen:* Die Teilnehmenden können sich in regionalen Gruppen organisieren und selbstständig Termine zur gegenseitigen kollegialen Beratung vereinbaren.
- *Persönliche Beratung durch Fortbildungsleitung:* Die Fortbildungsleitung fungiert während der gesamten Praxisphase als Ansprechpartner/-in und kann die Teilnehmenden telefonisch beraten oder die Praxisprojekte persönlich besuchen.

3.6 Einbindung und Professionalisierung der entsendenden Einrichtungen

Eine umfassende praktische Weiterentwicklung und Professionalisierung in Bezug auf intergenerationelle Bildungsprozesse bedarf mehr als nur der Fortbildung von – meist den engagierteren – Mitarbeitenden in Einrichtungen der Erwachsenenbildung. Vielmehr handelt es sich dann, wenn die Angebotsstruktur und möglicherweise auch die programmatischen Grundausrichtungen von Familienbildungsstätten, Bildungswerken oder Akademien berührt sind, auch um organisationsbezogene Lernprozesse ganzer Institutionen. Die fortgebildeten Mitarbeitenden können zwar neue Impulse und Anregungen in ihre Einrichtungen tragen, aber von da aus ist es noch ein weiter Weg zur Umsetzung umfassender programmatischer und konzeptioneller Veränderungen. Soll intergenerationelles Lernen in Einrichtungen institutionalisiert werden, dann sind diese Veränderungen wichtig, wenn tradierte Kursangebote überdacht und durch Konzepte und Angebotsstrukturen intergenerationeller Bildungsarbeit ergänzt oder ersetzt werden sollen.

Von daher geht es nicht nur um die Qualifikation und Professionalisierung einzelner Mitarbeiter/-innen, sondern darum, dass Einrichtungen und Verbände sich als lernende Institutionen und Organisationen begreifen und sich insgesamt für neue Wege intergenerationeller Bildungsarbeit öffnen.

Wenn eine enge Verzahnung zwischen den Fortgebildeten und den entsendenden Organisationen erwünscht ist, dann empfehlen sich folgende Maßnahmen:

- Die Verzahnung von Erwachsenenbildnerinnen, Erwachsenenbildnern und Einrichtungen kann forciert werden, wenn je zwei Mitarbeiter/-innen einer Einrichtung die Möglichkeit erhalten, an einer Fortbildung teilzunehmen. Ein solches Lerntandem bietet innerhalb der Fortbildung kontinuierlich die Chance, die gemachten Lernerfahrungen unmittelbar im Hinblick auf die eigene berufliche Praxis intensiv zu reflektieren (vgl. Kap. 4.5.5). Darüber hinaus kann ein Lerntandem einen größeren Einfluss darauf haben, die Lernerfahrungen und damit verbundene neue und innovative Ideen zur Umgestaltung von Programm- und Angebotsstrukturen in der eigenen Einrichtung zu begründen und voranzutreiben.
- Die Einbindung der Institution kann auch durch die Vorgabe realisiert werden, dass keine individuelle Fortbildungsanmeldung möglich ist, sondern sich die Einrichtungen für einen Fortbildungsplatz bewerben können. Entsprechend lassen sich dann die Einrichtungen vertraglich binden, die Implementation intergenerationellen Lernens voranzutreiben.

- Die entsendenden Institutionen können darüber hinaus einen kleinen Beirat für die Fortbildung gründen, der bei der Entwicklung der Praxisprojekte beteiligt wird.
- Die Institution könnte auch in die Sozialraumanalyse (vgl. Kap. 3.3.2) einbezogen werden. Durch die Orientierung am Umfeld der Einrichtung kann an bestehende Netzwerke, Teilnehmendengruppen und Kooperationspartner angeknüpft und diese können im Sinne einer aufsuchenden Bildungsarbeit genutzt werden.
- Eine eher dezentrale Ausrichtung der Fortbildung ermöglicht zudem die verstärkte Einbeziehung der Einrichtungen, z. B. dadurch, dass verstärkt in regionalen Fortbildungsgruppen gearbeitet wird, die sich in ihren Einrichtungen häufiger besuchen. Dabei könnten jeweils mehrere Akteure der gastgebenden Einrichtung einbezogen werden.

Durch eine solche Verzahnung von Teilnehmenden an Fortbildungen zum intergenerationellen Lernen und den Einrichtungen der Erwachsenenbildung kann dazu beigetragen werden, dass das Thema intergenerationellen Lernens tiefer verankert wird. Eine im Rahmen von Fortbildungen entwickelte Modellpraxis kann so leichter in die Regelpraxis der Einrichtungen überführt werden.

3.7 Anregungen für Fortbildungen zum intergenerationellen Lernen – Zusammenfassung

Als Quintessenz für die Gestaltung von Fortbildungen zum intergenerationellen Lernen können folgende Tipps festgehalten werden:

(1) Zur Vorbereitung auf die spätere intergenerationelle Bildungspraxis der Fortbildungsteilnehmenden ist es von Vorteil, wenn die Lerngruppe einer Fortbildung eine *große Altersspanne* umfasst und möglichst verschiedene Generationen vertreten sind. Damit kann eine Fortbildung selber zu einem intergenerationellen Lernerlebnis werden.

(2) Es ist hilfreich, wenn eine Fortbildung nicht nur neues *Wissen und Kompetenzen* vermittelt, sondern auch Raum bietet, dieses neue Wissen in die eigene *Praxis* zu überführen und zu reflektieren. Die *Erprobung von Praxis* und deren *Reflexion* schult den Blick für Generationensensibilität und verbreitert potenziell das Handlungsrepertoire von Erwachsenenbildnerinnen und Erwachsenenbildnern.

(3) Intergenerationelle Bildungsveranstaltungen sollten ein *Thema* in den Mittelpunkt stellen, das über die intergenerationelle Erfahrung hinausweist. Eine

Fortbildung zum intergenerationellen Lernen sollte dem Rechnung tragen und dieses exemplarisch an einem Themenfeld erproben.

(4) Eine Fortbildung zum intergenerationellen Lernen sollte zur Auseinandersetzung mit *verschiedenen Generationenbegriffen* anregen und verschiedene *Konzepte intergenerationellen Lernens* vorstellen. Es ist dann Sache der Teilnehmenden, das für ihre Praxis passende Konzept auszuwählen.

(5) Eine Fortbildung sollte in *partizipative Lernformen* einführen, diese aber auch selber anbieten, um genug Spielraum für die unterschiedlichen Sichtweisen der Generationen zu schaffen und damit intergenerationelle Lernprozesse zu befördern.

(6) In der Vorbereitung und Durchführung einer Fortbildung ist es hilfreich, mit einer *Kompetenzmatrix* zu arbeiten, um darauf zu achten, dass eine Fortbildung hinreichend unterschiedliche Lerngelegenheiten bietet, die sich nicht nur auf das Wissen von Teilnehmenden, sondern auch auf deren Handlungskompetenz beziehen.

(7) Der Kompetenzerwerb wird potenziell auch durch Formen der *begleitenden Reflexion* gefördert, die den Teilnehmenden ihre eigene *professionelle Weiterentwicklung* bewusst machen. Dazu können Lerntagebücher, die Arbeit an einer Kompetenzmatrix oder ähnliche Reflexionsinstrumente genutzt werden.

(8) Intergenerationelles Lernen hat vielfältige Anknüpfungsmöglichkeiten vor Ort – im Hinblick auf Lernstätten, Zielgruppen oder unterstützende Institutionen. Eine *Sozialraumanalyse* kann dazu beitragen, die lokalen Ressourcen sichtbar zu machen und dieses Potenzial im Fortbildungsprozess zu nutzen. Sie ist hilfreich für die Identifikation neuer Kooperationspartner, Netzwerke und Lernorte, die bisher nicht im Blick der Einrichtungen waren.

(9) Intergenerationelles Lernen berührt *biografische* und *emotionale Dimensionen*. Eine Fortbildung zum intergenerationellen Lernen sollte darauf vorbereiten und Bildungsformen vermitteln, die helfen, emotionale und persönliche biografische Dimensionen aufzufangen und auszudrücken. Teilnehmende an Fortbildungen sollten diese Dimensionen selber erfahren haben, um ein Gespür für mögliche Reaktionen zu entwickeln.

(10) Intergenerationelles Lernen ist *aktionsorientiert* und kann in einigen Fällen zu gesellschaftlichem *Engagement*, z. B. im Bereich der Nachhaltigkeit, führen. Eine Fortbildung sollte dafür Lern- und Angebotsformen vermitteln.

4 Intergenerationelles Lernen gestalten – Intergenerationelle Bildungsveranstaltungen in der Praxis

4.1 Formen intergenerationeller Praxis

Intergenerationelle Lernmöglichkeiten können unterschiedlich aussehen. Sie können sich durch verschiedene Generationenbegriffe, durch unterschiedlich große Altersspannen oder durch divergierende Grundkonzepte intergenerationeller Bildungsarbeit unterscheiden. Es kann sich um Veranstaltungsreihen, längere Projekte, Unternehmungen und vieles andere mehr handeln.

Im Folgenden sollen exemplarisch unterschiedliche Möglichkeiten intergenerationellen Lernens dargestellt werden. Die nachfolgenden Konzepte haben gemeinsam, dass sie in Einrichtungen der Erwachsenenbildung entstanden, die sich für intergenerationelles Lernen ganz bewusst öffneten.

Das Spektrum der 22 Beispiele reicht von Seminarreihen, einem Radio- und einem Theaterworkshop, Exkursionen, einer Ausstellung, Internetplattformen, Wochenendseminaren, Stadtteilkonferenzen, einer Zukunftswerkstatt und Nachhaltigkeits-Mainstreamingprozessen bis hin zu einer Großveranstaltung im Rahmen einer kommunalen Ferienaktion und Projektarbeit. Diese Veranstaltungen wurden ausführlich im Modellversuch der KBE entwickelt, erprobt und diskutiert.

Die Praxisbeispiele lassen sich in drei grundlegende Konzeptstrukturen unterscheiden (vgl. Abb. 5):

- Großeltern-Enkelkinder-Projekte: Bei diesen Veranstaltungen steht ein genealogischer Generationenbegriff im Mittelpunkt und es sind in der Regel Großeltern und Enkelkinder beteiligt.
- Senioren-Jugendlichen-Projekte: Hier treffen primär Schüler/-innen, Studierende, junge Auszubildende oder berufstätige Jugendliche einerseits und Seniorinnen und Senioren anderseits zusammen, die untereinander nicht in familiären Bindungen stehen.
- Generationen- und altersgruppenunspezifische Projekte: In diesen Vorhaben treffen verschiedenste Generationen und Altersgruppen zusammen.

Großeltern-Enkelkinder-Projekte

Projekttitel	Projektkurzbeschreibung	Träger der Veranstaltung während der Erprobung
„Zwischen Fast Food und Biokost“	Kochseminar für Großmütter und Enkel unter verstärkter Berücksichtigung biologischer, fair gehandelter Produkte	Familienbildungsstätte
„Zwischen Gummitwist und iPod“	Seminar für Großeltern und Enkelkinder zum Thema Spielkultur	Regionales Bildungswerk
„Großeltern-Enkel-Wochenende“	Wochenendseminar für Großeltern und Enkelkinder zum Thema Engel	Katholischer Verband
„Schöpfungstöne“	Generationenralley für Großeltern und Enkelkinder rund um Nachhaltigkeit	Katholischer Verband
„Was Oma noch wusste – Nachhaltigkeit in der Gartenkultur“	Wochenendseminar für Großeltern mit ihren Enkelkindern zum Thema Garten, Natur und Nachhaltigkeit	Katholischer Verband

Senioren-Jugendlichen-Projekte		
Projekttitel	**Projektkurzbeschreibung**	**Träger der Veranstaltung während der Erprobung**
„Intergenerationelle Bildung für Nachhaltigkeit an der Hochschule“	Einsemestriges Hochschulseminar mit jungen Studierenden und Seniorinnen und Senioren als Gästen	Regionales Bildungswerk
„Du bist Klimawandel“	Workshop zum Thema Klimawandel auf einer Jugendveranstaltung mit Gästen im Seniorenalter	Evangelischer Kirchenkreis
„München alternativ erleben“	Seminar- und Exkursionsreihe mit alternativen Stadterkundungen zum Thema Nachhaltigkeit, mit Jugendlichen und Älteren	Regionales Bildungswerk
„Neue Medien – Miteinander-Lernen von Jung und Alt“	Seminarreihe zwischen Senioreninitiative und zwei Schulklassen zum Umgang mit neuen Medien	Regionales Bildungswerk
„Für ein faires Münster“	Zukunftswerkstatt mit Vertretern von Jugendrat und Seniorenvertretung, um gemeinsame kommunale Themen und Strategien in Bezug auf Nachhaltigkeit zu erarbeiten	Volkshochschule
„Umwelten – Klimawandel zwischen den Generationen“	Seminarreihe zum Thema Klimawandel und zu anderen Nachhaltigkeitsthemen für Schüler/-innen und die Generation 50 plus	Bildungshaus
„Gutes Klima in Bonn“	Radiowerkstatt mit Jugendlichen und Älteren zum Thema Klimawandel	Regionales Bildungswerk
„Von Heino zu den Toten Hosen“	Intergenerationelles Musikseminar, bei dem die Frage nach Heimat im Mittelpunkt stand	Katholischer Verband

Generationen- und altersgruppenunspezifische Projekte		
Projekttitel	**Projektkurzbeschreibung**	**Träger der Veranstaltung während der Erprobung**
„Die Energiedetektive in Wiesenbach"	Viertägige Großveranstaltung für alle Generationen im Rahmen eines dörflichen Ferienprogramms zum Thema Energiegewinnung, Energieverbrauch und Nachhaltigkeit	Regionales Bildungswerk
„Nach uns die Sintflut, oder was?"	Mehrmonatiges Theaterprojekt, bei dem Kinder, Jugendliche und Seniorinnen und Senioren gemeinsam ein Theaterstück zum Thema Klimawandel und Nachhaltigkeit erarbeitet haben	Volkshochschule
„Nachhaltiges Bauen und Wohnen im Regensburger Land"	Mehrtägige Vortrags- und Exkursionsreihe für verschiedene Generationen über nachhaltiges Bauen und Wohnen im ländlichen Raum	Regionales Bildungswerk
„Hoffnung erweitert Perspektiven"	Intergenerationelle Seminarreihe zum Thema Nachhaltigkeit mit Jugendlichen, Erwachsenen und Älteren	Regionales Bildungswerk
„Nachhaltigkeit am Lern- und Arbeitsort" 1	Seminar für Studierende einer Hochschule unterschiedlichen Alters zum Thema Nachhaltigkeit und zu konkreten Umsetzungsmöglichkeiten in der Hochschule	Katholischer Verband
„Nachhaltigkeit am Lern- und Arbeitsort" 2	Fortbildung für Mitarbeiter/-innen einer Bildungseinrichtung unterschiedlichen Alters zum Thema Nachhaltigkeit und zu konkreten Umsetzungsmöglichkeiten in der Einrichtung	Katholischer Verband
„Ein schmackhaftes Angebot"	Fortbildung für haupt- und ehrenamtliche Mitarbeiter/-innen des Kirchenkreises zum Thema Ernährung und Nachhaltigkeit	Regionales Bildungswerk
„www.moers-nachhaltig.de"	Interaktive internetbasierte Lern- und Informationsplattform zum Thema Nachhaltigkeit mit speziellem Fokus auf die Stadt Moers	Evangelischer Kirchenkreis
„www.europa-nachhaltig.de"	Offenes Onlineprojekt zum Thema Nachhaltigkeit in Europa	Katholischer Verband

Abb. 5: Praxisbeispiele nach Konzeptstruktur

In diesem Kapitel werden die einzelnen Projekte intergenerationellen Lernens im Mittelpunkt stehen und anhand der oben aufgelisteten Differenzierungen beschrieben. Anschließend werden fünf Vorhaben noch einmal etwas genauer in den Blick genommen. Hier kommen die jeweiligen Verantwortlichen selbst zu Wort und beschreiben aus ihrer Sicht die Herausforderungen, förderlichen Bedingungen und Stolpersteine bei der Gestaltung intergenerationeller Lernprozesse.

4.2 Intergenerationelles Lernen von Großeltern und Enkelkindern

Mit Großeltern-Enkelkinder-Projekten wird vor allem an ein genealogisches Generationenverständnis angeknüpft. Gerade in Einrichtungen und Bildungsstätten, die verstärkt auf Familienbildung ausgerichtet sind oder in generationsübergreifenden Verbänden und Vereinen, in denen gemeinsame Unternehmungen von verschiedenen Altersgruppen zur Alltagspraxis gehören, sind häufig Strukturen gegeben, die ein genealogisch orientiertes Lernen fördern.

Bei diesen Projekten steht die Weitergabe von Wissen zwischen Großeltern und ihren Enkelkindern im Mittelpunkt. Da das Lernen zwischen den Generationen in Familien nicht mehr als selbstverständlich erscheint, werden Möglichkeiten der gemeinsamen Aktivitäten und des gemeinsamen Lernens für diese Zielgruppen geschaffen (vgl. Klerqc 1997). Gerade in Familien, die sich nicht häufig sehen, werden solche Wochenenden auch gerne in Anspruch genommen, um die generationsübergreifenden Kontakte innerhalb von Familien zu unterstützen.

Vielfach steht in solchen Vorhaben die Weitergabe von ursprünglich familiär vermittelten Wissensbeständen und Erfahrungen im Mittelpunkt, wie zum Beispiel die Vermittlung von naturkundlichen Kenntnissen – etwa die Bestimmung von Pflanzen und Tieren – oder die Tradierung von haushaltspraktischem Wissen – wie das Kochen von Gerichten oder Marmelade.

Vor diesem Hintergrund orientieren sich solche Projektansätze häufig an einem Voneinander-Lernen der Generationen, bei dem hauptsächlich die ältere Generation ihre Erfahrungen an die jüngere weitergibt und nicht umgekehrt.

Großmütter und Enkelkinder: „Zwischen Fast Food und Biokost"

Die Veranstaltung einer Familienbildungsstätte mit dem Titel „Zwischen Fast Food und Biokost" wandte sich an Großmütter und ihre Enkel/-innen mit dem

Ziel, gemeinsam regionale Gerichte zuzubereiten. In der einwöchigen pädagogisch begleiteten Veranstaltung setzten sich die verwandten Generationen gemeinsam mit regionalen und fair gehandelten Produkten auseinander, besuchten einen Biomarkt und bereiteten gemeinsam verschiedene Gerichte zu, die zusammen verzehrt wurden. Schon während der Durchführung verlangten die Teilnehmenden nach möglichen Nachfolgeterminen. Das Angebot traf in der Familienbildungsstätte auf eine große Nachfrage. Offensichtlich besteht ein Bedarf nach solchen auf Großeltern und Enkelkinder zugeschnittenen intergenerationellen Lernmöglichkeiten. Der Blick auf nachhaltige Essensproduktion war auch für viele teilnehmende Großmütter eine Bereicherung, die durch das Seminar auch etwas Neues lernten. Gerade die Tatsache, dass sie in diesem Seminar lernten und lehrten, wurde als sehr bereichernd erlebt.

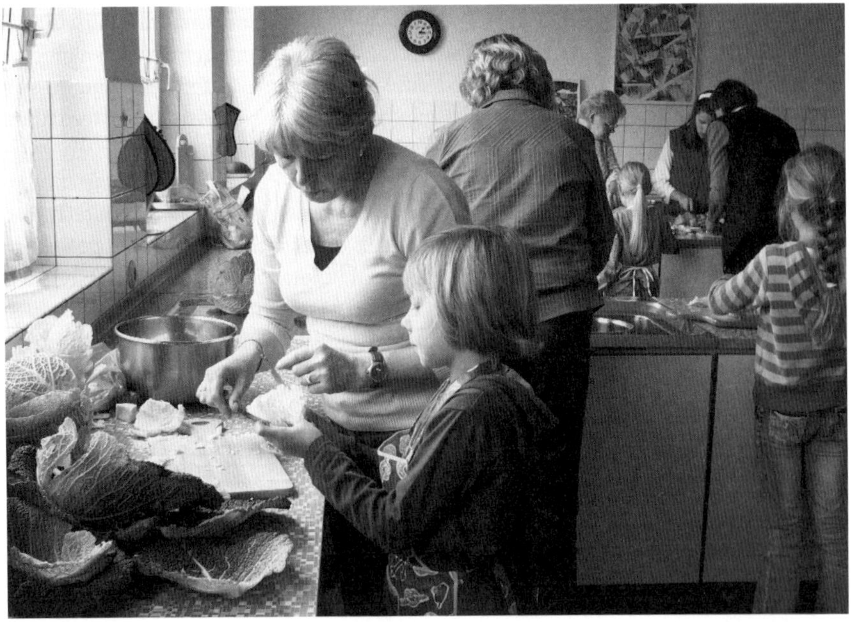

Großeltern und Enkelkinder lernen gemeinsam (Foto: Familienbildungsstätte Ahlen)

Großeltern und Enkelkinder: „Zwischen Gummitwist und iPod"

Ein Konzept mit dem Titel „Zwischen Gummitwist und iPod" wurde von einer anderen Einrichtung der Katholischen Erwachsenenbildung mit dem Ziel entwickelt, alte Spiele vor dem Vergessen zu bewahren. In einer eintägigen Veranstaltung sollten alte und neue Spiele von Großeltern und Enkelinnen und Enkeln gemeinsam reflektiert und ausprobiert werden. So sollten beispielsweise generationsübergreifende Spiele in den Blick genommen werden – etwa Himmel und Hölle oder Gummitwist. Darüber hinaus sollten aber auch die Kinder den Älteren ihre aktuellen und beliebten Spiele, wie zum Beispiel Gameboys und Videospiele, erklären, während die Älteren über Spiele berichteten, die heute kaum noch gespielt werden. Die Familienbildungsstätte konnte bei der Akquise von Teilnehmenden auf Erfahrungen mit etablierten Mutter-Kind-Gruppen zurückgreifen. Wie wichtig und hilfreich ein solches Anknüpfen und Nutzen von vorhandenen Ressourcen sein kann, zeigen die Erfahrungen nicht nur dieses Bildungsträgers.

Großeltern und Enkelkinder: „Großeltern-Enkelkinder-Wochenende" zur Umweltbildung

Ein „Großeltern-Enkel-Wochenende" wurde von einem katholischen Verband angeboten. Die Großeltern und Enkelkinder setzten sich vor allem mit der Frage auseinander, wo sie selber Engel bzw. Umweltengel sein könnten. Von daher ging es darum, eigene Handlungsoptionen zu entwickeln, wie die Teilnehmenden ihre Lebensweise umweltfreundlich und möglichst ressourcenschonend gestalten könnten. Die Generationen wurden in verschiedenen Phasen unterschiedlich gruppiert. Das heißt, die Teilnehmenden lernten sowohl in altershomogenen als auch in altersheterogenen Gruppen. Beispielsweise bastelten Großeltern und Enkelkinder gemeinsam Engelsfiguren an einem Vormittag, bevor nachmittags die Großeltern einen theoretisch-spirituellen Vortrag hörten, während die Kinder im Außengelände Engelsfiguren aus Laub und Eicheln gestalteten und verschiedene Bewegungsspiele machten. Am letzten Tag beschäftigte sich die Gesamtgruppe intensiv mit der Frage, an welchen Stellen in ihrem Alltag sie selbst „Umweltengel" sein könnten und diskutierten praktische Beispiele, wie man sich nachhaltig(er) verhalten kann.

Großeltern und Enkelkinder: Generationenralley „Schöpfungstöne"

Ein anderer Anbieter aus der verbandlichen katholischen Erwachsenenbildung konzipierte im Rahmen einer Tagesveranstaltung eine Generationenralley „Schöpfungstöne". Nach einem gemeinsamen Einstieg, der die Teilnehmenden zu einer Auseinandersetzung mit Bibelstellen zum Thema Schöpfung anregte und der Visualisierung weltweiter Verteilungsgerechtigkeit diente, durchschritten die Großeltern mit ihren Enkelkindern verschiedene Stationen der Generationenralley. Der Einstieg in die Stationen wurde so geplant, dass alle Generationen die Möglichkeit hatten, ihre Fragen und Anmerkungen zu einem Input zu äußern, der das Thema Verteilungsgerechtigkeit zum Inhalt hatte. Dabei sollte besonders darauf geachtet werden, dass die Perspektive und die Fragen der Kinder einen großen Stellenwert einnehmen. Anschließend wurden mehrere Stationen zum Thema Bewahrung der Schöpfung vorbereitet, die die Enkel/-innen mit ihren Großeltern gemeinsam durchliefen und bearbeiteten. Beispielsweise bestand die Aufgabe an einer Station darin, gemeinsam ein Kreuzworträtsel zur Agenda 21 zu beantworten. An einer anderen Station wurde Kindheit aus verschiedenen Perspektiven thematisiert. Die Teilnehmenden sollten sich mit dem Thema Kinderarbeit auseinandersetzen und anschließend ihre eigene Kindheit in den Blick nehmen und darüber diskutieren, wie ein Tagesablauf eines Kindes vor 40–50 Jahren ausgesehen haben könnte und wie ein heutiger typischer Tagesablauf eines Kindes aussieht. Das gemeinsame Erarbeiten von Wissen stand bei dieser Konzeption im Vordergrund.

Großeltern und Enkelkinder: „Was Oma noch wusste – Nachhaltigkeit in der Gartenkultur"

In dem eintägigen Workshop „Was Oma noch wusste – Nachhaltigkeit in der Gartenkultur" konnte ein Träger der katholischen Erwachsenenbildung auf die bereits bestehenden Strukturen eines Tagungshauses zurückgreifen, das seit Jahren mit unterschiedlichen familiären Generationen arbeitet. In diesem Bildungsangebot stand die gemeinsame Auseinandersetzung mit der nachhaltigen Nutzung von Gärten im Mittelpunkt. So fand beispielsweise eine Begehung des Geländes um das Tagungshaus statt. Die Älteren konnten in dieser Veranstaltung ihr Wissen und ihre naturkundlichen Erfahrungen an die Enkelkinder weitergeben. Beispielsweise zeigten die Älteren den Jüngeren in der Umgebung des Bildungshauses verschiedene Wildkräuter und -früchte, unterhielten sich anschließend über die Bedeutung des Konsums regionaler und saisonaler Produkte und überlegten, wie ein Garten nachhaltig gestaltet werden könnte.

Themen für Großeltern-Enkelkinder-Wochenenden bzw. Veranstaltungen

Die Themen, die sich für solche Großeltern-Enkelkinder-Wochenenden eignen, sind vielfältig: Basteln für Weihnachten und Ostern, gemeinsamer Besuch von Museen mit entsprechenden Angeboten, Zeichenkurse, historische und naturkundliche Themen, Handarbeitstechniken oder – wie in diesem Fall – das Thema Nachhaltigkeit. Wichtig ist es, dass beide Generationen einen Zugang zum Thema finden können. Motivierend ist es, wenn beide Generationen ihre eigenen Ausdrucksformen finden. Für die Enkelkinder-Großeltern-Beziehung ist es positiv, wenn das Thema so zugeschnitten ist, dass Großeltern ihren Erfahrungsschatz teilen und ihren Enkelkindern etwas von sich zeigen können.

Für solche Aktivitäten zum intergenerationellen Lernen mit Rückgriff auf genealogische Beziehungen besteht ein großer Bedarf. Viele Großeltern möchten gerne etwas mit ihren Enkelkindern unternehmen. Sie wohnen nicht zusammen und für viele Menschen ist es schwierig oder ungewohnt, Kinder in den eigenen vier Wänden aufzunehmen. Manche haben zu wenig Platz, andere fühlen sich damit überfordert, für ein Wochenende zu kochen und ein Programm zu gestalten, manche haben auch Bedenken, ein ganzes Wochenende mit Kindern zu verbringen, da ihnen diese Situation nicht vertraut ist oder sie Angst haben, Kindern nicht genug „bieten“ zu können. Andere fühlen sich zu immobil, um der Aktivität von Kindern hinreichend begegnen zu können. Veranstaltungen für Großeltern mit ihren Enkelkindern (oder nicht verwandten Kindern) entlasten die Seniorinnen und Senioren von den alltäglichen Dingen und bieten beiden Generationen eine anregende Erfahrung. Großeltern lernen Dinge kennen, die an vertrautes Wissen anknüpfen. Enkelkinder lernen von den Erfahrungswelten ihrer Großeltern. Beide – Großeltern wie Enkelkinder – können in solchen Arrangements ihre Beziehung vertiefen und gemeinsam geteilte Erfahrungen machen. Diese Erfahrungen werden zusätzlich dadurch erweitert, dass auch andere Großeltern mit ihren Enkelkindern an diesen Wochenenden teilnehmen und auch innerhalb der Generationen der Austausch vertieft wird.

Vorhandene Ressourcen nutzen

Insbesondere in Einrichtungen der Familienbildung und in generationsübergreifenden Verbänden sind häufig Strukturen gegeben und Grundorientierungen auszumachen, die das genealogische Lernen fördern, wie zum Beispiel regelmäßig stattfindende Mutter-Kind-Treffen. Eine andere Ressource sind zielgruppenspezifische Angebote, z.B. für Seniorinnen und Senioren, die für Formen intergenerationellen Lernens genutzt werden können. Auf Basis solcher bereits vorhandener Kontakte können Großeltern-Enkel-Wochenenden beworben werden. Im Vorfeld lohnt es sich von daher, diese möglichen bestehenden Strukturen und Grundorientierungen in der eigenen Einrichtung in den Blick zu nehmen, Erfahrungen mit den jeweiligen Mitarbeiterinnen und Mitarbeitern auszutauschen, das eigene Vorhaben vor diesem Hintergrund zu reflektieren und didaktisch zu gestalten.

4.3 Senioren-Jugendliche-Projekte

Bildungsveranstaltungen mit zwei nicht familiär verbundenen Generationengruppen stellen eine weitere Möglichkeit des intergenerationellen Lernens dar. Nicht Großeltern und Enkelkinder, sondern vor allem Jugendliche einerseits und ältere Erwachsene wie Seniorinnen und Senioren in der nachberuflichen Phase andererseits stehen im Mittelpunkt solcher Vorhaben. In unserem Fall waren die Bildungsveranstaltungen alle thematisch am Thema Nachhaltigkeit orientiert.

Die Jugendlichen sowie die Seniorinnen und Senioren können auf unterschiedlichen Wegen kontaktiert, eingeladen und zusammengeführt werden. Beispielsweise wurden im Rahmen von Jugendveranstaltungen oder Hochschulseminaren Seniorinnen und Senioren als regelmäßig teilnehmende Gäste integriert, um einen intergenerationellen Perspektivenwechsel zu ermöglichen. Eine andere Möglichkeit ist es, bestehende Gruppen aus dem Bereich der Seniorenbildung bzw. -initiativen mit Gruppen von Jugendlichen bzw. Schülerinnen und Schülern zusammenzubringen oder auch, an bestehende Gruppenstrukturen anzuknüpfen, indem beispielsweise altershomogene und generationenspezifische Gremien (z. B. Jugendrat und Seniorenvertretung einer Stadt) didaktisch angeleitet zusammengeführt werden. Nachfolgend sollen diese verschiedenen Ansätze kurz vorgestellt werden.

Seniorinnen und Senioren als Gäste: „Intergenerationelle Bildung für Nachhaltigkeit an der Fachhochschule“

In zwei Bildungsveranstaltungen wurden Seniorinnen und Senioren als regelmäßige Gäste eingeladen, um einen intergenerationellen Blick und Perspektivwechsel zu ermöglichen.

In das Seminar „Intergenerationelle Bildung für Nachhaltigkeit an der Hochschule“, welches in einer Fachhochschule für Studierende durchgeführt wurde, wurden Ältere eingeladen. Das Seminar fand über ein Semester hinweg alle zwei Wochen vier Stunden lang statt und war didaktisch so konzipiert, dass die Studierenden die Möglichkeit des regulären Studiums hatten und gleichzeitig ein Austausch zwischen den Generationen durch zahlreiche gemischte Kleingruppenarbeiten oder Plenumsdiskussionen angeregt wurde.

Seniorinnen und Senioren als Gäste: „Du bist Klimawandel“

Ein anderes Zeitformat hatte eine 90-minütige Seminarveranstaltung einer Kirchengemeinde. Hier wurden Seniorinnen und Senioren von einer Gruppe Jugendlicher als Gäste eingeladen, um gemeinsam zum Thema Nachhaltigkeit zu arbeiten. In dem intergenerationellen Workshop, der im Rahmen einer Jugendtagung unter dem Motto: „Du bist Klimawandel“ stattfand, wurden die Teilnehmenden zunächst gebeten, sich im Raum zu verschiedenen Fragen zu positionieren, beispielsweise zu der Frage, bei wem zu Hause über Klimawandel gesprochen wird, oder wer als Kind auf einem See im Winter Schlittschuh gelaufen ist. Unter anderem diskutierten die Teilnehmenden anschließend die eigene Verantwortung in Bezug auf den Klimawandel und erörterten eigene Handlungsmöglichkeiten, wie zum Beispiel die Nutzung öffentlicher Verkehrsmittel und einen sparsamen Umgang mit natürlichen Ressourcen.

Seniorinnen und Senioren und Schüler/-innen: „München alternativ erleben"

Die bisher am häufigsten praktizierte Form des intergenerationellen Lernens stellt die Zusammenarbeit von Schulen mit Einrichtungen der Seniorenbildung dar (vgl. Jacobs 2006; Marquards/Schabacker-Bock/Stadelhofer 2008). In der Regel geht dabei die Initiative von der Schule aus, die ältere Expertinnen und Experten für ein Thema (z. B. Zeitzeugen) in die Schule einlädt. In unserem Fall ging die Aktivität von der Seniorenbildung aus, die sich mit Schulen der Umgebung in Verbindung setzte.

So wurde in einem städtischen Bildungswerk in München eine sich über drei Monate erstreckende Veranstaltung für Seniorinnen und Senioren sowie für Schüler/-innen einer Fachoberschule zum Thema Nachhaltigkeit initiiert. Die Schüler/-innen wurden zwar über die Schule gewonnen, die Aktivitäten fanden jedoch außerhalb der Schule in der Freizeit der Schüler/-innen statt. Nach einer gemeinsamen Auftaktveranstaltung wurden intergenerationell gemischte Gruppen gebildet, die – unter pädagogischer Begleitung – je zwei Exkursionen zu verschiedenen Orten in München vorbereiteten und für die Gesamtgruppe durchführten, an denen die globalen und lokalen Herausforderungen einer nachhaltigen Entwicklung besonders deutlich wurden. Diese Orte wurden jeweils unter dem Blickwinkel der verschiedenen Nachhaltigkeitsdimensionen (sozial, ökologisch und ökonomisch) betrachtet. Zudem führten die Teilnehmenden darüber Gespräche mit den Mitarbeiterinnen und Mitarbeitern der jeweiligen Einrichtungen. Anschließend wurden die dabei entstandenen Erfahrungen in einer Abschlussveranstaltung aufbereitet und öffentlich vorgestellt. In diesem Projekt hatten die Generationen die Gelegenheit, sich intensiv in selbstorganisierten Lernphasen miteinander und mit dem Thema auseinanderzusetzen, was von den Teilnehmenden im Rückblick als zwar manchmal anstrengend, aber auch als eine sehr intensive und perspektivenreiche Erfahrung beschrieben wurde.

Seniorinnen und Senioren und Schüler/-innen: „Neue Medien – Miteinander-Lernen von Jung und Alt"

In einem ländlichen katholischen Bildungswerk wurden zwei Workshops mit dem Titel „Neue Medien – Miteinander-Lernen von Jung und Alt" durchgeführt. Diese Veranstaltung wurde nach einer umfassenden Bedarfserhebung im Landkreis initiiert. Teilnehmende der Senioreninitiative des Ortes trafen mit interessierten Schüler/-innen einer Haupt- und einer Realschule zusammen. Auch hier diente die Schule nur als Ort, um Jugendliche zu werben, trat aber als Veranstalter nicht in Erscheinung. Die Jugendlichen trafen die Senioren außerhalb der Schule in ihrer Freizeit. Bei der Auftaktveranstaltung wurden verschiedene Themen aus dem Bereich der Neuen Medien generiert, über die die Teilnehmenden gerne mehr lernen wollten, wie beispielsweise über Digitalfotografie oder den Umgang mit dem PC, dem Internet oder dem iPod. In einer Art Börse teilte sich die Gruppe dann auf in diejenigen, die Wissen weitergeben, und diejenigen, die gerne mehr erfahren wollten. Nach dieser Konkretisierung fanden selbstorganisierte Phasen des Lernens statt, die durch die Veranstalter begleitet wurden.

Kompetenzen sensibel nutzen
Das Besondere an beiden Veranstaltungen war die Tatsache, dass nicht die eine Generation von der anderen lernte. So waren auch bei der Veranstaltung zu den Neuen Medien nicht die jüngeren Teilnehmenden automatisch die Lehrenden und die älteren die Lernenden. Vielmehr kann durch eine Börse – wie in diesem Fall – jeder Teilnehmende, unabhängig von seinem Generationenhintergrund, gleichzeitig zum Lernenden wie zum Lehrenden werden. Solche Möglichkeiten sind für alle Teilnehmenden befriedigend und motivierend und sie schaffen in besonderem Maße ein verständnisvolles Miteinander der Generationen.

Anknüpfen an bestehende Jugend- und Seniorengruppen: „Für ein faires Münster“
Eine gute Möglichkeit ist es auch, an bestehende altershomogene Gruppen anzuknüpfen, um diese zielgerichtet und pädagogisch begleitet zusammenzuführen.

Für ein faires Münster (Foto: Julia Franz)

Beispielsweise wurden für die Tagesveranstaltung der Volkshochschule „Für ein faires Münster" der Jugendrat und die Seniorenvertretung der Stadt Münster zusammengeführt, um sich im Rahmen einer Zukunftswerkstatt gemeinsam lokale Nachhaltigkeitsprobleme zu erschließen und politische Ziele zu erarbeiten. Man wandte in diesem Rahmen verschiedene didaktische Arrangements und generationensensible Methoden an: Durch eine Stellübung wurden beispielsweise die gemeinsamen Interessen der Generationen für alle dadurch transparent gemacht, dass sich die Teilnehmenden zu bestimmten Statements, wie zum Beispiel: „Ich bin in Münster geboren", oder: „Ich engagiere mich schon lange aktiv für Münster", positionierten.[1] Ausgehend von dieser Basis arbeiteten die Gremien in generationsgemischten Kleingruppen an gemeinsamen und politischen Themen, wie Bildung, Verkehr und Integration in der Stadt.

Anknüpfen an bestehende Jugend- und Seniorengruppen: „Um-Welten – Klimawandel zwischen den Generationen"

Die Teilnehmenden einer sich über mehrere Nachmittage erstreckenden und von einem Bildungshaus initiierten Workshopreihe „Um-Welten – Klimawandel zwischen den Generationen", setzten sich auf der einen Seite aus Schülern und Schülerinnen einer bestehenden Politikwerkstatt der Einrichtung zusammen. Zum anderen nahmen Seniorinnen und Senioren einer Initiative „50plus aktiv" an der Workshopreihe teil. Im Rahmen dieser Veranstaltung wurde zunächst eine Einführung in das Thema Nachhaltigkeit gegeben, bevor sich unterschiedliche Untergruppen bildeten, die sich für die Auseinandersetzung mit Themen wie Klimawandel und Energieverbrauch entschieden und selbstständig weiterarbeiteten. Durch diese selbstständig arbeitenden Kleingruppen wurden im Projekt selbstorganisierte Lern- und Gruppenprozesse zum Thema Nachhaltigkeit zwischen den Generationen angeregt und begleitet. Die Ergebnisse und Prozesse der Gruppenphasen wurden in gemeinsamen Terminen reflektiert. Zudem entschied sich die Gruppe in einem partizipativen Prozess, eine Exkursion zum Flughafen durchzuführen und dort mit Vertretern der Betreibergesellschaft über Aspekte des Klimawandels zu sprechen.

Seniorinnen und Senioren sowie Jugendliche durch eine offene Ausschreibung erreichen: „Gutes Klima in Bonn"

Eine weitere Möglichkeit der Zusammenführung von Seniorinnen und Senioren und Jugendlichen jenseits von bestehenden Gruppenstrukturen wurde von einem städtischen katholischen Bildungswerk in Form einer offenen Ausschreibung

1 Solche Stellübungen und weitere generationssensible Methoden finden sich bei Antz/Franz/Frieters/Scheunpflug (2009).

gewählt. Im Rahmen des Projektes „Gutes Klima in Bonn" produzierte eine intergenerationelle Gruppe, die vor allem aus Jugendlichen und älteren Erwachsenen bestand, zwei 30-minütige Radiosendungen zum Thema Klimawandel. Dabei wurden sie von einem professionellen Radiomoderator unterstützt. An insgesamt fünf Tagen in den Herbstferien 2007 lernten die Teilnehmenden den Umgang mit den technischen Aufnahmegeräten, führten Interviews sowie Umfragen in der Innenstadt durch, lernten den Aufbau und die Struktur einer Radiosendung und eines Beitrages kennen und produzierten zwei Sendungen, die im Herbst 2007 auf Radio Bonn-Rhein-Sieg im Magazin „Kreuzweise" ausgestrahlt wurden.

Ausschreibung und Rekrutierung

Wenn Teilnehmende für intergenerationelle Lernprojekte über eine offene Ausschreibung geworben werden sollen, ist es wichtig, den eigenen Sozialraum in den Blick zu nehmen und zu reflektieren, an welchen Orten Jugendliche, Erwachsene und Ältere am besten erreicht werden können. Das Anknüpfen an bestehende Strukturen, Netzwerke und Einrichtungen ist hier besonders fruchtbar.

Gleichzeitig sollte die auszulegende Ausschreibung generationensensibel und damit für alle Generationen ansprechend gestaltet werden. Beispielsweise sollte sie einfach und klar formuliert sein und – wenn es sich um ein Angebot aus dem Bereich des Miteinander-Lernens handelt – aus einer neutralen Perspektive formuliert sein. Das heißt, dass nicht aus der Perspektive der Älteren oder Jüngeren für das jeweilige Bildungsangebot argumentiert werden darf.

An bestehende intergenerationell gemischte Gruppen anknüpfen: „Von Heino bis zu den Toten Hosen"

Eine weitere Variante ist es, das Projekt an eine bestehende intergenerationell gemischte Gruppe anzuschließen. Die Veranstaltung „Von Heino bis zu den Toten Hosen" eines katholischen Bildungswerkes wurde mit einer bereits existierenden intergenerationellen Teilnehmendengruppe durchgeführt, die jedoch vornehmlich aus Jugendlichen und jungen Erwachsenen einerseits und älteren Erwachsenen, insbesondere auch Seniorinnen und Senioren, andererseits bestand. Diese Gruppe trifft sich regelmäßig zum gemeinsamen Singen in einem Bildungshaus. An der intergenerationell angelegten Wochenendveranstaltung im Rahmen des Modellprojektes setzten sich die Teilnehmenden mit den Themen Heimat, Musik und Nachhaltigkeit auseinander. Im Mittelpunkt stand dabei das gemeinsame Singen von unterschiedlichen Liedern, welche die jeweiligen Generationen in besonderer Weise geprägt haben.

4.4 Generationen- und altersgruppenunspezifische Projekte

Eine weitere Möglichkeit intergenerationellen Lernens ist es, mehrere verschiedene Generationen und Altersgruppen zusammenzuführen und ein intergenerationelles Bildungsangebot für alle Generationen zu entwickeln. In solchen Bildungsveranstaltungen ist die ansonsten in Projekten des intergenerationellen Lernens eher selten anzutreffende mittlere Generation der Erwachsenen zwischen 30 und 50 Jahren häufiger vertreten. Diese Veranstaltungen orientieren sich weniger an einem binären „Alt-und-Jung"-Muster, sondern machen eher offene Bildungsangebote für alle Generationen und ermöglichen gemeinsame, partizipative und sozialraumorientierte Lernprozesse von Kindern, Jugendlichen, Erwachsenen jüngeren Alters und bzw. oder Seniorinnen und Senioren.

Einbindung an Ferienspiele: „Die Energiedetektive in Wiesenbach"
Das Projekt „Die Energiedetektive in Wiesenbach" konnte die in unserem Modellvorhaben größte Altersspanne der Teilnehmenden zusammenführen: Der Jüngste war 4 und der Älteste 90 Jahre alt. Das durch einen katholischen Verband initiierte Vorhaben bestand aus einer viertägigen intergenerationellen Großveranstaltung,

Intergenerationelle Energiedetektive (Foto: Julia Franz)

die im Rahmen der Ferienspiele der Gemeinde konzipiert wurde. Ziel war es, die Ferienveranstaltung für alle Generationen zu öffnen. An den ersten beiden Tagen setzten sich die Generationen in unterschiedlich gemischten Gruppen mit Fragen nach erneuerbaren Energien auseinander. Es wurden zahlreiche lokale Akteure, wie zum Beispiel der ortsansässige Energieberater, miteinbezogen, sowie Exkursionen zum örtlichen Wasserkraftwerk oder zu einer Biogasanlage durchgeführt. Die Kombination von experimentellen Gruppenarbeiten, örtlichen Exkursionen und einem Erzählcafé eignete sich besonders gut, um auf die Vielfalt der Lernbedürfnisse verschiedener Generationen einzugehen. Die letzten beiden Tage dienten der Vorbereitung und Durchführung einer Ausstellung, zu der weitere Bürger/-innen der Gemeinde eingeladen wurden.

Theaterarbeit „Nach uns die Sintflut, oder was?“

Im intergenerationellen Theaterprojekt „Nach uns die Sintflut, oder was?“ der Volkshochschule Münster ging es um eine kreativ-künstlerische Auseinandersetzung mit dem Thema Generationenbeziehungen und -solidarität. In dem Projekt entwickelten elf Kinder, Jugendliche und ältere Erwachsene gemeinsam und unter der Anleitung von zwei Theaterpädagoginnen ein Theaterstück, bei dem Nachhaltigkeit aus verschiedenen Generationenperspektiven spielerisch betrachtet wurde. Die Frage nach dem Miteinander der jetzt lebenden Generationen stand bei dem mehrfach öffentlich aufgeführten Theaterstück genauso im Mittelpunkt wie Visionen, wie die heute lebenden Generationen die Welt für künftig lebende Generationen bewahren und erhalten können.

Der Kampf der Generationen (aus dem Theaterstück „Nach uns die Sintflut, oder was?“)

Ein älterer Herr und eine Teenagerin begegnen sich:

Sie: Was guckst du so?
Er: Nichts, ich gucke einfach nur so.
Sie: Habe ich Pickel?
Er: Nein!
Sie: Bin ich zu dick?
Er: Nein
Sie: Was dann?
Er: Ich gucke nur einfach so.
Sie: Man kann nicht einfach so gucken.
Er: Kann sein, dass ich dich mag.
Sie: (zum Publikum) Oh, Mensch, überall hörst du nur dumme Sprüche. Zu Hause, in der Schule, überall. Und dann kommt einer daher und sagt, dass er mich mag ... und womöglich meint er das sogar auch noch, was er sagt. Mir geht's beschissen, weißt du. Immer höre ich: Was soll aus dir noch werden? Was sollen die Leute denken? Dein Lehrer hat auch schon angerufen. Hast du deine Hausaufgaben gemacht? Hast du dein Zimmer aufgeräumt? Bei der Unordnung kann man ja nicht arbeiten. Hast du, hast du, hast du ...

Er: Psssst, alles ist gut. Schau die Stille an ... und die Weite. (Pause) In der Stille fliegen die Feen und sammeln die Tränen ein von jungen und alten Menschen.
Sie: Bist du ein Dichter?
Er: Vielleicht ...Vielleicht aber auch nur ... nicht mehr ganz dicht. Wusstest du, dass in der Herde immer jemand wacht, wenn die anderen schlafen?
Sie: Mensch, ich krieg 'ne Krise.
Er: Das ist immer gut.
Sie: Hör auf mit deinen Weisheiten ... und überhaupt, was willst du überhaupt von mir?
Er: Nichts, muss man denn immer was voneinander wollen?
Sie: Ja natürlich, ... Spinner.
Er: Du bist frech ...
Sie: Findest du?
Er: Einen alten Mann so zu bezeichnen.
Sie: Dann vielleicht Penner?
Er: Penner ist ein ehrenwertes Dasein.
Sie: Nichtsnutz, Sozialschmarotzer!
Er: Nun ist es aber gut, ja?
Sie: Vielleicht hast du 'ne ganz gute Rente ... oder ein Haus auf Mallorca, an das das Arbeitsamt dir deine Zahlungen schickt.
Er: Und du? Vielleicht so einen stinkreichen Vater und eine Mutter, die dir alles in den Arsch stecken.
Sie: (aufgebracht) Ich jobbe für meine Klamotten, damit du es weißt!
Er: Was ist eigentlich los? Willst du Streit?
Sie: Nein, aber du!
Er: Gut, ... streiten wir!
Sie: Juchuuu, endlich Action. (zum Publikum) Bitte bleiben Sie auf Ihren Plätzen, Sie sehen jetzt den ultimativen Kampf im Mittelschwerleichtgewicht, oder so ähnlich. Kampf zwischen Jung und Alt!
Er: Der Kampf der Generationen! (beide besteigen eine Art Boxring und bekämpfen sich mit Plastikflaschen, Musik: Rocky)
Sie: Besserwisser!
Er: Egoistin!
Sie: Apothekenblattleser!
Er: Bravoleserin!
Sie: Verkalkter 68er!
Er: Politisch Uninteressierte!
Sie: Energievampir!
Er: Hysterikerin!
Sie: Golfsatter Dauerurlauber!
Er: Du sitzt ja nur am PC!
Sie: Ihr lebt ja nur auf unsere Kosten!
Er: Ihr könnt uns ja alle erschießen!
Sie: Du personifizierter demografischer Wandel!
Er: Du egozentrische Ich-AG!
Sie Ich falte dich zusammen!
Er: Kein Stehvermögen (beide begeben sich zu Boden, kitzeln sich gegenseitig, stehen dann wieder auf, fassen sich an den Händen, nehmen die Arme hoch und rufen):
Beide: Meine Damen und Herren, the winner is: Alt und Jung!

Text: Theatergruppe des Projekts „Nach uns die Sintflut"

Das Theaterprojekt „Nach uns die Sintflut, oder was?“ verdeutlicht in eindrücklicher Weise, wie eng das Voneinander-, Miteinander- und Übereinander-Lernen in theaterpädagogischen und spielerischen Prozessen verbunden sein können. Bei der Entwicklung des Theaterstückes brachten die verschiedenen Altersgruppen ihre unterschiedlichen Lebensperspektiven und Erfahrungen in die Erarbeitung der Inszenierungen ein und es wurden Lösungsansätze für vermeintliche Generationenkonflikte mit kreativen Methoden und in spielerischer Form entwickelt. Im gemeinsamen Lernprozess lernten die Generationen nicht nur viel über das Leben und die Lebensgeschichten der anderen Generationen, sondern profitierten auch von den generationenspezifischen Wissensbeständen und Theatererfahrungen. Darüber hinaus erlebten die Teilnehmenden einen gemeinsamen Produktionsprozess, indem sie miteinander ein Theaterstück schrittweise entwickelten. Besonders bewährt haben sich beim gemeinsamen Lernen die Improvisations- und Gestaltungsaufgaben in einzelnen Gruppen, die Umsetzung von Text in Bewegung, der Einsatz von Musik und Dialogübungen. Die Teilnehmenden brachten immer wieder neues Material mit zu den Proben, z.B. Gedichte, Texte und Recher-

Nach uns die Sintflut (Foto: vhs Münster)

chen aus dem Internet. Das Erfinden von kleinen Szenen und Experimentieren mit Dialogen fand bei allen Beteiligten großen Anklang. Diese Szenen und Dialoge lieferten schließlich das Material für das, was nachher im Theaterstück verwendet wurde. Gute Ideen und kreative Einfälle wurden festgehalten und umgesetzt. Nach gemeinsamer Auswahl wurden dann einzelne Szenen weiterentwickelt, improvisiert, festgeschrieben und konkret eingeübt. Langsam entwickelte sich dadurch aus vielen kleinen Elementen ein großes Theaterstück, das von der Gruppe fortlaufend weiterentwickelt wurde.

Im Laufe des Theaterprojektes sind dadurch nicht nur intensive intergenerationelle Lernprozesse, sondern auch enge freundschaftliche, generationsübergreifende Kontakte entstanden. Durch das intergenerationelle Theaterprojekt wurde ein anspruchsvoller, interaktiver, partizipativer, dynamischer und offener Lernprozess in einer altersheterogenen und -gemischten Gruppe realisiert. Darüber hinaus konnten durch mehrere Aufführungen die Inhalte und Anliegen der Gruppe auch einem breiteren Publikum zugänglich gemacht werden.

Produkte entwickeln

Intergenerationelle Bildungsveranstaltungen werden für Teilnehmende besonders interessant, wenn in ihnen Produkte entwickelt werden, die sich an die Öffentlichkeit wenden. Die Erarbeitung eines Theaterstückes ist sehr aufwendig, aber es ist für alle Teilnehmenden ein tiefes Erlebnis, öffentlich auf der Bühne zu stehen. Damit erhalten die Proben eine größere Bedeutung und die Auseinandersetzung zwischen den Generationen wird ernsthafter. Die Konzeptionierung einer Ausstellung zwingt die Teilnehmenden, die unterschiedlichen Kompetenzen wahrzunehmen und effektiv zu nutzen. Die Präsentation in der Öffentlichkeit stärkt das Selbstwertgefühl der Teilnehmenden und die Zufriedenheit mit der gemeinsamen Arbeit.

Mehrtägige Veranstaltungsreihen „Nachhaltiges Bauen und Wohnen“

Das Projekt „Nachhaltiges Bauen und Wohnen“ wurde durch die Katholische Erwachsenenbildung in einem stadtnahen Landkreis durchgeführt. Das Vorhaben beinhaltete fünf Veranstaltungen, die im Zeitraum von September 2007 bis April 2008 stattgefunden haben. Teilnehmende unterschiedlicher Generationen besuchten verschiedene Mehrgenerationenhäuser, die durch einen externen Referenten vorgestellt wurden. Das Ziel des Projektes war es unter anderem, ein Bewusstsein für verschiedene historische Bauformen zu entwickeln und den Austausch der Generationen über unterschiedliche Wohnvorstellungen anzuregen.

Mehrtägige Veranstaltungsreihen „Hoffnung erweitert Perspektiven“

Das Projekt „Hoffnung erweitert Perspektiven“ eines katholischen Trägers der Erwachsenenbildung in einer Kleinstadt hatte zum Ziel, die Notwendigkeit von Nachhaltigkeit im Landkreis sichtbar zu machen. Engagierte Jugendliche und Erwachsene aus verschiedenen Altersgruppen setzten sich in einzelnen Tagesveranstaltungen mit dem Thema Nachhaltigkeit auseinander und überlegten gemeinsam, wie sie dieses Thema stärker regional verankern könnten.

(Multiplikatoren-)Fortbildungen: „Nachhaltigkeit am Lern- und Arbeitsort“

Eine weitere – und im Kontext intergenerationellen Lernens noch selten wahrgenommene – Möglichkeit ist die ganz bewusste Ausrichtung von Weiterbildungen, seien es betriebliche Weiterbildungen oder Weiterbildungen von ehrenamtlich Mitarbeitenden, als Veranstaltungen intergenerationellen Lernens. Diese Form von Bildungsveranstaltungen wird in Zukunft größere Bedeutung erlangen, wenn ältere Arbeitnehmer/-innen immer länger arbeiten werden und eine kleine Anzahl junger Menschen in den jeweiligen Arbeitsprozess zu integrieren ist. In unserem Modellversuch gab es erste Vorhaben, die sich mit diesem Themenfeld unter dem Aspekt Nachhaltigkeit auseinandersetzten. Ein katholischer Träger der Erwachsenenbildung in einer Großstadt initiierte zwei jeweils ein Wochenende umfassende Fortbildungen zum Thema „Nachhaltigkeit am Lern- und Arbeitsort“, die bewusst intergenerationell angelegt waren. Dabei untersuchten die jeweiligen intergenerationell zusammengesetzten Teams ihre Einrichtungen auf Aspekte der Nachhaltigkeit und thematisierten dabei auch ihre jeweilige Generationenperspektivität. In der Wochenendveranstaltung erhielten die Teilnehmenden theoretische Inputs und untersuchten dann ihr Umfeld auf Nachhaltigkeit.

(Multiplikatoren-)Fortbildungen: „Ein schmackhaftes Angebot“

Ein evangelischer Träger der Erwachsenenbildung bot unter dem Thema „Ein schmackhaftes Angebot“ eine Mitarbeiterfortbildung für ehren-, haupt- und nebenberuflich tätige Mitarbeiter/-innen evangelischer Kirchengemeinden an. Die Veranstaltung fand am Wochenende statt, um den ehrenamtlich Engagierten die Teilnahme zu ermöglichen. Auch Kinder wurden integriert und beteiligt, sodass sich das Altersspektrum auf ein bis 58 Jahre erstreckte. Die Teilnehmenden setzten sich mit dem eigenen Essverhalten und der Möglichkeit, sich nachhaltig zu ernähren, auseinander. An zwei Wochenendterminen nutzten die Teilnehmenden die Gelegenheit, sich auf der einen Seite theoretisch und konzeptionell mit Ernährungs- und Nachhaltigkeitsfragen auseinanderzusetzen, auf der anderen Seite wurden auch jeweils gemeinsam verschiedene Gerichte zubereitet.

Reguläre Bildungsveranstaltungen bewusst intergenerationell gestalten
Weiterbildungsveranstaltungen, Mitarbeiterschulungen, Fortbildungen zum Thema Gesundheit – all dieses sind Standardveranstaltungen, die zu vielen Gelegenheiten durchgeführt werden. Angesichts der demografischen Entwicklung lohnt es sich, diese Veranstaltungen bewusst mit intergenerationellen Elementen anzureichern, z. B. im Hinblick darauf, unterschiedliche Zugänge verschiedener Generationen sichtbar werden zu lassen. Eine andere Möglichkeit ist beispielsweise, durch generationensensible Methoden oder die Einbeziehung der Kinder von Mitarbeitenden zur Verbesserung der Work-Life-Balance beizutragen.

Intergenerationelle Onlineprojekte

Eine weitere Möglichkeit der Integration mehrerer verschiedener Generationen und Altersgruppen in einen Dialog- und Lernprozess bieten Lern- und Kommunikationsplattformen im Internet. Es gibt im Internet sowohl relativ altershomogene Kommunikationsplattformen, wie *Schüler- oder Studi-VZ,* aber auch generationsübergreifende Netzwerke, wie beispielsweise *wer-kennt-wen*. Die intergenerationelle Mischung ist in der Regel meist dann gegeben, wenn die Onlineprojekte oder Plattformen thematisch angelegt sind. Der Generationenaspekt ist von diesen Plattformen in der Regel nicht intendiert, sondern ergibt sich von alleine. Unterschiedliche Generationen können aber durchaus auch bewusst in Onlineprojekten zusammengeführt werden. Hier bieten sich vor allem Blended-Learning-Konzepte an, da hier Präsenz- mit Onlinephasen vernetzt werden können. Die durch intergenerationelle Lernprozesse potenziell hohe Wahrscheinlichkeit, Perspektivwechsel zwischen den Generationen anzuregen, kann sich durch die Vernetzung von Face-to-Face- und Onlinekommunikation besser entfalten als durch reine Onlineprojekte, bei denen ein intensiver und persönlicher Austausch über Generationenfragen weniger wahrscheinlich ist.

Im Rahmen der Fortbildungsveranstaltung sind in zwei Einrichtungen neben den realisierten Bildungsprojekten zwei Webseiten entstanden, die alle Generationen für das Thema Nachhaltigkeit sensibilisieren. Aus einer Veranstaltung entstand eine Plattform für alle Generationen, auf der sich Informationen zum Thema Nachhaltigkeit und Hinweise auf aktuelle Termine finden („www.moers-nachhaltig.de"). Aus einer anderen Veranstaltung eines katholischen Werkes der Erwachsenenbildung wurde die Website „www.europa-nachhaltig.de" entwickelt, auf der Bürger/-innen aller Generationen ihre Wünsche für ein nachhaltiges Europa veröffentlichen können.

Generationen im Internet

Bei der Konzeption eines intergenerationell angelegten Onlineprojektes sollten alle Generationen gleichermaßen beteiligt und angesprochen werden. Gerade im anonymen Raum der Netzwelt ist es wichtig, den intergenerationellen Aspekt oder die Intention eines Projektes deutlich zu machen, wie dies zum Beispiel von der inzwischen seit 10 Jahren bestehenden Website „www.generationenprojekt.de" erfolgreich getan wird. In diesem Projekt geht es um Geschichtsschreibung von unten. Das heißt, die verschiedenen Generationen können zu bestimmten historischen Ereignissen und Daten biografische oder literarische Texte einreichen, die dann auf der Seite veröffentlicht werden. Auf diese Weise entsteht online ein mehrperspektivischer Blick auf Geschichte.

4.5 Ausgewählte Projekte

Um neben diesem skizzenhaften Überblick einen tieferen Einblick in die Gestaltung intergenerationeller Lernprozesse zu ermöglichen, werden nachfolgend fünf ausgewählte Projekte intergenerationellen Lernens eingehender betrachtet und aus der Perspektive der Veranstalter dargestellt. Dazu wird das jeweilige Projekt kurz vorgestellt, ehe im Anschluss die Veranstalter die Besonderheiten, Herausforderungen und Schwierigkeiten bei der Gestaltung und Begleitung intergenerationeller Lernarrangements reflektieren.

4.5.1 Um-Welten – Klimawandel zwischen den Generationen

Projektinhalt:	Eine Seminarreihe zu verschiedenen Aspekten der Nachhaltigkeit
Projektträger:	Haus am Maiberg, Akademie für politische und soziale Bildung des Bistums Mainz
Altersspanne der Teilnehmenden:	16 bis 68 Jahre
Zeitraum:	6 Monate

Mit dem Titel „Um-Welten – Klimawandel zwischen den Generationen" wurde das Thema Klimawandel aus einer ökologischen und einer sozialen Perspektive in den Blick genommen. Als Teilnehmende konnten Mitglieder der bereits bestehenden (Lern-)Gruppen „50plus aktiv an der Bergstraße" und der Politikwerkstatt der Geschwister-Scholl-Schule (Bensheim) gewonnen werden. Nachdem sich die 16 Teil-

Umwelten – Klimawandel zwischen den Generationen (Foto: Haus am Maiberg)

nehmenden als Gruppe kennengelernt und gefunden hatten, wurde in fünf Workshops – die nachmittags außerhalb der Schulzeit stattfanden – gemeinsam an verschiedenen Themen gearbeitet.

Ausgehend vom ökologischen Klimawandel, wurden Energie- und Gesundheitsthemen sowie Themen der Globalisierung bearbeitet. Die Frage nach dem Zusammenspiel zwischen individueller, gesellschaftlicher und (inter)generationeller Verantwortung stellte sich für das Seminar als der rote Faden heraus. Die (selbstgewählten) Themen, wie zum Beispiel der Umgang des Menschen mit der Natur, Globalisierung und die Frage, was hinter dem Schlagwort „Klimawandel“ steckt, wurden in generationengemischten, selbstorganisierten Kleingruppen vorbereitet und im Plenum präsentiert, bevor die ganze Gruppe darüber aus den unterschiedlichen Blickwinkeln diskutierte. Im Rahmen einer Exkursion an den Frankfurter Flughafen wurden das Thema Klimawandel und der Flughafenausbau mit einem Vertreter der Betreibergesellschaft diskutiert. Methodisch wurde bei der Ausgestaltung des Projektes auf das Repertoire der nonformalen politischen Bildung zurückgegriffen (von Kleingruppenarbeit über Metaplan bis hin zu theaterpädagogischen Elementen). Als Lernorte wurden die Räume der Akademie und der Schule sowie Exkursionsziele genutzt.

Durch die hohen Anteile von Eigentätigkeit wurden den Teilnehmenden unterschiedliche Gewohnheiten und Handlungsstrukturen bewusst, beispielsweise zeigten sich differierende Gewohnheiten im Hinblick auf Kommunikationsstrukturen (z.B. E-Mail), die Terminplanung sowie unterschiedliche Lern- und Arbeitsgewohnheiten. Dieser Aspekt des Übereinander-Lernens war für die Gesamtgruppe wichtig, da nach der Reflexion von Unterschieden und dadurch bedingten Irritationen das gemeinsame Lernen und Arbeiten wesentlich besser gelang. Durch das Projekt wurde bei den Teilnehmenden das Interesse an der jeweils anderen Altersgruppe geweckt bzw. gefördert und vor allem ein Raum des Dialogs geschaffen. Die Gruppe hat das offizielle Projektende überdauert und trifft sich – in unregelmäßigen Abständen – immer noch. Außerdem wurden wechselseitig generelle Einladungen zur Teilnahme an Veranstaltungen der jeweiligen Gruppen (50plus, Politikwerkstatt) ausgesprochen (und zum Teil angenommen).

Die Projektleitung hat das Wort: Michael Götz

Was hat bei der Leitung des Projektes am meisten Freude gemacht?
Am meisten hat es Spaß gemacht zu beobachten, wie sich die verschiedenen Generationen im Laufe des Projektes und Prozesses aufeinanderzubewegten und der Umgang miteinander sicherer und herzlicher sowie die Akzeptanz für das jeweils Fremde bzw. andere größer wurde.

Was ist wichtig, um intergenerationelle Lernprozesse adäquat zu begleiten und zu gestalten?
Erstens Methodenkompetenz und Methodenvielfalt, zweitens Empathie und Einfühlungsvermögen und drittens Kommunikationsfähigkeit. Bei der Gestaltung und Durchführung der Lernprozesse in einer altersheterogenen Gruppe hat sich deutlich gezeigt, dass die Lerngewohnheiten sehr unterschiedlich sind. Mithilfe geeigneter Methoden kann es gelingen, die Teilnehmenden aus den verschiedenen Generationen gleichermaßen zu erreichen und zu beteiligen. Hierbei ist auch ein entsprechendes Einfühlungsvermögen gefordert, um zu erkennen, womit welche Generation Schwierigkeiten hat bzw. mit welchen Methoden und Prozessen die jeweiligen Teilnehmenden erreicht werden können und in welcher Lernumgebung und Lernkultur sie sich wohlfühlen. Der Erwachsenenbildner sollte dabei auch in der Lage zu sein, auf entsprechende

Schwierigkeiten bzw. Situationen reagieren zu können und ggf. spontan den geplanten Ablauf oder geplante Methoden zu verändern und anzupassen. Hinsichtlich der Kommunikation bedarf es vor allem zweier Dinge: Zum einen sollte eine Sprache verwendet werden, mit der alle Teilnehmenden etwas anfangen können, ohne dass sich dabei der Bildungsreferent zu sehr verbiegt und seine Authentizität verliert. Zum anderen sollten geeignete Kommunikationsmittel gewählt werden sowie die zwischen den Generationen unterschiedlichen Nutzungsgewohnheiten berücksichtigt werden (z. B. beim E-Mail-Verkehr zwischen den Teilnehmenden).

Wie kamen die unterschiedlichen intergenerationellen Lernkonzepte zum Tragen?
Von Ansatz und Planung des Projektes her wurde der Schwerpunkt bewusst auf das Miteinander-Lernen gelegt. Wichtiger Bestandteil war das gemeinsame Erarbeiten und Präsentieren von Themen und Inhalten in altersgemischten Kleingruppen. In diesem Prozess war das Voneinander-Lernen besonders ausgeprägt, da die Teilnehmenden über unterschiedliche Kenntnisse und Erfahrungen verfügten. Das Übereinander-Lernen wurde auch gesondert methodisch eingeleitet und reflektiert, wobei die während der Fortbildung erlernten theaterpädagogischen Elemente eingesetzt wurden, so z.B. die „Generationsgegenstände", die eine symbolische Auseinandersetzung über die Zugehörigkeit zu einer Generation anregen oder die Darstellung verschiedener Lebensalter vor dem Hintergrund deren familiärer Rollen. Ein nicht zu unterschätzender Aspekt waren auch die informellen Gespräche bei Kaffeepausen oder Exkursionen, in denen sich die Teilnehmenden besser kennenlernten und viel übereinander lernten. Das Voneinander-Lernen kam besonders bei Diskussionen im Plenum zum Tragen, wo durch die unterschiedlichen Erfahrungsschätze und Sichtweisen die jeweiligen Horizonte erweitert werden konnten.

Wo gab es Schwierigkeiten?
Eine Schwierigkeit entstand, als die Teilnehmenden bei einem Treffen ihre Unzufriedenheit mit dem Stand ihrer Zusammenarbeit äußerten. Absprachen in selbstorganisierten Arbeitsgruppen waren nicht eingehalten, E-Mails nicht beantwortet worden und die Teilnehmenden waren sich über die Zielsetzungen nicht (mehr) im Klaren. Es gelang jedoch sehr gut, diese Probleme zu überwinden – das war mein persönlicher Höhepunkt des Projekts. Die eigentlich für das Treffen geplanten Inhalte wurden zurückgestellt und mithilfe der Methode „Eisenbahn" eine Standort- und Zielbestimmung erarbeitet. Hieraus wurden Spielregeln und Ziele erarbeitet, die den Teilnehmenden neue Motivation und neuen Elan gaben.

Worin liegt das Potenzial von intergenerationellen Lernprozessen?
Durch intergenerationelle Lernprozesse werden Zugänge in unterschiedliche Lebens(um)welten geschaffen oder geöffnet. Oft fehlt der Rahmen, sich mit anderen Generationen (beispielsweise außerhalb der eigenen Familie) austauschen zu können. Durch das Kennenlernen und vielleicht sogar Verstehen eben dieser anderen und oft fremden Lebenswelten können ein wechselseitiges Verständnis füreinander erreicht und so letztendlich auch gesellschaftliche (Veränderungs-)Prozesse angestoßen werden. Jede Generation verfügt über Erfahrungen und ein gewisses Expertenwissen, das durch intergenerationelle Lernprozesse anderen zugänglich und damit nutzbar gemacht werden kann.

Wie hat die Einrichtung die Durchführung des Projekts unterstützt?
Die Einrichtung stand voll hinter dem Projekt. Besonders wichtig und wertvoll waren die interne kollegiale Beratung und der Austausch zwischen Erwachsenen- und Jugendbildungsreferenten.

Wie wird die Einrichtung zukünftig mit dem Thema umgehen?
Durch diese Erfahrungen angestoßen, werden nun bei der Jahresplanung Seminar- und Projektideen daraufhin überprüft, ob sich diese als intergenerationelle Veranstaltungen eignen. Entsprechend werden dann einige Seminare in Kooperation zwischen der Jugend- und Erwachsenenbildung intergenerationell geplant und durchgeführt. Daneben gibt es auch Veranstaltungen, die von vorneherein intergenerationell ausgelegt werden. Das intergenerationelle Lernen wird von unserer Einrichtung zunehmend mehr als wichtiges (Zukunfts-)Thema betrachtet.

4.5.2 Energiedetektive in Wiesenbach

Projektinhalt:	Eine mehrtägige Bildungsgroßveranstaltung in einer ländlichen Gemeinde zum Thema Energie und Nachhaltigkeit
Projektträger:	Katholische Landvolkbewegung – Landesbildungswerk Bayern
Altersspanne der Teilnehmenden:	4 bis 90 Jahre
Zeitraum:	Vier Tage

Das Projekt Energiedetektive fand im Rahmen der Sommerferienangebote in einer kleinen bayrischen Gemeinde statt. Das Angebot richtete sich an alle Altersklassen und hatte zum Ziel, Nachhaltigkeit anhand des Themas (alternative)

Energiedetektive von Wiesenbach (Foto: Julia Franz)

Energie, Ressourcengewinnung und Ressourcenverbrauch innerhalb der eigenen Gemeinde erfahrbar zu machen. Dabei sollte die unterschiedliche Erfahrung der Generationen im Umgang mit Ressourcen eine besondere Rolle spielen. Die etwa 40 Teilnehmenden erkundeten während der viertägigen Veranstaltung ihren Sozialraum. Sie besuchten das ortsansässige Wasserkraftwerk, eine Biogasanlage und spazierten durch ein Vogelschutzgebiet. Hier spielte der Kontakt zu den lokalen Gruppen und Experten eine besondere Rolle. Durch die Projektleitung wurden im Vorfeld viele Personen, wie zum Beispiel der Energiewirt, kontaktiert und in das Projekt involviert. Gerade gegenüber der Biogasanlage waren einige Bürger/-innen zunächst skeptisch, doch die Exkursion bot Gelegenheit, sich direkt zu informieren. Neben diesen Exkursionen fanden auch immer wieder intergenerationell gemischte Gruppenarbeiten statt, zum Beispiel baute eine Gruppe mit dem lokalen Energieberater einen Solarbackofen oder eine andere Gruppe verfasste einen Text zu dem Umgang mit Energie vor 60 Jahren. In den Gruppen arbeiteten die verschiedenen Generationen konzentriert und gleichberechtigt miteinander. Bei einem Erzählcafé, in dem die Älteren die Geschichte des Wasserkraftwerkes und des Kanalbaus in der Region erzählten, zeigte es sich, dass gerade die mittlere Generation großes Interesse an der regionalen Geschichte ihres Dorfes hatte. Im Vorfeld waren dazu die Älteren in der Gemeinde eingeladen worden, über ihre Erfahrungen mit dem Bau des Wasserkraftwerkes zu berichten, das die Projektgruppe einen Tag zuvor besucht hatte. Durch die Erzählung der Älteren, die zwischen 80 und 95 Jahren alt waren, konnte die ökologische Perspektive auf das Wasserkraftwerk durch eine soziale und regionale Perspektive ergänzt werden. So wurde das Kraftwerk von russischen Zwangsarbeitern im Zweiten Weltkrieg gebaut und das Gelände diente in den 50er-Jahren als Ort, an dem die Jugend sich zu Tanzveranstaltungen traf. An den letzten beiden Tagen bereiteten die Teilnehmenden gemeinsam eine Bürgerausstellung vor, in der sie ihre Erfahrungen mit dem Thema Energie generationsübergreifend visualisierten. Zur Ausstellung selbst kamen aufgrund der lokalen Anbindung des Projektes zahlreiche interessierte Personen.

Erzählcafé

Eine sehr verbreitete Möglichkeit zur Förderung intergenerationellen Lernens ist die Durchführung von Erzählcafés. Sie bedürfen einer intensiven Vorbereitung, so müssen etwa die potenziellen Erzähler kontaktiert und eingeladen werden. In Wiesenbach wurden z.B. mehrere Vorgespräche geführt, um die Älteren von einer Teilnahme zu überzeugen und um im Vorfeld den thematischen Kontext der Erzählrunde etwas einzugrenzen. Häufig ist es sinnvoll, im Vorfeld Bilder oder andere historische Dokumente zu sammeln, die dann im Erzählcafé eingesetzt werden können. In Wiesenbach wurden beispielsweise die Erzählungen der Älteren durch Fotos vom Bau des Kraftwerkes zusätzlich visualisiert.

Erzählcafés bedürfen einer klaren Moderation. Wenn Kinder teilnehmen, sollte dafür gesorgt werden, dass Ausweichmöglichkeiten für diejenigen geschaffen werden, die nicht lange zuhören können. Hier kann entweder in einem anderen Raum ein alternatives Angebot bereitgehalten werden oder es sollte Kindern während des Erzählcafés in besonderer Weise die Gelegenheit gegeben werden, sich und ihre Fragen einzubringen.

Intergenerationelle Kommunikation in Familien und nicht genealogischen Gruppen

An diesem Beispiel wird in besonders deutlicher Form auch das sichtbar, was sich in Interviews an mehreren Stellen zeigt: Manche Themen lassen sich in nicht familialen Kontexten leichter besprechen als in intergenerationellen Familienbeziehungen. In vielen Familien war über die Zwangsarbeiter beim Bau des Wasserwerkes lange nicht gesprochen worden. Das sensibel geleitete Erzählcafé machte es möglich, dass anlässlich einer anderen Frage (nämlich der Ökologie der Energieversorgung) nun auch diese Frage kollektiv erinnert werden konnte. Hier zeigt sich die besondere Dichte, die in gut geplanten und angeleiteten Vorhaben des intergenerationellen Lernens entstehen kann, gerade auch, wenn nicht nur in genealogischen Kontexten gearbeitet wird.

Die Projektleitung hat das Wort: Dr. Theresia Wintergerst

Was hat am meisten Freude bereitet bei der Durchführung Ihrer Veranstaltung?
Dass es gelungen ist, Menschen Augenblicke zu ermöglichen, in denen sie Neues und Überraschendes über ihren Sozialraum erfahren konnten, dass Geschichten erzählt wurden, die es wert waren, erzählt zu werden, dass es Momente gab, in denen die Generationen einander neugierig, aufmerksam und wertschätzend zuhörten.

Was sollte man können, um intergenerationelle Lernprozesse zu gestalten?
Erstens die Fähigkeit, mit Menschen unterschiedlichen Alters in einen wertschätzenden Kontakt treten zu können. Zweitens die Gabe, einen ungezwungenen Gesprächsaustausch zu initiieren, in dem die Leitung interessante Punkte aufspürt und das gemeinsame Gespräch so anreichern und sanft moderieren kann. Und drittens: Mut! Schließlich ist es nicht einfach, mehrere Generationen in einem mehrtägigen Prozess zu begleiten.

Was sind die Möglichkeiten und Potenziale intergenerationeller Begegnungs- und Lernprozesse?
Ich denke, es gibt bei vielen Menschen die verborgene Neugier an der anderen Generation, an dem, wie Angehörige anderer Generationen andere Dinge angehen, Probleme lösen, Sachen sehen. Bei allen Generationen gibt es zudem den Wunsch, wertschätzend gesehen zu werden. Es gibt aber sehr wenig Gelegenheiten, unbelastet in diesen intergenerationellen Kontakt zu kommen, unbelastet von familiären Beziehungsschwierigkeiten, Alltagsreibereien und problemzentrierten Kontakten miteinander. Gelingt es, diesen Begegnungsraum zu schaffen, so kann zur Erfahrung eine Bereicherung kommen, die auch die eigenen Lebenszusammenhänge erhellt und die sinnstiftend ist. Gerade für Themen der Nachhaltigkeit gibt es hier ein Potenzial, denn oftmals ist der Anreiz groß, diese vermeintlich schwer zu vermittelnden Themen auszublenden. Der intergenerationelle Dialog kann dagegen ermutigen, die Fragen der Zukunftsfähigkeit zuzulassen und gemeinsam auszuhalten.

Welche zentralen Erfahrungen lassen sich an Nachahmende weitergeben?
Da fallen mir viele verschiedene Aspekte ein: Zunächst ein konsequenter Sozialraumbezug: Die Festlegung auf einen konkreten Ort weckt Interesse, dabei zu sein! Die Veranstaltung war nur in einem Ort ausgeschrieben. Dieser Ort und sein Umfeld laden zu Expeditionen in die Nähe ein. Im Vorfeld gilt es, selber detektivisch tätig zu werden. Welche interessanten Orte und Geschichten gibt es? Wer weiß etwas darüber? Wenn man das herausfinden kann, ermöglicht dies neue und aufregende Sichtweisen auf die Heimat. In diesem Zusammenhang sollte verstärkt mit lokalen

Referenten zusammengearbeitet und viele örtliche Kräfte eingebunden werden. Bis auf die Projektkoordinatorin kamen in Wiesenbach alle Referenten aus dem Ort bzw. der Region. Die Sozialraumorientierung umfasst auch, sich an vorhandene lokale Strukturen anzuschließen. Das Projekt war ein Angebot im Rahmen des üblichen örtlichen Kinderferienprogramms. Die Koordinatorin des Ferienprogramms, mit der unser Projekt abgesprochen wurde, nahm unser Angebot in ihr reguläres Programm der verschiedenen Veranstalter auf. Die Pfarrei konnte als Träger gewonnen werden, so trugen die Ministranten die Ausschreibungen in jedes Haus. Der Gesangsverein stellte uns seinen Raum zur Verfügung.
Ein zweiter Punkt bezieht sich auf die Fremdheit und Nähe. Manchmal ist es leichter, mit fremden Menschen aus einer anderen Generation zu sprechen als mit eigenen Familienmitgliedern. Unbefangen und neugierig kann man die Unterschiede im Aufwachsen wahrnehmen, ohne über innerfamiliäre Fragen und Probleme zu stolpern. So ermöglicht Fremdheit Nähe. Dann kommt es auf das richtige Timing an! Bei der Planung einer intergenerationellen Veranstaltung ist ein besonderes Augenmerk für das Timing wichtig. Unterschiedliche Generationen haben unterschiedliche Aufmerksamkeitsspannen, dies gilt es zu berücksichtigen. Als Leiterin kann man unter Stress geraten, wenn man „zwischen die Generationen gerät". Dann ist es gut, für die Kinder, denen es langweilig wird, ein Spiel aus dem Ärmel zu schütteln. Auch räumliche Ausweichmöglichkeiten sind sinnvoll, wo Teilnehmende sich möglichst leicht aus- bzw. wieder einklinken können. Es kommt nicht darauf an, es allen zu aller Zeit recht zu machen, sondern eine Möglichkeit zur Begegnung zu arrangieren, die für alle aushaltbar ist.
Und natürlich ist wichtig, gemeinsame Begegnungsräume und Reflexionsmöglichkeiten zu schaffen! Im Alltag gibt es nicht so viele Gelegenheiten, dass Menschen unterschiedlicher Generationen miteinander in Kontakt kommen. Oft ist es leichter, übereinander als miteinander zu reden. Erwachsenenbildung kann hier wichtige Begegnungen arrangieren und initiieren. Dabei ist es wichtig, nach gemeinsamen Begegnungen und Aktionen genügend Reflexionsräume zu schaffen. Dadurch lernen die Teilnehmer die unterschiedlichen Sichtweisen kennen und diese auch anzuerkennen.

4.5.3 Gutes Klima in Bonn

Projektinhalt:	Generationsübergreifende Radiowerkstatt zum Thema Klimawandel
Projektträger:	Katholisches Bildungswerk Bonn
Altersspanne der Teilnehmenden:	13 bis 68 Jahre
Zeitraum:	zwei Wochen

Gutes Klima in Bonn (Foto: Beate Behrend-Weiß)

In einem Projekt des Katholischen Bildungswerks in Bonn konzipierte, plante und produzierte eine intergenerationelle Gruppe zwei 30-minütige Radiosendungen zum Thema „Gutes Klima in Bonn". Dabei wurde sie von einem professionellen Radiomoderator unterstützt. An insgesamt fünf Tagen lernten die verschiedenen Generationen den Umgang mit den technischen Aufnahmegeräten, führten Umfragen in der Bonner Innenstadt durch, führten Interviews, lernten sowohl den Aufbau und die Struktur einer Radiosendung als auch eines Beitrages kennen und produzierten zwei Sendungen, die ausgestrahlt wurden. Die Interaktion zwischen den verschiedenen Generationen war sehr intensiv und von unterschiedlichen Interessen und Perspektiven geprägt. Während die Älteren sowohl von den Erfahrungen der Jüngeren im Umgang mit Medien als auch von deren Spontanität profitierten, waren einige der Jugendlichen von den unterschiedlichen Lebenserfahrungen der Teilnehmenden in der altersheterogenen Gruppe beeindruckt. Besonders das Auftreten im intergenerationellen Gespann bei der Durchführung von Umfragen in der Innenstadt wurde von den Teilnehmenden hervorgehoben, da hier die Menschen tendenziell eher bereit waren, ein Statement abzugeben. Die Themen Klimawandel und nachhaltige Gestaltung der Zukunft wurden von den verschiedenen Generationen an vielen Stellen intensiv besprochen. So diskutierten beispielsweise Alt und Jung unter anderem die Frage, in welcher Welt man eigentlich leben möchte und was man selbst dafür tun kann. Auf diese Weise konnten vielfältige Reflexionsmöglichkeiten geschaffen werden.

Im Projekt „Gutes Klima in Bonn" lernten die Generationen anhand des Themas Nachhaltigkeit und anhand der Gestaltung einer Radiosendung miteinander. Jede Generation konnte ihre spezifischen Stärken, Kompetenzen und Wissensbestände einbringen.

Generationengemischte Tandems

Die Älteren und Jüngeren bereiteten gemeinsam zwei Radiosendungen vor, interviewten verschiedene lokale Akteure aus Politik und Gemeinde, die sich mit Klimafragen auseinandersetzen, und führten in der Fußgängerzone Umfragen in generationsgemischten Tandems durch. Diese intensive Zusammenarbeit von Alt und Jung sowie das Auftreten als generationengemischtes Doppel wurden von den Teilnehmenden in einer Gruppendiskussion besonders positiv gewertet:

Bw: Na ja. Als wir gestern zu zweit durch die Innenstadt zogen, um Interviews zu machen, habe ich auch gedacht, das muss für Leute sehr seltsam gewesen sein. Wir können ja nicht Mutter und Tochter sein, sondern sind eine seltsame Koppelung (Auflachen der Teilnehmenden) von Interviewern. Das war bestimmt für einige Leute auch so, dass sie bereitwilliger geantwortet haben. Viele weichen ja aus und schlagen schon Haken, aber wenn dann plötzlich so 'ne ältere Dame und so 'ne junge Kecke (lachen) zusammen kommen, ist das für die Leute aber vielleicht auch 'ne ganz witzige Kombination.

Die Projektleitung hat das Wort: Franz-Josef Esser

Welche Fähigkeiten waren für Sie als pädagogische Begleitung intergenerationeller Lernprozesse von Bedeutung?
Bewusstsein über die eigene Position im Generationenspektrum. Erfahrung in der Arbeit mit Jüngeren, aber erst recht auch mit Älteren. Und ein vielfältiges Methodenrepertoire.

Welche Bedeutung hatten die drei intergenerationellen Lernkonzepte?
Das Voneinander-Lernen kam gut zum Tragen, weil sich die Fähigkeiten der Teilnehmenden gut ergänzten. Im Bereich der (Radio-)Technik hatten die Jugendlichen mehr Kompetenz und Vorerfahrung, in inhaltlichen Fragen (Klimawandel) die Erwachsenen. Das Miteinander-Lernen wurde akzentuiert in den Phasen, in denen paarweise oder zu dritt gearbeitet wurde: beim Einholen der Interviews, bei der Bearbeitung am Schnittplatz und der gemeinsamen Erarbeitung von Moderationstexten. Raum zum Übereinander-Lernen bestand nur in der Eingangssituation, als ich „Generationen" zum Thema einer Gruppenübung machte. Im weiteren Verlauf des Seminars musste die zur Verfügung stehende Zeit für die Erstellung der Rundfunksendung mit fixem Endtermin genutzt

werden, sodass keine Gelegenheit mehr bestand, die Generationenfrage ausdrücklich zu thematisieren. Möglicherweise geschah hier einiges im Bereich des funktionalen Lernens. Darauf deuten Nennungen bei der schriftlichen Schlussauswertung hin, auch wenn es hier für die Jugendlichen weniger wichtig war als für die Erwachsenen, dass es eine altersgemischte Lerngruppe war.

Wodurch wurden die möglicherweise unterschiedlichen Lernkulturen der beteiligten Generationen besonders erfahrbar?
Am zweiten Tag kamen einzelne Jugendliche sehr verspätet oder gar nicht – es waren schließlich Herbstferien. Dies wirkte sich auf die Motivationslage der ganzen Gruppe negativ aus, mich selber eingeschlossen, und ich musste mich anstrengen, das Seminar am Laufen zu halten. Ich konnte aber auch beobachten, wie aus einer gewissen anfänglichen Lustlosigkeit bei einigen teilnehmenden Jugendlichen ein engagiertes Miteinander entstand, sicher auch gefördert durch die Herzlichkeit und Flexibilität der Erwachsenen. Das war ein persönlicher Höhepunkt.

Worin liegt das Potenzial intergenerationeller Lernprozesse?
Generationen intentional und ausdrücklich zusammenzuführen, kann zu aufgesetzten, ein wenig künstlichen Situationen führen. Hilfreich ist es dabei, wenn die Teilnehmenden etwas gemeinsam tun können und nicht nur miteinander oder gar übereinander reden sollen.
Ich bevorzuge – auch nach den Erfahrungen mit dem Modellversuch – den Ansatz, bestehende Veranstaltungen generationensensibel auszurichten. In vielen Veranstaltungen der Erwachsenenbildung finden Menschen zusammen, denen das Interesse an einem Thema gemeinsam ist, die aber unterschiedlichen Generationen angehören. Wenn die Seminarleitung dafür sensibel und geschult ist, kann der Generationenunterschied in die Didaktik der Veranstaltung einfließen, indem zum Beispiel Gesprächsbeiträge auch einmal dahin gehend betrachtet werden, ob sie von einem jüngeren oder einem älteren Menschen stammen und ob es generationsbedingte Unterschiede beim Zugang zur Thematik gibt.

Wie hat die Einrichtung die Planung und Durchführung des Vorhabens unterstützt?
Es war jederzeit möglich, das Projekt in Teamsitzungen zur Sprache zu bringen. Die einzelnen Kolleginnen und Kollegen brachten meinem Projekt großes Interesse entgegen und steuerten zahlreiche Ideen in den Phasen der Entwicklung, der Werbung und der Durchführung bei. Ich konnte die Ressourcen des Bildungswerks nutzen, und namentlich die Radiowerkstatt des Bildungswerks in Bonn mit ihrem bestehenden Schwerpunkt „Schüler machen Radio" war dann der entscheidende Faktor für die Wahl meines Projektes.

4.5.4 Intergenerationelle Bildung für Nachhaltigkeit an der Hochschule

Projektinhalt:	Junge Studierende und ältere Gäste lernen gemeinsam Nachhaltigkeit
Projektträger:	Katholische Erwachsenenbildung Regensburg Land und Fachhochschule Regensburg
Altersspanne der Teilnehmenden:	22 bis 68 Jahre
Zeitraum:	Ein Semester

Intergenerationelles Lernen an der Hochschule (Foto: Hochschule Regensburg)

Der Erwachsenen- und Seniorenbildung wird aus Jugendperspektive oftmals empfohlen, in Bezug auf intergenerationelles Lernen die eigenen Räume und Lernorte zu verlassen und neue aufzusuchen, die von allen Generationen akzeptiert werden, weil nur dann offene und partizipative intergenerationelle Bildungsprozesse möglich wären. Der Standort und der Lernraum intergenerationeller Bildungsarbeit scheinen von daher von entscheidender Bedeutung zu sein. So ist es nicht verwunderlich, dass es für die sechs 57- bis 66-jährigen nicht studierenden Gäste im Seminar der Hochschule Regensburg gewisse Barrieren, Hemmschwellen und Bedenken gab, sich auf einen generationsübergreifenden Bildungsprozess mit wesentlich jüngeren Studierenden an einem für sie fernen und fremden Ort einzulassen. Doch nach anfänglichen Irritationen über den Mangel an Parkplätzen, die weiten Wege im Hochschulgebäude, den schlechten Kaffee aus dem Automaten und die unbequeme Bestuhlung konnte der gemeinsame Lernprozess beginnen. Dabei wurde schnell deutlich, wie wichtig es war, von Beginn an gemeinsame Regeln in Bezug auf die Kommunikation und die Zusammenarbeit in intergenerationell besetzten Gruppen festzulegen. Auf dieser Verständigungsbasis konnte dann in jeweils sieben dreistündigen Seminareinheiten intensiv und kreativ an zentralen Nachhaltigkeitsthemen (wie z. B. Energie und Ressourcenschonung, Ernährung und Lebensmittel, Kleidung und globale Textilindustrie, industrielle Befischung, schulische Vorbereitung auf lokale und globale Themen früher und heute) gearbeitet werden. Während die Studierenden vor allem von der Kommunikations- und Diskussionsfreude sowie der Offenheit der älteren Gäste beeindruckt waren, ließen sich die Gäste von der Methoden- und Medienkompetenz der Jüngeren begeistern. Interaktiv (Partner- und Gruppenarbeit) und partizipativ angelegte Lernphasen führten dazu, dass die jüngeren und älteren Teilnehmenden sich recht bald sehr ungezwungen annäherten und gemeinsam an verschiedenen Lerngegenständen arbeiteten (z.B. Texte, Begriffe). So setzte sich die Gruppe beispielsweise mit der eigenen Generationenzugehörigkeit und deren Bedeutung für das Lernen durch biografische Methoden auseinander. Hier erarbeiteten die Teilnehmenden zum Beispiel eine Zeitleiste, bei der wichtige biografische Daten aufgelistet und anschließend diskutiert wurden. Die Studierenden zogen großen Nutzen aus den anderen Perspektiven der älteren Teilnehmenden an der Lehrveranstaltung. Die externen Gäste schätzten die Aufgeschlossenheit und den ihnen entgegengebrachten Respekt der Studierenden. Einer der am meisten artikulierten Sätze war sicherlich „So habe ich das noch gar nicht gesehen!" Sowohl die Studierenden als auch die Gäste der älteren Jahrgänge durchlebten so einen anregenden und wertvollen Prozess des partizipativen und gemeinsamen Lernens, in den alle ihre Wissensbestände und Erfahrungen einbringen konnten und in dem gemeinsam nach Lösungen und Konsequenzen gesucht wurde.

Die Projektleitung hat das Wort: Prof. Dr. Irmgard Schroll-Decker

Was hat bei der Leitung des intergenerationellen Seminars am meisten Freude gemacht?

Die meiste Freude hatte ich zu sehen, wie die Generationen respektvoll, interessiert, auch kritisch miteinander im Gespräch waren und immer wieder davon die Rede war, dass „mehr Verständnis" für die Angehörigen der jeweils anderen Altersgruppe erzeugt werden konnte. Zwischen den Studierenden und den selbstbewussten „Gästen von außen" sind Verbindungen entstanden. Schön war auch zu sehen, dass das Seminar Anlass dafür war, die Idee des intergenerationellen Lernens weiter zu verfolgen. Kleine Arbeitsgruppen des Schwerpunkts Erwachsenenbildung haben nach einer Auseinandersetzung mit den besonderen Lernbedingungen bei intergenerationellen Gruppen jeweils eigene kleine intergenerationelle Projekte konzipiert und z. T. durchgeführt: So haben z. B. zwei Studentinnen mit einem Frauengesprächskreis einer Pfarrgemeinde ein intergenerationelles Seminar über „Schönheitsideale" durchgeführt. Drei Studentinnen haben eine Ganztagsveranstaltung für Großeltern mit Enkelkindern zum Thema „Meine Wurzeln" geplant. Ein Student und eine Studentin haben einen Zwei-Tages-Workshop abgehalten, indem sie mit jungen und älteren Arbeitslosen je einen Radiobeitrag über Zeitarbeitsfirmen und Ein-Euro-Jobs hergestellt haben. Und zwei Studentinnen haben einen Nachmittag mit Grundschulkindern und Senioren Weihnachtsgebäck angefertigt.

Von welchen Schwierigkeiten wurde die Planung und Durchführung des Seminars begleitet?

Die Schwierigkeiten bestanden hauptsächlich in den Rahmenbedingungen: Der Hochschulbetrieb verläuft in ziemlich starren Zeitfenstern, die Hörsäle bieten keinen Komfort und sind klassisch bestuhlt. Rund um die Hochschule sind Parkplätze knapp. Unter diesen Bedingungen Personen von außen, und dann auch noch ältere Personen, zur Teilnahme an einer Lehrveranstaltung zu gewinnen, bedarf besonderer Anstrengungen.

Was war Ihr persönlicher Höhepunkt in dieser Veranstaltung?

Ein persönlicher Höhepunkt lag darin, dass die Studierenden sich methodisch auf das Miteinander-, Voneinander- und Übereinander-Lernen einließen und sich selbst auch Gedanken machten, wie dies methodisch zu arrangieren ist. So kamen im Seminar diese drei Aspekte des intergenerationellen Lernens gleichermaßen zum Tragen: Studenten und Studentinnen und die externen Gäste der älteren Generation haben viel übereinander gelernt – sei es, welche Umgangsformen zwischen den Geschlechtern früher galten oder welche Tischsitten üblich waren, sei es, wie heute Informationen beschafft werden usw. Sie haben auch voneinander gelernt, weil sie z. B. verschiedene Herangehensweisen an die Bearbeitung einer Thematik mitbekommen haben oder auch, weil sie unterschiedliche Einstellungen zu einer Problematik geäußert haben. Zum Beispiel äußerte ein älterer Teilnehmender, als es um das Thema „Pelze" ging, dass er sich nicht vorstellen könne, einen solchen zu verbrennen, sondern ihn lieber verwerten würde. Ebenso hat Miteinander-Lernen an Themen stattgefunden, die den jüngeren wie älteren Teilnehmenden bis zu diesem Zeitpunkt unbekannt waren.

Welche Kompetenzen waren bei der Gestaltung dieses intergenerationellen Lernprozesses unentbehrlich?
Erstens war es eine Herausforderung, in der Vorbereitungsphase einen Gedanken zu entwickeln, der gleichermaßen jüngere und ältere Menschen anspricht. Zweitens benötigen intergenerationelle Lernprozesse eine sukzessive Anleitung, Hinführung und Begleitung. Die Begegnung der Generationen ist eine sensible Phase. Von beiden Seiten bestehen gewisse Vorbehalte. Besserwisserei und Überheblichkeit oder Abwertung sind zu vermeiden. Hier ist das Erarbeiten von Arbeitsregeln hilfreich und ein konsequentes Intervenieren erforderlich. Paar- und Kleingruppenübungen erleichtern die Kontaktaufnahme. Drittens gelingen intergenerationelle Lernprozesse am besten dann, wenn methodisch abwechslungsreich gearbeitet wird und das Anknüpfen an persönlichen Erfahrungen möglich ist. Aktivierende Lernformen, Voneinander-Berichten und gemeinsames Tun sind essenzielle Komponenten.

4.5.5 München alternativ erleben

Projektinhalte:	Vorbereitung und Durchführung alternativer Stadtexkursionen
Projektträger:	Münchner Bildungswerk
Altersspanne der Teilnehmenden:	17 bis 73 Jahre
Zeitraum:	drei Monate

München alternativ erleben (Foto: Julia Franz)

Mit dem Projekt „München alternativ erleben" des Katholischen Münchner Bildungswerks wurde das Ziel verbunden, neue Perspektiven auf „Altbekanntes" zu entwickeln und zu entfalten. Angesprochen wurden Jugendliche einer Fachoberschule für Sozialwesen und die Älteren im Kontext der Seniorenbildungsarbeit des Bildungswerks. Die insgesamt acht Jugendlichen und acht Seniorinnen und Senioren wurden bei der Auftaktveranstaltung zu einem ersten Kennenlernen eingeladen und über die Rahmenbedingungen und Zielsetzung des Projekts informiert. Aus der Gesamtgruppe von 16 Personen wurden zwei altersgemischte Arbeitsgruppen zu je acht Personen gebildet. Jede achtköpfige Arbeitsgruppe bereitete zwei Stadtexkursionen aus den Bereichen Kultur, Ökonomie, Soziales oder Ökologie vor. Zur Vorbereitung trafen sich die intergenerationellen Gruppen dreimal in ihren Arbeitsgruppen und wurden dabei durch jeweils eine Projektleiterin begleitet. In der Vorbereitung sollten die verschiedenen Dimensionen des Ortes in den Blick genommen werden. Die beiden Gruppen arbeiteten sehr eng zusammen und so spielte am Ende das Alter keine Rolle mehr, sondern Differenzen in der Gruppe wurden auf das unterschiedliche Engagement der einzelnen Gruppenmitglieder zurückgeführt. Die vier alternativen Stadtexkursionen wurden von je einer generationsgemischten Achtergruppe vorbereitet und an verschiedenen Örtlichkeiten von Ende November bis Anfang Dezember für alle 16 Teilnehmenden durchgeführt. Ziele der Exkursionen waren die Justizvollzugsanstalt Stadelheim, ein Eine-Welt-Haus, ein Eine-Welt-Laden sowie die Hofpfisterei, eine ökologische Münchner Großbäckerei mit sozialem Anspruch.

Bei der Abschlussveranstaltung im Dezember wurde der erste Teil des Tages zu einer ausführlichen Auswertung des Projektes genutzt. An mehreren Stellen wurde deutlich, dass die intergenerationellen Gruppen innerhalb der gemeinsamen Projektzeit zusammengewachsen waren und anfängliche Unsicherheiten, die sich zum Beispiel darin äußerten, dass es den Jugendlichen zu Beginn sehr schwerfiel, die Älteren zu duzen, überwunden hatten. Im Rahmen der Abschlussveranstaltung bereiteten die Gruppen nach der Auswertung Präsentationen ihrer Exkursionen vor, die nachmittags der interessierten Öffentlichkeit – bestehend aus Eltern, Lehrerinnen und Lehrern sowie Bekannten und Freunden der Teilnehmenden – vorgestellt wurden. Durch die Stadtexkursionen verwandelten sich generationenneutrale Orte zu gemeinsamen Lernorten. Zudem wurden ökologische und soziale Dimensionen der Nachhaltigkeit im unmittelbaren Sozialraum erfahrbar. Die alternativen Stadterkundungen wurden nicht von Erwachsenenbildnerinnen und Erwachsenenbildnern für eine intergenerationelle Lerngruppe geplant, sondern von einer altersgemischten Gruppe in einem intensiven interaktiven Lernprozess gemeinsam konzipiert und realisiert.

Die Umgebung nutzen

Die Nutzung lokaler Ressourcen und des Sozialraums bietet sich für viele intergenerationelle Vorhaben an, da Generationen auch über den Raum miteinander verbunden sind. In Wiesenbach war das Vorhaben an den Sozialraum angebunden, zahlreiche lokale Experten wurden als Referenten eingebunden und viele Orte des Dorfes als Lernorte in die Veranstaltung integriert. Ebenfalls eine sehr ausgeprägte Sozialraumerkundung wurde im Projekt „München alternativ erleben“ erfahrbar. Hier wurden die Lernorte nicht im Vorfeld festgelegt, sondern in einem partizipativen Lernprozess von der Lerngruppe eigenständig identifiziert. Dadurch entstand die Route einer alternativen Stadtexkursion. Eine gute Analyse des Sozialraums ermöglicht es, lokale Ressourcen in die Bildungsveranstaltung einzubeziehen, diese dadurch attraktiv zu machen und bildungsrelevante Ideen zu generieren.

Die Projektleitung hat das Wort: Ursula Ratzek-Eckardt und Franziska Hofmeister

Was war bei der Vorbereitung und Durchführung der alternativen Stadtexkursionen besonders wichtig?

Die Herausforderung mit einer sehr heterogenen Gruppe an einem gemeinsamen Thema zu arbeiten und zu erleben, wie die intergenerationelle Gruppe zusammenwächst, hat uns begeistert. Die vielen Erlebnisse und Erkenntnisse, bedingt durch die Teilnehmendenstruktur, haben uns immer wieder aufs Neue motiviert und inspiriert. Insgesamt war das Arbeiten geprägt von einem sehr hohen kreativen Potenzial der Teilnehmenden. Wir empfanden die Leitung in einem intergenerationellen Tandem bereichernd und unsere Freude am Thema wurde auf die Gruppe übertragen.

Welche generationenspezifischen Probleme und Schwierigkeiten sind aufgetreten?

Wir haben beobachtet, dass das Erfassen von Aufgaben tatsächlich bei den jungen Erwachsenen schneller ging und dass komplizierte Aufgabenstellungen bei manchen Seniorinnen und Senioren oft noch mal in anderen Worten wiederholt werden mussten. Das lag wohl auch an den Begrifflichkeiten, die den meisten Jungen durch die Schule schon eher vertraut waren, aber wohl auch an der ungewohnten Art der Zusammenarbeit für die Seniorinnen und Senioren. Tendenziell haben die jungen Erwachsenen schneller Aufgaben übernommen und die älteren haben eher hinterfragt, bestärkt und ermutigt. Eine besondere Herausforderung stellte auch der Zeitplan von beiden Generationen dar. Doch obwohl er jeweils sehr belastet war, konnten trotzdem gemeinsame Termine unkompliziert gefunden werden. Allerdings haben wir eine sehr überraschende Beobachtung in Bezug auf die Generationen gemacht, die wir gar nicht erwartet hätten: Die Älteren fanden untereinander nicht so viel Gefallen aneinander, wie an den jungen Teilnehmenden. Sie waren stark auf die Jungen konzentriert und wir meinten sogar unterschwellig so etwas wie Konkurrenz um die Gunst der Jungen zu spüren. Die Jungen waren sehr zurückhaltend und vorsichtig. Sie fielen einander oft ins Wort, jedoch nicht den Älteren gegenüber.

Was sollten Erwachsenenbildner/-innen können, um intergenerationelle Lernprozesse zu gestalten?
Für uns war es wichtig, über ein gewisses Methodenrepertoire zu verfügen, um einerseits Lernprozesse passgenau zu gestalten und andererseits individuell und spontan auf die Bedürfnisse der heterogenen Gruppe eingehen zu können. Hilfreich war für uns, dass wir als Leitungsteam aus zwei Generationen zusammengesetzt waren. Dies ermöglicht vielseitiges, lebendiges, synergetisches und authentisches Handeln.

Welche Rolle spielten die Konzepte des intergenerationellen Lernens im Projekt?
In unserem Konzept spielte das Miteinander- und Übereinander-Lernen eine entscheidende Rolle. Diese Mischung ermöglichte Wissensvermittlung durch externe Experten (Exkursionen) und somit einen Wissenszugewinn für die Gesamtgruppe. Zum anderen war Raum für das gemeinsame Lernen durch die unterschiedlichen Erfahrungskontexte der Teilnehmenden. Besonders zum Tragen kam jedoch das Konzept des Übereinander-Lernens, das sich für unser Projekt besonders angeboten hat. Gerade beim Thema Nachhaltigkeit hat jede Generation und jeder Teilnehmende individuelle biografische Zugänge und ist für sich gesehen Experte und Expertin. Auch wir als Erwachsenenbildnerinnen definierten unsere Rolle als Mitlernende im Lernprozess.

Was war der Höhepunkt des Projektes?
Unser persönlicher Höhepunkt war die Beobachtung des Prozesses von der Umsetzung unseres Konzepts in die Praxis. Die Teilnehmenden wurden im Laufe des Projekts zu Experten zum Thema Nachhaltigkeit und entwickelten eine besondere Sensibilität für intergenerationelles Lernen. Besonders in der Abschlussveranstaltung kam dieser hohe Kompetenz- und Wissenszugewinn zum Ausdruck. Innerhalb kürzester Zeit bereiteten die Kleingruppen Abschlusspräsentationen vor und jeder Teilnehmende in der Gruppe war mit einbezogen. Die erst so heterogene Gruppe war zu einer Gruppe zusammengewachsen.

Und was machte Schwierigkeiten?
In unserem Konzept sahen wir für die Arbeit in Kleingruppen ein hohes Maß an selbstorganisiertem Lernen vor. Dies stellte jedoch gerade in den Vorbereitungstreffen für die kurze Zeit eine Überforderung für die Gruppen dar. Die Gruppen brauchen für den kurzen Zeitraum, der ihnen zur Vorbereitung bleibt, mehr Strukturierung und Unterstützung.

Worin liegen die besonderen Möglichkeiten und Potenziale von generationsübergreifenden Bildungsprozessen?
Da fallen uns verschiedene Aspekte ein:
1. Das Lernen am Unterschied, aber auch das Erkennen von Gemeinsamkeiten der Generationen.
2. Das Lernen durch unterschiedliche biografische Zugänge zum Thema.
3. Der Abbau von Vorurteilen und Stereotypen.
4. Die Möglichkeit der Vernetzung und Kooperation mit anderen Institutionen, um intergenerationelles Lernen langfristig zu sichern.

4.6 Anregungen für die Gestaltung intergenerationellen Lernens – Zusammenfassung

(1) Das intergenerationelle Prinzip des Voneinander-Lernens kann für die Ausschreibung von Vorhaben intergenerationellen Lernens bewusst verwendet werden. Insbesondere die Veranstaltungen, in denen Großeltern und Enkelkinder zusammengeführt wurden, sind durch hohe Anteile gekennzeichnet, die darauf ausgerichtet waren, dass die Großelterngeneration ihr Wissen und ihre Erfahrungen an die Enkelkindergeneration vermittelt. Das Thema der Veranstaltung muss auf diese Wissensbestände und Erfahrungen abgestimmt, aber für alle beteiligten Generationen interessant und mit einem gewissen Neuigkeitswert verbunden sein. Für diese Form von Veranstaltungen gibt es einen zunehmenden Bedarf.

(2) Eine andere Möglichkeit ist es, in Veranstaltungen die gemeinsame Auseinandersetzung und das gleichberechtigte Lernen verschiedener Generationen und damit das Miteinander-Lernen in den Mittelpunkt zu stellen. Hierzu eignen sich Themen, die Zukunftsfragen aller beteiligten Generationen gleichermaßen bedienen. Wichtig sind in diesen Kontexten anspruchsvolle Lernarrangements und partizipative Lernsettings, die allen beteiligten Generationen ermöglichen, ihre jeweiligen Perspektiven in den Lernprozess einzubringen.

Hilfreich sind konkrete Projektziele, wie zum Beispiel das Erstellen einer Radiosendung, eines Theaterstückes oder einer Ausstellung.

(3) Übereinander-Lernen, also das Lernen über die historischen und biografischen Bedingungen unterschiedlicher Generationen, geschieht implizit bei vielen generationsgemischten Kleingruppenarbeiten. Es kann von Bedeutung sein, dieses Lernen aber auch von Zeit zu Zeit – gerade in Bildungsveranstaltungen, die mehrere Tage dauern – explizit zu fördern. Möglichkeiten sind hier biografische Übungen, Fantasiereisen, Erzählcafés u. Ä.

(4) Intergenerationalität kann zu einer Perspektive für jede Form von Bildungsveranstaltung werden. In diesem Sinne ist sie eine der vielen Aspekte für eine heterogenitätssensible Bildungsdidaktik.

(5) Zahlreiche Lernorte und Lerninstitutionen sind oftmals nur auf eine Generation ausgerichtet bzw. werden nur von bestimmten Generationen genutzt. Das Aufsuchen fremder Lernorte oder befremdender Räumlichkeiten kann jedoch für einzelne Generationen eine Hemmschwelle bedeuten – oder aber auch besonders attraktiv sein, da es neugierig macht. Für die Planung von intergenerationellen Lerngelegenheiten sollte man sich der Bedeutung des Raumes bewusst sein.

(6) Für die Werbung von Teilnehmenden kann es hilfreich sein, an bestehende Gruppen anzuknüpfen.

(7) Die Einbindung verschiedener lokaler Akteure und Strukturen kann Perspektiven erweitern, neue Lernorte erschließen und damit auch eine sozialräumliche Verankerung der intergenerationellen Bildungsarbeit fördern.

5 Intergenerationelles Lernen reflektieren – Ein Blick aus der Forschung

Die Veränderung der Bevölkerungsstruktur in Deutschland wirkt sich auch auf die Teilnehmendenstruktur der Erwachsenenbildung aus. Konzepte wie Seniorenbildung, Altenbildung und Bildung im dritten und vierten Lebensalter haben Konjunktur und werden weiter ausgebaut. Gleichzeitig verändert sich aufgrund gesellschaftlicher Modernisierungsprozesse aber auch der strukturelle Aufbau von Familien: Durch die Mobilität leben Familien in deutlich größeren Distanzen und die Anzahl der alleine lebenden Personen nimmt zu. Kohli und Kühnemund (2003) sprechen von einer Vertikalisierung der Familienbeziehungen und beschreiben damit eine Abnahme der Netzbreite der Generationen insgesamt. Dies bedeutet, dass es immer weniger in etwa gleichaltrige Verwandte, wie zum Beispiel Geschwister oder Cousinen, in Familien gibt. Bertram (2000) stellt die multilokal organisierte Mehrgenerationenfamilie in den Mittelpunkt seiner Überlegungen und zielt damit auf die Herausforderungen im Generationenverhältnis durch die zunehmende Mobilität ab. Immer mehr Erziehungswissenschaftler/-innen gehen davon aus, dass die Möglichkeiten für implizites mitgängiges Lernen zwischen den Generationen einer Familie abnehmen, da die Generationen immer seltener unter einem Dach wohnen (vgl. auch Kap. 1 und 2).

In diesem Kontext wächst das gesellschaftliche Bedürfnis nach arrangierten intergenerationellen Begegnungen und Lernmöglichkeiten; seit einigen Jahren ist auch ein starker Anstieg intergenerationeller Projekte, Initiativen und Netzwerke zu beobachten. Daher ist auch die Erwachsenenbildung gefordert, intergenerationelles Lernen in Bildungseinrichtungen zu implementieren (vgl. Klercq 1997). Diese Institutionalisierung von beiläufigen Lernformen stellt eine komplexe Herausforderung dar; schließlich geht es darum, das implizite familiäre Lernen zwischen den Generationen um institutionelles und didaktisch angeleitetes intergenerationelles Lernen zu ergänzen. Dies stellt Erwachsenenbildner/-innen vor die Aufgabe, das Lernen der Generationen in Lernarrangements anzuregen, zu begleiten und zu organisieren (vgl. auch Kap. 1 und 2).

In diesem Kapitel geht es nun – nach den Darstellungen praktischer Zugänge und Anregungen in den vorhergehenden Abschnitten – um die Ergebnisse unserer wissenschaftlichen Begleitforschung zum intergenerationellen Lernen. Können intergenerationelle Lernerfahrungen, die eigentlich implizit stattfinden, intentional vermittelt werden? Welche Themen eignen sich für die Bearbeitung in intergenerationellen Bildungsangeboten? Wie verändern sich durch eine Fortbildung die Orientierungen und Rollenverständnisse der Erwachsenenbildner/-innen?

Die hier präsentierten Ergebnisse wurden in der wissenschaftlichen Begleitung des Modellversuchs der KBE erarbeitet. Im Folgenden wird zunächst auf das methodische Vorgehen eingegangen, um den Entstehungsprozess der Forschungsergebnisse offenzulegen. Anschließend werden die subjektiven Perspektiven der Beteiligten zum Sprechen gebracht sowie die Ergebnisse im Hinblick auf die Herausforderungen – das Explizieren des Impliziten und die Bedeutung des inhaltlichen Themas – dargestellt. In einem abschließenden Fazit werden diese Ergebnisse noch einmal diskutiert.

5.1 Zum Forschungsprozess: Methodisches Vorgehen

Für den empirischen Blick auf intergenerationelles Lernen in der Erwachsenenbildung wurde ein methodisches Design verwendet, mit dem sowohl die Perspektiven der Erwachsenenbildner/-innen als auch die der Teilnehmenden eingefangen werden konnten.[1]

- Erstens wurden die Fortbildungsveranstaltungen der Erwachsenenbildner/-innen sowie ausgewählte Praxisprojekte durch die wissenschaftliche Begleitung teilnehmend beobachtet.
- Zweitens wurden in allen Fortbildungsveranstaltungen die subjektiven Wahrnehmungen der Erwachsenenbildner/-innen sowie die subjektiven Einschätzungen der Teilnehmenden in den Praxisprojekten mittels halbstandardisierter Fragebögen erhoben.

1 Zu methodischen Problemen und zum Vorgehen bei der Untersuchung von Multiplikatorenfortbildungen vgl. Bergmüller 2008.

- Drittens wurde ein Einblick in die (implizite) Handlungspraxis der Erwachsenenbildner/-innen und der Teilnehmenden durch dokumentarisch ausgewertete Gruppendiskussionen gewonnen, die mit ihnen geführt worden waren.

Die Erhebung der Gruppendiskussionen orientierte sich an dem von Bohnsack (2000) und Loos/Schäffer (2001) entwickelten Verfahren und wurden nach der dokumentarischen Methode ausgewertet (vgl. Bohnsack/Nentwig-Gesemann/Nohl 2001, Asbrand/Bergmüller 2009). Eine zentrale Ausgangsthese dieses dokumentarischen Verfahrens ist, dass tief liegende, kollektive und latente Vorstellungen durch ein öffentliches Gespräch, bei welchem Individuen ihre Standpunkte benennen und legitimieren müssen, an die Oberfläche treten (vgl. Bohnsack 2000, S. 370). Das Verfahren eignet sich besonders gut dazu, implizite und kollektive Vorstellungen zu untersuchen, die mehr als die Summe der Einzelmeinungen ihrer Mitglieder darstellen. Die Auswertung der Gruppendiskussionen erfolgt nach der dokumentarischen Methode (vgl. Bohnsack 2000; Bohnsack/Nentwig-Gesemann/Nohl 2001), die zwischen verschiedenen Sinnebenen unterscheidet und es so möglich macht, auch nicht bewusste Strukturen des Denkens (vgl. Mannheim 1980) transparent zu machen und interpretatorisch intersubjektiv abzusichern. Hier geht es beispielsweise um fest eingeschliffene Handlungsroutinen, die zwar ausgeführt, aber kaum noch überdacht oder reflektiert werden. Mannheim bezeichnet diese Wissensformen auch als atheoretisches Wissen, da es eben nicht theoretisch, sondern nur praktisch handlungsrelevant ist. Im Gegensatz dazu bezeichnet Mannheim als theoretisches Wissen jenes Wissen, das sehr leicht versprachlicht werden kann und eher auf der Ebene der expliziten Einstellungen liegt. Diese Ebene der Einstellungen muss aber nicht zwangsläufig handlungsrelevant werden. Beispielsweise kann eine Person sagen, sie glaube, dass der Erhalt der nicht nachwachsenden Rohstoffe sehr wichtig für die nachkommenden Generationen sei. Diese Einstellung allein führt jedoch nicht unbedingt zu sparsamem und nachhaltigem Ressourcenverbrauch.

Das Interpretationsverfahren der dokumentarischen Methode orientiert sich an den Standards qualitativer Forschung (Bohnsack 2005; Bohnsack/Krüger 2005) und erlaubt in einem ersten Schritt die Ebene der theoretischen und in einem zweiten Schritt die Ebene der atheoretischen Wissensbestände, also der handlungsleitenden Orientierungen, zu untersuchen. Die Gruppendiskussionen werden zunächst einzeln und dann im komparativen Vergleich mit den anderen Gruppen analysiert. Auf diese Weise wird es möglich, die Orientierungen der Gruppe vergleichend zu analysieren und die Spezifika einer jeden Gruppe herauszuarbeiten. Die Interpretationen werden in einer Interpretationsgruppe diskutiert, um eine intersubjektive Überprüfbarkeit der Ergebnisse zu gewährleisten.[2] Im Folgenden werden diese Schritte jedoch nicht einzeln dargelegt, sondern die verdichteten Ergebnisse vorgestellt.

5.2 Die Einschätzungen der Beteiligten

Die Erwachsenenbildner/-innen sowie die Teilnehmenden zeigten ein großes Interesse an intergenerationellen Bildungsveranstaltungen. Nicht alle Einrichtungen, die sich für die Multiplikatorenfortbildung beworben hatten, konnten berücksichtigt werden. Zu intergenerationellen Lernformen in der Erwachsenenbildung besteht daher offensichtlich ein großer Fortbildungsbedarf. Auch die Teilnehmenden der intergenerationellen Veranstaltungen zeigten ein großes Interesse an solchen Veranstaltungen, so wurden die angebotenen Bildungsveranstaltungen zahlreich besucht und sehr positiv kommentiert. Diese offensichtlich nachgefragten Bildungsangebote bedürfen der Qualifizierung durch Erwachsenenbildner/-innen, damit diese befähigt werden, intergenerationelle Lehr-/Lernarrangements attraktiv zu gestalten.

Die an der Fortbildung teilnehmenden Erwachsenenbildner/-innen schätzen ihren eigenen Lernzuwachs in der Qualifizierungsphase des Projekts zu den einzelnen Themen der Fortbildung – die Möglichkeiten der Verknüpfung der intergenerationellen Lernform und der beispielhaften Umsetzung des Themas Nachhaltigkeit sowie die Möglichkeiten der Umsetzbarkeit des Gelernten in die Praxis – durchgehend als sehr hoch ein. In der Fortbildung konnte damit das eigene Lernen der Erwachsenenbildner/-innen angeregt werden, das gerade für eine Weiterentwicklung der eigenen Professionalität bzw. der eigenen professionellen Rolle von Bedeutung ist (vgl. z. B. Klingowsky 2004; Kaiser 2002).

Damit war die Fortbildung für die Erwachsenenbildner/-innen bedeutsam, konnte neue Horizonte und Perspektiven eröffnen und die eigene professionelle Weiterentwicklung fördern. In Hinblick auf die Gestaltung der Praxisprojekte und deren Gelingen waren der in der Fortbildung initiierte kollegiale Austausch in Kleingruppen und die gegenseitige Beratung von großer Bedeutung. Den teilnehmenden Erwachsenenbildnerinnen und Erwachsenenbildnern erscheint die Weiterarbeit in diesem Themenbereich auch nach dem Abschluss des Modellversuchs gut möglich; in vielen Einrichtungen sind bereits weitere intergenerationelle Angebote geplant.

2 Eine ausführliche Darstellung der dokumentarischen Methode, in der die einzelnen Interpretationsschritte exemplarisch dargestellt werden, findet sich bei Franz (2009).

Dass die Fortbildung zum Thema intergenerationelles Lernen auf einen zunehmenden Bedarf reagierte, zeigt auch die hohe Nachfrage der Praxisangebote durch die Teilnehmenden. So konnten die Erwachsenenbildner/-innen mit ihren insgesamt 22 Projekten 272 Teilnehmende aus allen Altersstufen erreichen. Die jüngsten Teilnehmenden waren vier Jahre alt und die ältesten über 90 Jahre. Die mittleren Generationen waren vor allem in regional ausgerichteten Projekten zugegen, stellen insgesamt aber die quantitativ schwächste Gruppe dar.[3] Die Teilnehmenden zeigten sich in den Fragebögen sehr zufrieden mit den Veranstaltungen und schätzten ihren Lernzuwachs ebenfalls hoch ein. Auf die Frage, was die Teilnehmenden in den jeweiligen Veranstaltungen gelernt haben, gaben die meisten Antworten, die den Abbau von Vorurteilen und die Veränderung verschiedener Altersbilder thematisieren. Beispielsweise beschreibt eine ältere Frau aus einem Projekt: „Ich habe gelernt mit jungen Menschen umzugehen und sie so zu nehmen, wie sie sind; eigene Positionen deutlich zu machen und mich darüber mit den anderen auseinanderzusetzen; mich in der Gruppe wohlzufühlen und Vorurteile abzubauen" (P13, „Ältere", weiblich).[4] Auch eine Vertreterin der jüngeren Generation betont die produktive Auseinandersetzung mit den Älteren: „Ich habe gelernt, dass man viel von der älteren Generation lernen kann und sie offen für einen Austausch mit Jugendlichen ist. Über den Klimawandel konnte ich durch sehr viele Beispiele und auch Visualisierungen sehr viel lernen" (P13, 18–28 Jahre, weiblich).

Intergenerationelle Lerngemeinschaften wurden von den Teilnehmenden vor allem deshalb als sehr positiv bewertet, da die unterschiedlichen Perspektiven und Standpunkte der Generationen – subjektiv empfunden – vielfältigere Anregungen für Lernprozesse geben als altershomogene Gruppen. So wird von den Teilnehmenden immer wieder der ermöglichte Perspektivwechsel positiv hervorgehoben. „Lernen in altersgemischten Gruppen hat den großen Vorteil, dass man gezwungen ist, ständig den eigenen Standpunkt zu überprüfen, da man trotz allen gegenseitigen Respekts gnadenlos ‚gestellt wird'" (P13, 65–75 Jahre, männlich). Eine andere Teilnehmerin macht das Potenzial einer altersheterogenen Lerngruppe deutlich: „Gleichaltrige haben oft/meist ähnliche Ansichten, außerdem hat man mit Leuten aus der gleichen Altersgruppe normal sowieso am meisten zu tun. Es

3 Dies deckt sich mit den Ergebnissen der Studie zu intergenerationellen Projekten von Eisentraut (2007). Als Grund kann – ähnlich wie bei Eisentraut – auch bei dem KBE-Projekt davon ausgegangen werden, dass die mittleren Generationen deshalb nicht erscheinen, weil viele intergenerationelle Angebote das Miteinander von „Alt und Jung", also von Kindern, Jugendlichen und über 60-Jährigen, in den Mittelpunkt stellen und die mittleren Generationen von vorneherein ausgeklammert werden.

4 Die Angaben in den Klammern beziehen sich auf die in den Fragebögen ermittelten persönlichen Informationen. Die Projekte wurden anonym nummeriert, sodass sich die Angaben folgendermaßen zusammensetzen: (Projektnummer; falls vorhanden: Altersangabe; Geschlecht).

war interessant, die Denkweise und Ansichten ‚älterer' Menschen kennenzulernen" (P12, 18–20 Jahre, weiblich).

Um die von den Teilnehmenden genannten Bildungsziele, wie z. B. „Perspektivwechsel" in intergenerationellen Gruppen und Bildungsveranstaltungen, anzustoßen, müssen Erwachsenenbildner/-innen – wie die Erfahrung im Projekt gezeigt hat – für das Potenzial intergenerationeller Bildungsveranstaltungen sensibilisiert und für die Gestaltung intergenerationeller Lernsettings qualifiziert werden. Erwachsenenbildner/-innen, die selbst durch die intergenerationell zusammengesetzte Fortbildung Perspektivwechsel erlebt und sich mit anderen Generationen auseinandergesetzt hatten, konnten dies auch leichter in ihr eigenes Projekt einbringen.

5.3 Implizites Lernen intentional vermitteln?

In intergenerationellen Lernarrangements soll das sonst implizit stattfindende Lernen zwischen den Generationen durch ein intentionales Lernarrangement ermöglicht werden. Ist dieses möglich und wenn ja, wie? Was bedeutet das für die pädagogische Rolle der Erwachsenenbildner/-innen?

Um dieser Frage auf die Spur zu kommen, haben wir die generationenbezogenen Orientierungen der Erwachsenenbildner/-innen sowie deren Entwicklungen im Laufe der Fortbildung in den Blick genommen. Dabei zeigen sich deutliche Veränderungen, die auf wichtige Aspekte der Professionalisierung intergenerationeller Erwachsenenbildung verweisen.

Vor Beginn der Fortbildung beschäftigten sich die Erwachsenenbildner/-innen vor allem mit der Frage, wer in intergenerationellen Prozessen von wem lernen kann. Eine Orientierung war dabei vorherrschend: Aus einer Altersperspektive können Jüngere von Älteren lernen und aus einer genealogischen Perspektive Enkel von ihren Großeltern. Dies ist eine durchgehende Handlungsorientierung, die – so kann man schlussfolgern – auch das Handeln von Pädagoginnen und Pädagogen leitet, die sich nicht auf dem Gebiet des intergenerationalen Lernens fortgebildet haben. Eine umgekehrte Perspektive, dass ältere von jüngeren Menschen lernen, war nicht im Blick. Dies wird in zahlreichen Äußerungen wie der nachfolgenden deutlich.[5]

5 Für eine bessere Lesbarkeit wurden die Transkriptausschnitte sprachlich überarbeitet. In der Gruppendiskussion erwähnte Personen- oder Eigennamen wurden durch fiktive Namen verfremdet; die an der Gruppendiskussion teilnehmenden Erwachsenenbildner/-innen bzw. Teilnehmende werden mit Großbuchstaben maskiert (A, B, C etc.), weibliche Personen werden zusätzlich mit einem w gekennzeichnet, männliche mit einem m und die Diskussionsleiterin wird durch ein Y gekennzeichnet.

Fw: Und nachdem ich 'ne Weile in dem Beruf war, hab ich gemerkt was es bedeutet, Erfahrung zu haben. Die Vorgesetzte hat genau gewusst, dass da was nicht in Ordnung ist (Zustimmung). Sie konnte es nur in diesem Moment noch nicht benennen. Das gehört für mich auch zum intergenerationellen Lernen: dass einfach einer an der ganzen Kombination der Phänomene erkennen kann: „Da passt was nicht." Das kann ich als Novize nicht.

Gruppe Erwachsenenbildner/-innen 1

Fw bezieht sich hier auf das Konzept erfahrungsgeleiteten Lernens, bei dem die Älteren per se über mehr Erfahrung verfügen und diese an die jüngeren Generationen weitergeben.

Intergenerationelles Lernen funktioniere vor allem – und das war die zweite Orientierung zu Beginn der Fortbildung – über die Ansprache der jeweiligen genealogischen Rollen, d.h., die Vorstellungen der meisten Erwachsenenbildner/-innen zu Beginn der Fortbildung bezogen sich überwiegend auf klassische Angebote intergenerationeller Familienbildung, zum Beispiel auf Enkel-Großeltern-Seminare. Dieses Arrangement wird als „offensichtlich funktionierendes Muster" beschrieben.

Cw: Aber offensichtlich ist es so, dass intergenerationelles Lernen dann funktioniert, wenn man Familienbilder praktisch auch auf Nichtfamilienbeziehungen anbindet (Zustimmung). Dann funktioniert es offensichtlich gut.

Dw: Ja also es ist wohl dieses ganz bestimmte Beziehungsgefüge, was da 'ne Rolle spielt.

Gruppe Erwachsenenbildner/-innen 2

Beide Orientierungen sind eng am Muster der Familie und damit am impliziten intergenerationellen Lernen angelehnt. Allerdings ist es für eine professionelle Erwachsenenbildung nicht hinreichend, diese Muster als Bildungsarrangements einfach zu kopieren, denn durch solche Arrangements wird das gesellige Miteinander der Generationen, indem nebenbei auch gelernt werden kann, in den Mittelpunkt gerückt. Das zentrale Ziel einer institutionellen Erwachsenenbildung aber ist die Ermöglichung von Lern- und Bildungsprozessen. Damit wird eine intergenerationell orientierte Erwachsenenbildung, die an das Muster eines geselligen Miteinanders anschließt, ihrem eigenen Bildungsanspruch nicht gerecht. Im Verlauf der Fortbildung und professionellen Weiterentwicklung der Erwachsenenbildner/-innen veränderten sich ihre Orientierungen, da sie vor dem Hintergrund ihrer eigenen Praxisprojekte deutlich mehr Perspektiven und Möglichkeiten sahen, die Generationen lernend zusammenzuführen, als zu Beginn der Fortbildung. So rückt die Frage des Alters in den Hintergrund und es kommen nun auch andere Aspekte in den Blick. Beispielsweise gewinnen Milieus an Bedeutung, wenn davon erzählt wird, dass Ältere mit einem niedrigen Bildungsabschluss ihre handwerklichen Fähigkeiten an Jüngere mit geringem Bildungsabschluss weitergeben können. In anderen Gruppen wird ganz von dieser Eingangsorientierung abgelassen und es entwickelt sich ein heterogenitätssensibles intergenerationelles Lernverständnis, bei dem altersunabhängig gegenseitig gelernt werden kann. Die Erwachsenenbildner/-innen gehen dann davon aus, dass die Generationen über je unterschiedliche – aber sich ergänzende – Kompetenzen verfügen.

Die Orientierung an einem genealogischen Rollenbild verändert sich während der Fortbildung ebenfalls. Während vor der Fortbildung intergenerationelle Lernarrangements für Familienangehörige im Mittelpunkt standen, wird jetzt die emotionale Distanz zwischen nicht genealogisch gebundenen Teilnehmenden als eine besondere Lernchance wahrgenommen und gestaltet. In einer Gruppendiskussion wird dies als die „Chance des Fremden" formuliert. Die Erwachsenenbildner/-innen haben nun die Erfahrung gemacht, dass emotionale Nähe für intergenerationelle Lernarrangements keinen Mehrwert darstellt, sondern im Gegenteil auch hinderlich sein kann, da sie wenig neue Erfahrungen ermöglicht. Die Auseinandersetzung mit verschiedenen Generationen sei umso intensiver, je weniger sich die Teilnehmenden kennen und im Alltag miteinander leben. Ein solch distanziertes Verhältnis führe zu intensiven Bildungsprozessen, da die Wahrscheinlichkeit, dass die Beteiligten sich nach der Veranstaltung wiedertreffen, gering ist und so eine größere Offenheit zwischen den Teilnehmenden entstehen könnc.

Cm: Das Besondere ist nach meiner Erfahrung, dass die Teilnehmenden sich fremd waren (Zustimmung), dass also die „Chance des Fremden" darin bestand, dass die Teilnehmenden eigentlich wussten, wir treffen uns ja nicht wieder.

Gruppe Erwachsenenbildner/-innen 4

Die Teilnehmenden sehen dies genauso. Auch sie setzen sich mit der Frage auseinander, wer von wem lernen kann. Auch sie gehen zunächst von unilinearen Lernprozessen aus, in denen Jüngere von Älteren lernen – und nicht umgekehrt. Die Jüngeren gehen in der Regel von einem Erfahrungsvorsprung der Älteren aus, und manche Ältere treten mit dem Anspruch an, jüngeren Menschen etwas vermitteln zu wollen. Die Zurückhaltung der Jüngeren wird an folgendem Transkriptausschnitt deutlich (Jugendliche: Aw, Cw, Ew, ältere Erwachsene: Dw).

Aw: Es war für mich ganz offensichtlich, dass ihr Älteren viel getan habt, mit uns Jüngeren zusammen. Also, dass wir richtig schön motiviert waren, mitzumachen und uns einzubringen.

Dw: Na, ihr Jungen seid ja erst so zum Schluss richtig aktiv geworden, 'ne?

Aw: Genau, wir hatten – wie gesagt – diese Anfangshemmungen (Zustimmung), weil wir dachten, die Älteren wissen bestimmt mehr und haben bestimmt mehr Erfahrung (Zustimmung). Dann erst, nachdem ihr Älteren den Anfang gemacht habt, konnten wir richtig einsteigen. Das hat das Ganze auch verbessert, weil ihr so schön angefangen habt (Zustimmung) und uns dann mitgerissen habt sozusagen. (Zustimmung)

Gruppe Teilnehmende 1

Diese Orientierung, dass Jung von Alt lernt, verändert sich durch die Lernerfahrungen in vielen Projekten: Die Teilnehmenden kommen dann zu dem Schluss, dass Alter für die Zusammenarbeit keine Bedeutung hat und dass es bei gemeinsamen Lernprozessen nicht auf das Alter, sondern auf die unterschiedlichen Persönlichkeiten und Beziehungen zueinander ankommt. Intergenerationelle Lern- und Bildungsprozesse konnten hier initiiert werden und fanden wechselseitig statt. So gaben beispielsweise die Älteren an, auch von den Jungen gelernt zu haben und umgekehrt. In diesen Fällen entwickelten sich in einigen Projekten intergenerationelle Freundschaften (vgl. zur Variation intergenerationeller Freundschaftsbeziehungen Bartel 2005).

Cw: Manchmal gehen wir aber auch miteinander um wie Freundinnen, 'würd ich sagen. (lachen)

Bw: Jaja schon, man befreundet sich und dann spielt das Alter gar nicht mehr so die Rolle.

Gruppe Teilnehmende 2

Eine genealogische Orientierung findet sich in den Teilnehmendengruppen, in denen Großeltern mit ihren Enkelkindern gemeinsam lernten. Aber auch in Projekten, in denen die Generationen nicht biologisch verwandt waren, zeigte sich eine Orientierung an einem familiären Generationenbild. So wurde beispielsweise in einer intergenerationellen Theatergruppe, in der Kinder, Jugendliche und ältere Erwachsene (ab 60 Jahren) miteinander ein Theaterstück gestalteten, deutlich, dass Kinder ohne Hemmungen auf die Älteren zugehen und diese als Oma oder Opa bezeichnen. Umgekehrt ist dies auch der Fall, beispielsweise adressieren sich die Älteren im Zusammensein mit den Kindern selbst als Oma oder Opa.

Dm: Also eigentlich fehlte uns eine Generation dazwischen, nicht? Wenn ich das so sehe: Also wir sind Omas und Opas – darf ich mal sagen – und hier das sind so Enkelkinder.

Gruppe Teilnehmende 2

Treffen Kinder und Ältere in diesen Lernsituationen zusammen, scheint es, als würden implizite Familienbilder angesprochen werden. Dieser Befund gilt nicht für die Konstellation „Jugendliche und Ältere". In vielen Gruppendiskussionen zeigte sich, dass Jüngere durch familiär tradierte Konventionen, wie der Respekt vor Älteren, unsicher im Umgang mit der älteren Generation sind und die Begegnung und das Lernen zwischen den Generationen intentional unterstützt und didaktisch angeleitet werden muss.

Mit diesen Ergebnissen wird also deutlich, dass intergenerationelles Lernen bei Kindern und Seniorinnen und Senioren naturwüchsig funktioniert und häufig mit familiären Generationenbildern von Großeltern und Enkeln geprägt ist. Diese Rollenerwartungen funktionieren allerdings nur in diesem Arrangement und sind nicht auf andere Generationenzusammenstellungen übertragbar. Beispielsweise scheint es nicht wahrscheinlich, dass bei Bildungsveranstaltungen, in denen junge Erwachsene, die etwa Anfang 20 sind, mit Angehörigen der mittleren Generationen, die etwa 40 Jahre alt sind, zusammentreffen, familiäre Rollenbilder von Eltern und Kindern angesprochen oder aktualisiert werden. Darüber hinaus ist das Lernen in familiär orientierten Konstellationen häufig nur ein Nebenprodukt von einer eigentlich anderen Tätigkeit. Bildung steht hier nicht im Mittelpunkt, sondern das Miteinander der Generationen. Wenn nun aber das Potenzial einer intergenerationellen Bildung, das von den älteren und jüngeren Teilnehmenden gleichermaßen als die Möglichkeit zur reflexiven Auseinandersetzung und zum Perspektivwechsel beschrieben wurde, in Einrichtungen der Erwachsenenbildung genutzt werden soll, müssen die Lernsettings über eine Kopie des naturwüchsigen Verhältnisses zwischen Enkeln und Großeltern hinausgehen.

In den Gruppendiskussionen wurde deutlich, dass diese beschriebenen Eingangsorientierungen aber durchaus auch – durch die Fortbildung und die Durchführung eigener Praxisprojekte – veränderbar sind. Einige Gruppen, die sich vor der Qualifikation stark an familiär geprägten und genealogischen Generationenbildern und dem Konzept der beiläufigen Lernsituationen orientiert hatten, waren nach der Qualifizierungs- und der praktischen Projektphase sehr viel stärker an der Gestaltung von intergenerationellen Bildungsprozessen für alle Generationen interessiert. Gerade die Tatsache, dass sich die nicht verwandten Generationen nicht kannten und demzufolge Fremde waren, führte nach Meinung der Erwachsenenbildner/-innen zu intensiven Bildungsprozessen, die Möglichkeiten zur Reflexion und Neuorientierung boten.

Dass es zu einer Veränderung dieser Orientierungen kam, war im Rahmen der Fortbildung abhängig von mehreren Faktoren:

- Erstens veränderten die Erwachsenenbildner/-innen ihre Orientierung in Abhängigkeit zu ihrem professionellen Selbstverständnis. Wenn sie sich tendenziell als Begleiter/-innen von Lernprozessen im Sinne einer neuen Lernkultur verstanden, die ihren Teilnehmenden Lernsettings mit verschiedenen Möglichkeiten zur Eigentätigkeit bieten (vgl. Arnold/Schüssler 2003), konnte die Orientierung „Jung lernt von Alt – und nicht umgekehrt" ebenso wie die genealogische Ausprägung der Orientierung bearbeitet und verändert werden.
- Zweitens hatte die Dauer des Praxisprojektes einen Einfluss auf die Orientierungen; in kürzeren Praxisprojekten bleibt die Orientierung „Jung lernt von Alt – und nicht umgekehrt" als „Anfangshemmung" tendenziell eher bestehen. Auch die Ergebnisse eines anderen aktuellen Forschungsprojektes zu intergenerationellen Projekten verweisen auf „Zeit" als wichtigen Faktor in Bezug auf die Entwicklung intergenerationeller Annäherungs- und Lernprozesse (vgl. Eisentraut 2008).
- Drittens ist die Veränderung der Orientierungen auch von der thematischen Zusammenarbeit an einem gemeinsamen Ziel oder Produkt abhängig; das gemeinsame Arbeiten an einem Thema ist ein wichtiges Mittel, um gleichberechtigte intergenerationelle Lernprozesse zu ermöglichen.

Damit kann die dieses Kapitel bestimmende Frage, ob implizites Lernen intentional zu vermitteln ist, beantwortet werden. So ist es nicht das Ziel intergenerationeller Bildung, implizite und familiäre Lernprozesse in Bildungseinrichtungen hineinzutragen. Vielmehr geht es für die Erwachsenenbildung vor allem darum, intergenerationelles Lernen zu explizieren, das heißt an die Oberfläche zu holen, um damit konkret didaktisch zu arbeiten. Erst dann wird es möglich, das Potenzial intergenerationeller Bildung – und damit verbundene Perspektivwechsel – in institutionellen Bildungsprozessen zu nutzen. Durch den Vergleich zwischen den Orientierungen der Erwachsenenbildner/-innen vor und nach der Fortbildung wurde deutlich, dass die Fortbildung zu einer Weiterentwicklung des professionellen Selbstverständnisses und zu einer Sensibilisierung für intergenerationelle Zielgruppen, die jenseits familiärer Generationen liegen, geführt hat.

5.4 Intergenerationelles Lernen am Thema Nachhaltigkeit

Zur Förderung intergenerationeller Lernprozesse ist die Arbeit an einem gemeinsamen Thema von besonderer Bedeutung. Das Lernen am Thema steht für die intergenerationell gemischte Gruppe im Vordergrund, die intergenerationellen Prozesse werden durch die didaktische Steuerung der Erwachsenenbildner/-innen angestoßen und in die am Thema und am Inhalt orientierten Lernprozesse integriert. Einige Themen eignen sich besonders gut für die Bearbeitung in intergenerationellen Gruppen. Dies sind Themen,

- die lebensnah sind und damit an Alltagserfahrungen mit anknüpfen können;
- bei denen die Generationen ein ähnliches Maß an Erfahrungen haben; sodass nicht eine Generation automatisch viel mehr weiß als die andere;
- die das Generationenverhältnis durch eine Zeitperspektive mitimplizieren und zu einer Auseinandersetzung mit Vergangenheit, Gegenwart und Zukunft anregen und
- die Irritationen einschließen und die intergenerationelle Gruppe zu reflexiven Bildungsprozessen anregen.

In der in Kapitel 3 skizzierten Fortbildung wurde beispielhaft das Thema Nachhaltigkeit in den Mittelpunkt gestellt. Dieses Thema eignet sich deshalb besonders gut für intergenerationelle Bildungsarbeit, da die Fragen nach einer ökologischen, ökonomischen und sozialen Nachhaltigkeit auch immer die Frage beinhaltet, wie heutige Generationen mit den vorhandenen Ressourcen umgehen und inwiefern sie versuchen, diese für nachkommende Generationen zu bewahren und zu schützen. Gleichzeitig ist das Thema seit einigen Jahren sehr präsent und hat durch verschiedene gesellschaftliche Diskurse und Herausforderungen (z. B. in Bezug auf Klimawandel, Sicherung der Rentensysteme und Ressourcenverbrauch) einen Platz im Leben. In einigen Bildungsveranstaltungen entstanden schnell Diskussionen, beispielsweise über den Energieverbrauch früher und heute, über Ursachen und Auswirkungen der weltweiten Klimaveränderungen oder über die Frage, welche Ressourcen, aber auch welche Werte an kommende Generationen weitergegeben werden sollen.

Zu Beginn der Fortbildung wurde „Nachhaltigkeit" von den Erwachsenenbildnerinnen und Erwachsenenbildnern noch als sehr schwieriges, komplexes und sperriges Thema angesehen. Durch die intensive Auseinandersetzung mit dem Thema in der Qualifizierungsphase sowie über die Integration in das eigene Praxisprojekt lernten die Erwachsenenbildner/-innen weitgehend mit dem Kontext didaktisch so umzugehen, dass die Komplexität des Themas Nachhaltigkeit didaktisch reduziert werden konnte. Eine Visualisierung der komplexen weltweiten ökologischen, sozialen und ökonomischen Nachhaltigkeitsherausforderungen gelang beispielsweise durch das „Globalvernetzungsspiel", in dem globale und lokale Bezüge und Abhängigkeiten spielerisch veranschaulicht wurden, oder durch alternative Stadtexkursionen, bei denen weltweite Wertschöpfungsketten und damit verbundene Probleme verdeutlicht wurden. Gerade diese beiden Methoden sind für intergenerationelle Lernprozesse sehr geeignet, um Nachhaltigkeitsprobleme und darauf bezogene Handlungsoptionen zu thematisieren. Sie wurden von den Erwachsenenbildnerinnen und Erwachsenenbildnern im Rahmen ihrer Praxisprojekte aufgegriffen und weiterentwickelt.[6] In vielen Projekten konnte dadurch eine intensive Auseinandersetzung mit dem Konzept Nachhaltigkeit und seinen unterschiedlichen Dimensionierungen angeregt werden. In Diskussionen um nachhaltiges Verhalten hat sich gezeigt, dass viele Teilnehmende sich durch das Bildungsangebot einem Spannungsfeld zwischen den eigenen Interessen und dem angenommenen moralisch Richtigen ausgesetzt sahen. Auf der einen Seite können in einem solchen Spannungsfeld Lernprozesse ausgelöst werden, auf der anderen Seite besteht auch die Gefahr der Abwehr. Solche Anregungen, die als „moralischer Zeigefinger" interpretiert werden, können insbesondere bei Jugendlichen dazu führen, dass das Thema aktiv ausgeblendet und übergangen wird, wie in diesem Transkriptausschnitt deutlich wird.

Cw: Aber was heißt interessiert? Ich glaube, man möchte es einfach nicht sehn (Zustimmung), so früh als junger Mensch, wenn man gerade reisen möchte (Zustimmung). Und dann wird gesagt, man soll lieber kein Flugzeug fliegen oder zumindest immer darauf achten (Zustimmung). Worauf man natürlich achten will, weil man will ja auch nicht – irgendwann wenn man dann mal älter ist – auf einmal total komisches Klima haben. Aber wenn man hier nachgeben will, dann stört es in gewisser Weise schon irgendwie. Also ich kann mich jetzt nicht so genau ausdrücken, aber ich glaub, da möchte man sich einfach gerade nicht dafür interessieren (Zustimmung).
Am: Warum?
Cw: Weil man's gar nicht sehn will.
Am: Klar es nervt, 'ne? So ein moralischer Zeigefinger nervt.
Cw: Genau.

Gruppe Teilnehmende 3

Die Erfahrungen mit dem Thema Nachhaltigkeit sind darüber hinaus generationenspezifisch geprägt. Gerade für jüngere Teilnehmende stellten Themen wie Mülltrennung und der sparsame Umgang mit Ressourcen eine Selbstverständlichkeit dar, die im Erziehungsprozess von ihren Eltern tradiert wurden. Vor diesem Hintergrund kann auch die scheinbare Interesselosigkeit der Jugendlichen am Thema Nachhaltigkeit als eine Form des selbstverständlichen und unaufgeregten Umgangs mit dem Thema interpretiert werden.

Aw: Also bei mir zum Beispiel hat das in der Erziehung schon 'ne ganz große Rolle gespielt, die Nachhaltigkeit. Und ihr habt oft von eurer Kindheit erzählt, und davon, dass es da noch eine ganz andere Denkweise gab. Solche Sachen zu hören, war interessant und sehr lehrreich für mich.

Gruppe Teilnehmende 1

6 Eine ausführliche Darstellung dieser Methode findet sich in Band 2 (Antz/Franz/Frieters/Scheunpflug 2009).

Die älteren Teilnehmenden zeigten ein stärkeres Interesse am Thema Nachhaltigkeit. Vorsichtig ließe sich schlussfolgern, dass, wenn das Thema Nachhaltigkeit intergenerationell bearbeitet werden soll, gerade die didaktische Gestaltung des Themas besonders für Jugendliche ansprechend sein und eine moralisch belehrende Kommunikation vermieden werden sollte. Gerade hier sind Lehr-/Lernsettings, in denen sich Teilnehmende eine eigene Meinung bilden und selber mit dem Thema auseinandersetzen können, offensichtlich von großer Bedeutung.

5.5 Fazit: Intergenerationelles Lernen lernen und ermöglichen

Es besteht eine große Nachfrage nach intergenerationellen Lernangeboten – sowohl aufseiten der Anbieter als auch aufseiten der Teilnehmenden.

Wenn Erwachsenenbildner/-innen intergenerationelle Lernprozesse in ihren Einrichtungen initiieren, brauchen sie keine neue und eigenständige intergenerationelle Didaktik. Vielmehr geht es darum, Lernumgebungen im Sinne einer neuen Lernkultur anzubieten und den Teilnehmenden ausreichend Möglichkeit zur Selbsterarbeitung von Themen zu geben. Die Erwachsenenbildner/-innen agieren hier als Gestalter/-innen und Begleiter/-innen in Lernumgebungen. Das Besondere an intergenerationellen Lernprozessen ist also nicht das Konzept einer neuen Didaktik, sondern vielmehr eine Sensibilisierung der didaktischen Perspektive. Insofern ist intergenerationelles Lernen verhältnismäßig leicht in den Alltag der Erwachsenenbildung zu integrieren, wenn man als Erwachsenenbildner/-in bzw. als Bildungsanbieter eine „Generationenbrille“ aufsetzt und diese konsequent in der Planung und Gestaltung intergenerationeller Bildungsveranstaltungen aufbehält.

Die unterschiedlichen Generationen sind sensibel wahrzunehmen und zu begleiten, um ein Miteinander-Lernen der Generationen wahrscheinlicher zu machen. Wenn Generationen gleichberechtigt, beispielsweise in Kleingruppen, an einem Thema miteinander lernen, lernen sie häufig auch beiläufig über oder von den anderen Generationen. Um dieses Miteinander-Lernen zu ermöglichen, bedarf es einer sensiblen Gestaltung und Moderation intergenerationeller Lernarrangements. Jüngere Teilnehmende neigen tendenziell dazu, sich stärker in intergenerationellen Lernsituationen zurückzuziehen und Älteren den Vorrang zu lassen. Dies gilt es – genau wie das beschriebene genealogische Rollenmuster – zu antizipieren und mit den Teilnehmenden zu reflektieren.

Darüber hinaus gilt es auch gerade den Älteren in intergenerationellen Settings Anregungen für Lern- und Bildungsprozesse zu bieten, da diese häufig mit der Erwartung in intergenerationelle Bildungsveranstaltungen kommen, das Lernen der Jüngeren zu unterstützen. Das eigene Lernen gerät dabei manchmal aus dem Blick bzw. wird nicht als solches wahrgenommen. Hier besteht die Aufgabe der Erwachsenenbildnerin bzw. des Erwachsenenbildners darin, dies zu reflektieren, um explizite Lernanregungen für die älteren Generationen ins didaktische Konzept mit einzubauen.

Aus der Perspektive der Anbieter erscheint gerade die Entwicklung von einer Komm- zu einer Gehstruktur besonders fruchtbar. (Bildungsferne) Generationen wurden vor allem dann erreicht, wenn das Bildungskonzept im Sinne aufsuchender Bildungsarbeit regionale und lokale Akteure eingebunden hatte.

Einrichtungen und Erwachsenenbildner/-innen können also gleichermaßen dazu ermutigt werden, intergenerationelle Lernangebote in ihren Einrichtungen zu erproben.

6 Intergenerationelles Lernen ermöglichen – Förderliche Bedingungen für intergenerationelles Lernen

In den vorhergehenden Kapiteln wurden intergenerationelle Lernprozesse aus unterschiedlichen Perspektiven reflektiert: Es wurden theoretische Grundlagen dargestellt, Fortbildungskonzepte diskutiert und verschiedenste Bildungsmaßnahmen dargestellt. Nun soll in diesem Kapitel eine Art „Quintessenz“ generiert werden. Hier stehen elf Thesen im Mittelpunkt, die Bedingungen beschreiben, die für das Lernen zwischen den Generationen in Institutionen der Erwachsenenbildung förderlich sind. Diese Thesen speisen sich aus vielfältigen Quellen. Sie entstanden aus den Erfahrungen der beteiligten Erwachsenenbildner/-innen und deren Arbeit in Praxisprojekten sowie den gemeinsamen Reflexionen der pädagogischen Leitung des Modellversuches und der wissenschaftlichen Begleitung.

Bei der nachfolgenden Darstellung ist zu berücksichtigen, dass einige der Thesen auch auf andere Formen von Lernangeboten bezogen werden könnten und nicht nur im Rahmen der intergenerationellen Bildung von Bedeutung sind. Insbesondere interkulturelle und interreligiöse Lernzusammenhänge erfordern ähnlich sensible Herangehensweisen wie das intergenerationelle Lernen, da in solchen Lernkontexten bisweilen sehr verschiedene biografische Hintergründe und Lernkulturen zu berücksichtigen sind. Einige der Hinweise können auch als allgemeine Merkmale für eine qualitativ hinreichende erwachsenenpädagogische Arbeit gelesen werden. Von daher ist mit den nachfolgenden Thesen zwar kein Anspruch auf Originalität verbunden, gleichwohl aber auf Zuspitzung didaktischer Hinweise für dieses spezifische, noch junge Praxisfeld.

1 *Intergenerationelle Lernprozesse professionell anleiten:* Intergenerationelle Lernprozesse, die über das gewohnte „Jung lernt von Alt"-Muster hinausgehen, sind selten Selbstläufer. Professionelle Unterstützung kann solche Lernprozesse eröffnen.

Häufig wird davon ausgegangen, dass im Kontext von intergenerationellen Lernprozessen Ältere Wissen an Jüngere vermitteln. Damit verbunden ist die Vorstellung von erzählenden Großeltern, die Wissen und Erfahrungen an ihre Enkelkinder tradieren. Entsprechend werden ähnliche Bildungsangebote von Einrichtungen der Erwachsenen- oder Familienbildung gemacht. Häufig bedürfen solche Konstellationen einer nur geringeren didaktischen Steuerung. Dieses genealogische intergenerationelle Lernen stellt aber nur einen kleinen Teilbereich intergenerationellen Lernens dar. Vielmehr gibt es eben auch jene Bildungsangebote, in denen über ein genealogisches Generationenverhältnis hinausgegangen wird und in denen die Teilnehmenden die Möglichkeit haben, voneinander, übereinander und miteinander zu lernen. Solche Prozesse entstehen selten selbstläufig. Hierfür bedarf es der Gestaltung von offenen Lernarrangements.

2 *Generationen identifizieren:* Intergenerationelles Lernen bedarf klarer Zielgruppen.

Zahlreiche Einrichtungen der Erwachsenen- und Familienbildung werden von verschiedenen Altersgruppen aufgesucht und viele Verbände zeichnen sich durch eine intergenerationell gemischte Mitgliedsstruktur aus. Dieses vorhandene intergenerationelle Potenzial gilt es im Vorfeld einer Veranstaltung zu reflektieren. Welche Generationen zählen zur eigenen Zielgruppe? Welche Erfahrungen liegen mit diesen Generationen vor? Welche Generationen sollten noch als neue Zielgruppen gewonnen werden? Sind es Kinder, Jugendliche, junge Erwachsene, Erwachsene mittleren Alters oder Ältere, die in Lernarrangements zusammengebracht werden sollen? Wie lassen sich verschiedene Generationen miteinander in Verbindung bringen, die sich der Einrichtung verbunden fühlen, aber noch keine gemeinsamen

Lernprozesse durchlaufen haben? Welche Lerngewohnheiten haben diese unterschiedlichen Generationen und wo könnten (Lern-)Widerstände auftreten? Dies sind Fragen, die in der Vorbereitung intergenerationeller Lernveranstaltungen eine wichtige Rolle spielen sollten. Die Reflexion dieser Fragen hilft gegebenenfalls, das bisher vielleicht noch nicht bedachte intergenerationelle Potenzial der eigenen Einrichtung zu identifizieren und zu nutzen. Träger von Bildungsangeboten, die bereits explizite Erfahrung mit dem Lernen in altersgemischten Gruppen mitbringen und mit einer hohen Altersheterogenität in ihrer Bildungsarbeit vertraut sind, sind gut beraten, diese Vorerfahrungen sensibel zu reflektieren. In jedem Fall ist es sinnvoll, die Generationen, die eingeladen werden sollen, bewusst auszuwählen und sich ihre Lernvorerfahrungen und -bedürfnisse zu vergegenwärtigen. Im Hinblick auf die Ausschreibung und Werbung stellt sich damit auch die Frage nach dem Gestaltungsstil und der Sprache sowie danach, mit welchen Werbeträgern und Medien die verschiedenen Generationen überhaupt erreicht werden können.

3 *Partizipation ermöglichen:* Eine klare Partizipationsorientierung fördert und stärkt intergenerationelle Lernprozesse.

Intergenerationelle Lernprozesse können sich in Lernarrangements, die Teilnehmenden genug Freiraum zum eigenen Erarbeiten von Inhalten und Reflexionen bieten, besonders gut entfalten. In ihnen sollten unterschiedliche generationenspezifische Kompetenzen, Wissensbestände, Einstellungen und Werthaltungen zum Tragen kommen. Damit diese Unterschiede auf eine achtsame und konstruktive Weise ausgetauscht und bearbeitet werden können, sind Lernarrangements hilfreich, die es Lernenden erleichtern, mit Offenheit und Neugier aufeinander zuzugehen. Dabei ist darauf zu achten, an den jeweiligen – zum Teil generationsspezifischen – Potenzialen und Stärken der Teilnehmenden anzuknüpfen. Die Teilnehmenden aller Generationen sollen die Möglichkeit haben, sich vielfältig in den Lernprozess einzubringen und den Lernprozess aktiv mitbestimmen und steuern zu können. Die gemeinsame Identifizierung und gleichberechtigte Bearbeitung von generationsübergreifenden Anliegen nimmt in diesem Kontext einen zentralen Stellenwert ein. Keiner Generation sollte aufgrund ihrer Lebenserfahrungen oder Kompetenzen eine privilegierte Stellung im Lernprozess eingeräumt werden. Dies ist allerdings nur dann möglich, wenn die erwachsenenpädagogische Leitung das Lernarrangement transparent gestaltet und begleitet und somit den Teilnehmenden die Möglichkeit gegeben wird, sich einzubringen und den Prozess mitzugestalten. Dabei sollte berücksichtigt werden, dass beim gemeinsamen Lernen eine Balance zwischen dargebotenen Inhalten, eigenem Erarbeiten von Inhalten und Reflexionsräumen hergestellt wird. Reflexionsphasen ermöglichen den Teilnehmenden vertieftes Lernen, geben aber auch der Leitung die Möglichkeit, die Bedürfnisse der einzelnen Generationen zu verstehen und aufzunehmen.

4 *Ergebnisoffene Lernarrangements:* Intergenerationelle Lernarrangements machen Lernangebote – und damit verbundene Lernprozesse sind ergebnisoffen.

Intergenerationelle Lernarrangements sind als Lernangebote für unterschiedliche Generationen zu verstehen und zu gestalten. Die leitenden Erwachsenenbildner/-innen strukturieren ein Lernangebot, das durch die Teilnehmenden bearbeitet – und damit verändert – wird. Die erwachsenenpädagogische Leitung muss sich auf diese Offenheit einstellen. Dazu bedarf es der Klarheit über die eigene Rolle in intergenerationellen Lernarrangements, die darin besteht, Lernangebote zu strukturieren und die Lernenden während des Lernprozesses zu begleiten.

Eine besondere reflexive Herausforderung für das intergenerationelle Lernen liegt im Anspruch vieler Lernarrangements, zu einer Veränderung des Verhaltens zu gelangen. Junge Menschen sollten z.B. wertorientierte Verhaltensweisen übernehmen, ältere flexibler werden, oder alle beteiligten Generationen sich z. B. über die Beschäftigung mit dem Thema „Nachhaltigkeit“ in ihrem Umweltverhalten ändern. An dieser Stelle ist es hilfreich, an Prinzipien des ethischen Lernens und an das sogenannte *„Überwältigungsverbot“*[1] zu erinnern. Lernangebote stoßen dann auf höhere Resonanz, wenn sie echte Lernangebote sind und als ethische Reflexionsangebote formuliert werden, zu denen sich Teilnehmende verhalten, ohne dass sie moralisch überwältigt werden. Wichtig ist, dass ihnen die Freiheit bleibt, sich auch anders zu entscheiden. Lernarrangements können also über Handlungsoptionen informieren und reflektieren und damit das Rüstzeug liefern, das zur Orientierung in komplexen Zusammenhängen notwendig ist. Sie können jedoch nicht das gewünschte Verhalten präjudizieren, einfordern oder steuern.

1 Das Überwältigungsverbot geht auf den Beutelsbacher Konsens von 1977 zurück, bei dem drei Grundsätze politischer Bildung beschlossen wurden. Das Überwältigungsgebot soll gewährleisten, dass Schüler/-innen die Möglichkeit haben, sich eine eigene politische Meinung zu bilden. Lehrpersonen sollen lediglich verschiedene Möglichkeiten aufzeigen, ohne sie in eine Richtung zu drängen. Im Kontroversitätsgebot geht es darum, Themen, die in Politik und Wissenschaft kontrovers diskutiert werden, auch im Unterricht kontrovers darzustellen. Schließlich sollen die Schüler die Kompetenz „Analysefähigkeit ihrer eigenen Interessen“ erwerben (vgl. Mickel 1999, S. 173).

5 *Gemeinsame Themen:* Ein gemeinsames Thema fördert das Miteinander-Lernen in intergenerationellen Lerngruppen.

In der Regel ist es für intergenerationelle Lernprozesse förderlich, ein Thema in den Mittelpunkt zu stellen, das nicht eine der Generationen fokussiert, sondern von den Generationen abstrahiert. Die gemeinsame Arbeit an einem Thema wie zum Beispiel Nachhaltigkeit ermöglicht ein Miteinander-Lernen der Generationen, bei dem die Teilnehmenden auch voneinander und übereinander lernen. Das Thema Nachhaltigkeit eignet sich besonders, da es zur Reflexion des Verhältnisses von Gegenwart und Zukunft einlädt; allerdings ist dieses Thema komplex und kann unter Umständen auch zu Überforderungen führen. Aber auch viele andere Themen eignen sich für intergenerationelle Lernangebote. Die Arbeit wird erleichtert, wenn diese Themen von allen beteiligten Generationen als bedeutsam eingestuft werden und jede der beteiligten Gruppen einen wie auch immer beschriebenen Bezug hat. Dabei kann das für die Bearbeitung des Themas notwendige Wissen bereits in der Gruppe vorhanden sein, durch partizipative Methoden hervorgebracht oder durch gezielte Vorbereitung und entsprechende Impulse von einzelnen Gruppenmitgliedern eingebracht werden.

6 *Biografieorientierte Arbeit:* In intergenerationellen Lernprozessen ist die biografieorientierte Arbeit ein wichtiger Schlüssel.

Häufig teilen Personen einer Altersgruppe ähnliche Erfahrungen oder wurden von gleichen historischen Ereignissen geprägt. Diese gemeinsamen Erfahrungen und Erinnerungen erzeugen oftmals eine kollektive Generationenidentität für bestimmte Altersgruppen. Wenn verschiedene Altersgruppen mit ihrem jeweiligen generationenspezifischen Hintergrund in einem Lernprozess aufeinandertreffen, bietet es sich an, diese vielfältigen biografischen Erfahrungen didaktisch zu nutzen. Dadurch werden die Teilnehmenden zu Experten in Bezug auf ihre eigene Biografie und ihre Generationenidentität und können ihre diesbezüglichen Erfahrungen und Wissensbestände vermitteln, im Dialog mit Vertretern anderer Generationen reflektieren und neu bewerten. Damit werden zudem das autobiografische Wissen sowie die individuellen Wünsche und Visionen in den Bildungsprozess integriert und dieser damit für die Teilnehmenden potenziell bedeutungsvoller.

7 *Ressourcen nutzen:* Die Lebenswelt und der Sozialraum der Lernenden bieten Ansatzpunkte für intergenerationelle Lernprozesse und können als Ressourcen genutzt werden.

Intergenerationelles Lernen profitiert von Lernorten, die von verschiedenen Generationen aufgesucht und akzeptiert werden können. Vor diesem Hintergrund stellen die Erkundung und Einbeziehung des sozialen Umfeldes, der Lebenswelt, des Nahraumes oder des Stadtteils und die Vernetzung mit dort bereits anzutreffenden Initiativen und Akteuren eine große Bereicherung dar. Mit einer Sozialraumanalyse kann das soziale Umfeld analysiert und für die pädagogische Arbeit in altersgemischten Gruppen fruchtbar gemacht werden (vgl. Antz et al. 2009).

Dadurch besteht die Möglichkeit, generationenspezifische Herausforderungen wie Konflikte und Potenziale im Sozialraum zu erfassen, diesbezügliche potenzielle Kooperationspartner und Netzwerke zu identifizieren und die gesammelten Ergebnisse und Erkenntnisse für den Bildungsprozess fruchtbar zu machen. Das Anknüpfen an vorhandene regionale Strukturen und Netzwerke ermöglicht eine breite Verankerung im regionalen Umfeld. Durch Formen aufsuchender Bildungsarbeit können Zielgruppen erreicht werden, die ansonsten in intergenerationellen Projekten eher weniger vertreten sind. Es ist dann auch leichter möglich, durch regionale Projektausrichtungen sowie die Einbindung von lokalen Personen und Institutionen, die mittlere Generation zu erreichen.

8 *Generationensensibiliät:* Eine generationssensible Auswahl der Methoden und des Lernortes sowie eine generationssensible Moderation unterstützen intergenerationelle Lernprozesse.

Beim Lernen in altersgemischten Gruppen treffen in der Regel unterschiedliche Lernbiografien und von daher auch vielfältige Lerngewohnheiten und -präferenzen aufeinander. Dieser Vielfalt sollte generationensensibel über entsprechende Lehr- und Lernmethoden und deren Moderation begegnet werden. Das bedeutet, dass bei der Auswahl, Einführung und Nutzung von Methoden sorgfältig abgewogen werden sollte, ob sie für alle anwesenden Altersgruppen geeignet und für die jeweilige altersgemischte Gruppe passend sind. Dabei sollten z. B. neben spezifischen altersbezogenen kognitiven und körperlichen Voraussetzungen einzelner Teilnehmenden auch ihre mögliche Skepsis gegenüber Methoden, ihre Lernerwartungen, ihre emotionalen Befindlichkeiten und ihre sensiblen Bereiche und Themen berücksichtigt werden. Eine generationssensible Moderation beinhaltet darüber hinaus die Kompetenz der Lehrenden, transparent mit unterschiedlichen Generationen kommunizieren zu können, generationsspezifische Lernkulturen im Blick zu haben, generationsbezogene Sprachmuster entschlüsseln zu können und einen transparenten Interaktionsstil zu entwickeln.

Über eine generationssensible Moderation und Methodenwahl lassen sich generationen- und altersbedingte Spannungen und Konflikte nicht grundsätzlich verhindern, sie eröffnen aber die Chance, auf zahlreiche potenzielle Konflikte und damit verbundene Reibungsverluste besser vorbereitet zu sein und ihnen dadurch auch präventiv begegnen und passender reagieren zu können. Die leitende Person sollte allparteilich für die Bedürfnisse aller teilnehmenden Generationen stehen und jeweils der Generation, die gerade weniger zum Zuge zu kommen droht, besondere Räume eröffnen. Einstiege und Ausstiege sollten für unterschiedliche Generationen differenziert werden, denn die Lernbedürfnisse und Möglichkeiten der verschiedenen Generationen sind unterschiedlich. (Kinder brauchen manchmal größere Abwechslung, außerdem sollte die Veranstaltung ihrem Bewegungsdrang gerecht werden – z.B. durch Wechsel der Aufenthaltsorte sowie Möglichkeiten, herein- und hinauszukommen. Ältere schätzen hingegen so lange Phasen des Stehens nicht etc.)

Generationensensibilität betrifft auch die Gestaltung des Lernortes. Für intergenerationelle Lernarrangements müssen die Rahmenbedingungen möglichst sorgfältig reflektiert und auf die Bedürfnisse aller beteiligten Generationen ausgerichtet werden. Das impliziert z.B. die Gestaltung des Lernraumes in Bezug auf Akustik, Sitzordnung, Bestuhlung und die Organisation des Tagesablaufes, mit Rücksicht auf Pausen, Mahlzeiten, Ruhephasen, informelle Austauschmöglichkeiten und Abendgestaltungen. Gerade in Begegnungen zwischen Seniorinnen und Senioren und Kindern ist eine gute Akustik, die die hellen Kinderstimmen nicht übermäßig verstärkt, eine wichtige Rahmenbedingung. Für alle diese Aspekte gibt es keine Patentrezepte oder eindeutigen Lösungen; einige Punkte werden sich erst mit der Lerngruppe gemeinsam abstimmen lassen. Doch entbindet dies nicht davon, bereits im Vorfeld für generationensensible Rahmenbedingungen Sorge zu tragen und die verhandelbaren Punkte frühzeitig mit der Lerngruppe anzusprechen, um unnötige Lernstörungen möglichst zu vermeiden und die Grundlage für einen gelungenen Lernprozess zu schaffen.

9 *Reflexion von Rollenmustern:* In intergenerationellen Lernarrangements werden häufig eingefahrene Rollenmuster aktiviert, die reflektiert werden müssen, um alle für neue Formen des intergenerationellen Lernens zu öffnen.

Wenn Angehörige verschiedener Generationen in einer Lerngruppe zusammengeführt werden, ist häufig die Vorstellung vorherrschend, dass die Älteren der Gruppe, aufgrund eines höheren Erfahrungswissens, den Jüngeren etwas beibringen müssten. Dies äußert sich bei den Jüngeren in einem zunächst eher zurückhaltenden Verhalten gegenüber den Älteren. Manche Älteren gehen ebenso von dieser Rollenvorstellung aus und bringen sich sehr vehement in den Lernprozess ein. Um die Teilnehmenden in intergenerationellen Bildungsangeboten über die Generationen hinweg zum Voneinander-, Übereinander- und Miteinander-Lernen anzuregen, muss mit der Eingangsorientierung „Jung lernt von Alt" bewusst umgegangen werden und die Möglichkeit in der Bildungsveranstaltung genutzt werden, diese z.B. durch Einheiten aufzubrechen, in denen Jugendliche per se über Wissensbestände oder Kompetenzen verfügen, welche die Älteren in dieser Intensität nicht haben.

10 *Vielfalt als Chance:* Die generationsbedingte Vielfalt unterschiedlicher Lernstile und Heterogenität der Lernvoraussetzungen sollte weniger als Erschwernis denn als Chance verstanden werden.

Heterogene Lerngruppen und die damit oftmals verbundene Vielzahl von Erfahrungen, Einstellungen, Sichtweisen, Gewohnheiten, Wertvorstellungen und Eigenheiten der Lernenden sind durch eine ausdifferenzierte Pluralität gekennzeichnet. Wenn diese Pluralität als Potenzial und Ressource für das gemeinsame Lernen und nicht als Risiko oder Störung wahrgenommen wird, eröffnet sich die Chance, den Lernprozess durch die Berücksichtigung zahlreicher unterschiedlicher Perspektiven und das Einlassen auf die dazu notwendigen Interaktions- und Klärungsprozesse zu bereichern. Durch einen transparenten Umgang mit Heterogenität seitens der Erwachsenenbildner/-innen wird die Chance geschaffen, dass die Teilnehmenden durch diese Vielfalt weniger verstört, denn zum Perspektivenwechsel angeregt werden. Gleichzeitig können durch eine heterogenitätssensible Leitung mögliche offene oder verdeckte Generationen- oder Grundhaltungskonflikte in der Lerngruppe direkt aufgegriffen und in den Lernprozess integriert werden.

11 *Längerfristige Angebote:* Intergenerationelle Lernprozesse brauchen Zeit.

Lernprozesse zum intergenerationellen Lernen bedingen oft eine Umorientierung in eingeschliffenen Orientierungsmustern. Sie brauchen daher Zeit und Raum. Deshalb sollten die Bildungsangebote eine kritische Länge nicht unterschreiten. Zu kurze Lernangebote, die nicht wieder aufgegriffen werden, laufen Gefahr zu verpuffen. Häufig besteht das Problem, dass Teilnehmende mit der Erwartung in intergenerationelle Bildungsveranstaltungen kommen, dass die anwesende jüngere Generation von der älteren lernt – und nicht umgekehrt. Es braucht Zeit, bis sich diese Erwartung aufweicht und die sich damit gegebenen Hemmungen abbauen. Die Annäherung zwischen den Generationen braucht Zeit und eine intensive didaktische Begleitung, die das tiefere Kennenlernen der Generationen ermöglicht. Erst nach dieser Annäherungsphase können mehrperspcktivische und tief greifende intergenerationelle Bildungsprozesse entstehen.

7 Intergenerationelles Lernen – ein Ausblick

Intergenerationelles Lernen wird in unserer Gesellschaft an Bedeutung gewinnen. Der demografische Wandel, die länger andauernde Erwerbstätigkeit und die zunehmende Individualisierung stellen Entwicklungen dar, die vermuten lassen, dass intergenerationelles Lernen immer stärker auf intentionale Lernprozesse angewiesen sein oder durch diese unterstützt werden wird. Dabei sind Lernangebote zum intergenerationellen Lernen, so unsere Beobachtung, für die Erwachsenenbildung konzeptionell weniger neu, als häufig vermutet.

In den folgenden, diesen Band abschließenden Reflexionen werden mehrere Visionen für die Zukunft entwickelt. Zunächst wird die Überlegung angestellt, inwiefern konzeptionelle Aspekte des intergenerationellen Lernens für die Erwachsenenbildung grundsätzlichere Anregungen geben könnten. Anschließend geht es um die verschiedenen Motive des Engagements in intergenerationellen Lernprozessen und um die Möglichkeit, diese zukünftig in eine für alle fruchtbare Beziehung zueinander zu setzen. Dann wird ein besonders schwieriger, ja im Diskurs fast mit einem Tabu belegter Aspekt in den Blick genommen: der Umgang mit Alter und Sterben. Inwiefern kann intergenerationelles Lernen zu einem gesellschaftlich sensiblen und angemessenen Umgang mit diesem Thema beitragen? Abschließend wird der Frage nachgegangen, inwieweit über intergenerationelles Lernen ein Beitrag zur Gemeinschaft und Anerkennung von Menschen geleistet werden kann.

7.1 Eine Vision: Intergenerationelles Lernen als paradigmatische Anregung für die Erwachsenenbildung

In der Arbeit im Modellversuch wurde deutlich, wie sehr intergenerationelles Lernen Anregungen für die Arbeit in der Erwachsenenpädagogik insgesamt geben kann. Intergenerationelle Bildungsarbeit kann den Blick weiten für die Balance zwischen einer einerseits zielgruppenbezogenen Erwachsenenbildung (die bestimmte Gruppen von Menschen einlädt und damit die Komplexität möglicher Angebote verringert) und einer andererseits heterogenitätssensiblen Erwachsenenbildung (die sich auf unterschiedliche Menschen in einem Bildungsangebot einstellt und damit die interne Komplexität von Angeboten erhöht). Im Bildungsdiskurs sind zurzeit zwei Argumentationsmuster zu beobachten: die Differenzierung in Zielgruppen und der Umgang mit Heterogenität in Bildungsprozessen. Der Blick auf das in diesem Band dargestellte Konzept intergenerationellen Lernens kann dazu beitragen, diese auf den ersten Blick scheinbar gegensätzlichen Diskussionslinien miteinander in Beziehung zu setzen.

Die Differenzierung in Zielgruppen

Mit dem ersten oben genannten Argumentationsmuster wird der Blick auf eine immer genauere Analyse der zu erreichenden Zielgruppen geworfen, in der Erwartung, dass ein passgenaues Angebot die Akzeptanz und Reichweite der Erwachsenenbildung erweitert (vgl. auch Kap. 1). So zeigen Analysen der Lebenswelten Erwachsener wie Jugendlicher (siehe unten), dass sich mit unterschiedlichen Milieus unterschiedliche Formen der Nutzung von Bildungsangeboten und des gesellschaftlichen Engagements ergeben. Vor diesem Hintergrund bemühen sich Institutionen der Erwachsenenbildung, ein passgenaues Angebot für eine bestimmte Zielgruppe zu entwickeln. Damit wird die Zielgruppe homogener und leichter erreichbar. Zielgruppenorientierung konstruiert Homogenität. Gleichzeitig kommen aber auch die Menschen in den Blick, die selten von Angeboten der Erwachsenenbildung angesprochen werden: Es geht eben ferner darum, durch die erweiterte Perspektive auf unterschiedliche Bildungsmilieus den eigenen blinden Fleck in der Angebotsstruktur aufzuspüren und damit die Palette erwachsenenpädagogischer Angebote systematisch zu erweitern.

Zielgruppen der Erwachsenenbildung und die Sinus-Studie

In der Erwachsenenbildung hat das Thema „Milieu“ in den letzten Jahren durch die Sinus-Milieustudie hohe Aufmerksamkeit erfahren. Mit der Sinus-Milieustudie werden Menschen gruppiert, deren Lebensstile und Lebensweisen sich ähneln. Seit 2001 geht das Sinus-Sociovisions-Institut von zehn abgrenzbaren Milieus in Deutschland aus (Traditionsverwurzelte, Konservative, DDR-Nostalgiker, Etablierte, Bürgerliche Mitte, Konsum-Materialisten, Postmaterielle, Moderne Performer, Experimentalisten, Hedonisten). Diese Milieus unterscheiden sich durch ihre Lebensweisen und damit auch hinsichtlich der vorhandenen Bildungsaspirationen und des Bildungshabitus (vgl. Barz/Tippelt 2004). In der Erwachsenenbildung wird diese Studie zum Anlass genommen, um diese Bildungsgewohnheiten zielgruppen- und milieuspezifisch zu untersuchen und passgenaue Angebote zu entwickeln (vgl. Barz/Tippelt 2007). Dazu gehört es beispielsweise auch, Flyer in einer milieukompatiblen Sprache zu verfassen. Mit der Sinus-Milieustudie U27, die vom BDKJ-Bundesverband und MISEREOR in Auftrag gegeben wurde, kommen zum ersten Mal Kinder (9 bis 13 Jahre), Jugendliche (14 bis 19 Jahre) und junge Erwachsene (20 bis 27 Jahre) in den Blick. Während für die Kinder das elterliche Milieu prägend ist, kann bei Jugendlichen eine klare eigene Milieuorientierung identifiziert werden. Im Gegensatz zur Sinus-Studie von 2001 werden für die Jugendlichen nur sieben Milieus skizziert. Konservative, etablierte oder DDR-nostalgische Milieus sind in den jugendlichen Lebenswelten nicht identifizierbar (vgl. Sinus/Bund der Deutschen Katholischen Jugend/Misereor 2008).

Die Forderung nach größerer Sensibilität für Heterogenität in Bildungsprozessen

Das zweite Argumentationsmuster wird eher in den formellen Angeboten der Erwachsenenpädagogik, also z.B. im Kurssystem von Volkshochschulen oder in schulischen Einrichtungen, diskutiert. Spätestens die Schulleistungsuntersuchungen der letzten Jahre, wie z.B. PISA, haben deutlich gemacht, dass Bildungsangebote so strukturiert sein sollten, dass sie für ganz unterschiedliche Menschen attraktiv sind und allen Lernmöglichkeiten anbieten. Auch der Diskurs um das Lernen als Konstruktion und die Bedeutung von Lernarrangements (vgl. Arnold/Schüssler 2003; Forneck et al. 2006; Klingovsky 2004) hat daran erinnert, dass Lernprozesse jeweils individuelle Konstruktionen sind. Erfolgreiches Lernen ist dann möglich, wenn der Lernprozess durch den Bildungsanbieter so strukturiert wird, dass das Lernarrangement möglichst unterschiedliche Anknüpfungsmöglichkeiten bietet. An diesen Stellen wird in besonderer Weise auf konstruktivistische Lerntheorien und entsprechende Lehrmethoden verwiesen, die Raum für biografische Anknüpfungsmöglichkeiten lassen, unterschiedliche Lerntempi erlauben und verschiedene inhaltliche Schwerpunktsetzungen sowie unterschiedliche Formen von Partizipation ermöglichen.

Intergenerationelles Lernen als Einheit der Differenz von Zielgruppenspezifizierung und Sensibilität für Heterogenität

In diesem Spannungsfeld von Zielgruppenspezifizierung (und damit Homogenisierung) und Sensibilisierung für unterschiedliche Generationen (und damit bewusstem Umgang mit Heterogenität) ist das intergenerationelle Lernen angesiedelt. Auf der einen Seite geht es darum, bei der Konzeption intergenerationeller Bildungsveranstaltungen Lernen mithilfe von Homogenität zu ermöglichen. Dies geschieht entweder über die Bestimmung der zentralen Zielgruppen (Jugendliche und Ältere, Großeltern und Enkelkinder etc.) oder über die Orientierung an einem bestimmten Thema. Zielgruppe und Thema sind dann jeweils die Stellschrauben, die zu einer gewissen Homogenität der teilnehmenden Generationen führen. Auf der anderen Seite geht es darum, innerhalb dieser Zielgruppe so zu arbeiten, dass die unterschiedlichen Generationen jeweils spezifische Anknüpfungsmöglichkeiten erhalten, ihren jeweiligen Blick auf die Dinge deutlich machen und sich mit ihren Vorerfahrungen und Kompetenzen in den Lernprozess einbringen können. Das Lernarrangement soll Heterogenität der Lernenden erlauben und damit individuell unterschiedliche Lernprozesse ermöglichen. Die dafür nötige Professionalität ist nicht einfach zu erlangen, benötigt sie doch eine maximale Distanz von der eigenen Lerngeschichte, um andere zu integrieren, sowie eine hohe inhaltliche wie methodische Kompetenz.

Angesichts der steigenden Individualisierung von Lernerfahrungen kann die in intergenerationellen Lernarrangements gesammelte Erfahrung in der Balancierung von Homogenität und Heterogenität eventuell auch für nicht intergenerationelle Lernarrangements in der Erwachsenenbildung fruchtbar werden. In dieser Perspektive kann intergenerationelles Lernen für eine heterogenitätssensible Erwachsenenbildung insgesamt eine allgemeine Qualifikation darstellen, die über das intergenerationelle Lernen hinausweist. In einer sich individualisierenden Gesellschaft wird das Gemeinsame der Generationen kleiner und jeder Mensch für sich ein kleines Lernuniversum, in dem Sinne, dass sich in ihm unverwechselbare und sehr individuelle Lernmuster und Lerngeschichten verdichten. Das biologische Alter wird vor diesem Hintergrund immer relativer – manche 18-Jährigen haben in einigen Gebieten den Bildungsstand von 50-Jährigen; andere 60-Jährige ähneln in ihrer Lernlebendigkeit eher 15-Jährigen denn ihren Altersgenossen. In diesem Sinne wird jede Form gemeinsamen Lernens dann eine des intergenerationellen Lernens.

Die Balance von Gleichheit und Differenz als Herausforderung für Lernarrangements

Die Balance von Gleichheit und Differenz ist eine die Bildungsgeschichte begleitende Herausforderung. Lange Zeit wurden Menschen vor allem individuell unterrichtet, z.B. im späten Mittelalter durch Schreib- und Rechenmeister, eine Einrichtung, die strukturell unseren heutigen Nachhilfeschulen ähnelte. Der Gedanke, dass alle Menschen gebildet werden sollten, entwickelte sich mit Beginn der Neuzeit – und in dieser Zeit entsteht die mit Bildung verbundene Homogenitätserwartung. Denn erst diese Gleichheitserwartung ermöglicht die Ausdifferenzierung von Individualität durch Bildung. Moderne Gesellschaften sind durch die dialektische Verwobenheit beider Prinzipien zueinander, dem Prinzip der Gleichheit und der Differenz, konstituiert (vgl. Scheunpflug 2008a).

Historisch gesehen war in der Erwachsenenbildung lange Zeit die Gleichbehandlung aller didaktisch leitend. Heute wird diese Makrostruktur von Bildungsarrangements aufgelöst zugunsten konstruktivistischer Sichtweisen und einer entsprechenden Organisation von Bildungsangeboten. Die damit verbundenen Anfragen an homogenisierende Lernkonzepte haben allerdings nicht zu einer Verringerung ihrer Ausbreitung geführt. Die Frage muss also lauten, wie Gleichheit und Heterogenität so miteinander zu koppeln sind, dass Lernarrangements auf der einen Seite überhaupt so viel Gemeinsamkeit herstellen, dass sie grundsätzlich möglich werden, und auf der anderen Seite bestmögliche Lernergebnisse gefördert werden. Damit steigen die Ansprüche an die fachliche wie die didaktische Kompetenz von Erwachsenenbildnerinnen und Erwachsenenbildnern radikal. Die mit intergenerationellen Lernarrangements erfolgte Professionalisierung von Erwachsenenbildnerinnen und Erwachsenenbildnern verweist deshalb auf eine allgemeine Kompetenz für Lernarrangements in der Erwachsenenbildung, die über intergenerationelle Lernerfahrungen im engeren Sinne hinausgehen kann.

7.2 Eine Vision: Eigene Interessen *und* Gemeinwesenorientierung

Eine weitere Herausforderung für das intergenerationelle Lernen stellen die unterschiedlichen Motive für Engagement dar, die in intergenerationellen Lernangeboten zu einer Herausforderung werden können. Diese zeigen sich in besonderer Weise dann, wenn man – idealtypisch verdichtet – die Interessen der beiden am deutlichsten auseinanderliegenden Generationen, also von Jugendlichen und Seniorinnen und Senioren, gegenüberstellt. Während ältere Menschen in ihrem Engagement häufig am Gemeinwesen orientiert sind, suchen Jugendliche – wenn man es holzschnittartig vereinfacht – eher nach Formen, die ihren unmittelbaren Interessen dienen. Wir sehen gerade in Angeboten intergenerationellen Lernens die Möglichkeit, zu einer gegenseitigen Wertschätzung unterschiedlicher Motivlagen beizutragen.

Die Gemeinwesenorientierten: Engagement der 68er und älterer Menschen

Nach den Ergebnissen des Freiwilligensurveys (BMFSFJ 2005) hat das Engagement älterer Menschen über 60 Jahren in den letzten Jahren zugenommen. Sie engagieren sich häufig im sozialen und kirchlichen Umfeld. Ihr gesellschaftliches Engagement ist politisch motiviert und am Gemeinwohl orientiert. Mit diesem Engagement tragen ältere Menschen zur Stärkung der Zivilgesellschaft, aber auch ihrer sozialen Ressourcen und Netzwerke bei. Ältere Menschen suchen in ihrem Engagement nach – zumindest über einen gewissen Zeitraum – verbindlichen Kontakten und gegenseitiger Verlässlichkeit.

Die Nützlichkeitsorientierung: Engagement jüngerer Menschen

Junge Menschen haben in ihrem Engagement häufig andere Motive. Sie engagieren sich überwiegend direkt in ihrem Lebensumfeld (im Sportverein, der Schule, der örtlichen Jugendarbeit etc.). Das Engagement ist interessenbezogen. Sie zeigen entsprechend eher weniger gesellschaftliches bzw. politisches Engagement. Dabei unterscheiden sich Jugendliche zunehmend schichtspezifisch in ihren Interessen und Tätigkeiten. Junge Menschen engagieren sich häufig projektbezogen (vgl. BMFSFJ 2005).

Ein Vergleich der Erwartungen an Engagement zwischen den Generationen

Vergleicht man die Erwartungen an Engagement nach Altersgruppen, zeigen sich deutliche Unterschiede zwischen den Generationen (vgl. BMFSFJ 2005, S. 244).

In der Generation der Jüngeren zwischen 14 und 24 Jahren sind Engagementsformen, die interessengeleitet sind, mit über der Hälfte der Aktivitäten am häufigsten. Hier stehen Motive im Mittelpunkt wie die Möglichkeiten, eigene Interessen zu verfolgen, die Freude am eigentätigen Bearbeiten von Problemen oder der spätere Nutzen durch die im Engagement erworbenen Kenntnisse und, nicht zuletzt, die damit verbundene Anerkennung. An zweiter Stelle (30 %) stehen Motive der Geselligkeit, wie das Treffen netter Menschen oder der gemeinsame Spaß. Und erst an letzter Stelle (20 %) stehen Motive der Gemeinwohlorientierung und die Freude, etwas für andere tun zu können.

In der Generation der über 60-Jährigen sieht das teilweise anders aus. Hier machen Motive der Gemeinwohlorientierung, d.h. der Gedanke, etwas für andere Menschen tun zu können, über 41 % der Nennungen aus. An zweiter Stelle stehen aber ebenfalls Motive der Geselligkeit (mit 34 %). Interessengeleitete Motive folgen, mit einem Viertel der Nennungen (25 %), an dritter Stelle.

Für diese Unterschiede lassen sich verschiedene Gründe anführen: Zum einen unterscheiden sich die Generationen in ihren Lebensphasen. Jugendliche haben ihre Zukunft noch vor sich und versuchen, diese produktiv zu gestalten – daher die Orientierung am eigenen Nutzen. Seniorinnen und Senioren befinden sich tendenziell eher in einer Lebensphase, in der sie der Gesellschaft etwas zurückgeben möchten. Zum anderen macht sich hier aber auch der soziale Wandel spürbar, der den Einzelnen immer stärker zum Schmied seines eigenen Glückes werden lässt. Die Einstellung der Jugendlichen ist auch eine Antwort hierauf.

Der Beitrag intergenerationellen Lernens: eine fruchtbare Beziehung zwischen beiden Interessenlagen?

Mit intergenerationellen Lernangeboten verbindet sich die Vision, dass sich in Akzeptanz der jeweilig unterschiedlichen Präferenzen konstruktive und fruchtbare gemeinsame Aktivitäten entwickeln lassen. Zum einen können jüngere Menschen in ihrer eigenen Entwicklung von den Erfahrungen und den Netzwerken Älterer profitieren. Gleichzeitig können Ältere von der Spontaneität und den Ideen Jüngerer profitieren. In einer sich solchermaßen ergänzenden intergenerationellen Gruppe können dann gemeinsam Ziele anvisiert werden, die von den teilnehmenden Generationen je nach Interesse in entsprechenden Teilaufgaben bearbeitet werden.

„Gutes Klima in Bonn" – jede Generation mit ihren Vorlieben

Das in Kapitel 4.5.3 vorgestellte Projekt „Gutes Klima in Bonn" ist ein Beispiel für die unterschiedlichen Interessenlagen und die Möglichkeiten, diese fruchtbar aufeinander zu beziehen. In diesem Radioworkshop ging es darum, eine Reportage zum Thema Klimawandel und Nachhaltigkeit zu erstellen. Die teilnehmenden Jugendlichen hatten zunächst größeres Interesse an der Frage der Radioproduktion. Für sie stand im Vordergrund, einmal an einer Reportage mitgearbeitet zu haben. Für die älteren Teilnehmenden spielte die Auseinandersetzung mit dem Thema Nachhaltigkeit die größere Rolle. Beide Bedürfnisse ergänzten sich und näherten sich durch das Projekt einander an.

Zudem kann durch intergenerationelle Vorhaben die häufig von Jugendlichen gemachte Erfahrung revidiert werden, dass sie von Erwachsenen zwar mit Wohlwollen behandelt werden, aber keine Möglichkeit bekommen, selbst etwas zu machen und hierfür Verantwortung zu übernehmen. Diese Erfahrung dürfte in Zukunft angesichts des demografischen Wandels noch bedeutsamer werden, denn aufgrund der dann zunehmenden Anzahl älterer Menschen ist zu vermuten, dass Jugendliche dann noch weniger Gestaltungsmöglichkeiten zugestanden werden.

Problematisch wird es allerdings, wenn die jeweils eigene Position zur Norm erhoben wird. Wenn ältere Menschen klagen, dass jüngere kein Engagement mehr zeigten und sich nicht für wichtige Fragen interessierten, steigt die Gefahr, dass Jugendliche dieses umgekehrt als moralines Jammern empfinden. Wenn Jugendliche den Eindruck haben, dass ihre Haltung nicht anerkannt wird, fühlen sie sich in dem Alltagsdruck, unter dem sie sich befinden, nicht angemessen ernst genommen. Von daher verbindet sich mit intergenerationellen Gruppen die Vision, dass sie dazu beitragen können, die jeweils andere Generation in ihren Lern- und Engagementsformen zu akzeptieren und voneinander in der Akzeptanz der Unterschiede zu profitieren.

Allerdings darf man nicht die Augen davor verschließen, dass intergenerationelles Lernen unter der heranwachsenden Generation durchaus sozial selektiv wirken kann. Schließlich mehrt jede Form von Lernen individuelles soziales und kulturelles Kapital. Die, die bereits davon mehr haben, werden auch leichter auf neue Lernformen zugehen, da hier bereits mehr Anschlussmöglichkeiten bestehen. Zudem ist das Generationenverhältnis je nach Schicht auch unterschiedlich: In höheren Schichten ist das Generationenverhältnis positiver ausgeprägt und das gegenseitige Verständnis füreinander größer (vgl. Tippelt et al. 2009). Von daher werden jüngere wie ältere Menschen aus höheren Schichten potenziell wahrscheinlicher für intergenerationelle Lernangebote ansprechbar sein. Intergenerationelles Lernen kann damit potenziell dazu beitragen, die soziale Selektivität von Bildung zu verstärken. Dieses aktiv zu vermeiden, bleibt eine Herausforderung.

Das Engagement von Älteren für unterprivilegierte Jugendliche

Einige intergenerationelle Bildungsangebote versuchen mit diesen Herausforderungen aktiv und offensiv umzugehen. In den letzten Jahrzehnten ist eine Vielzahl intergenerationeller Lernangebote entstanden, in denen sich Seniorinnen und Senioren für benachteiligte Jugendliche einsetzen und mit ihnen gemeinsame Aktivitäten unternehmen. Dies sind z. B. gegenseitige Unterstützungsdienste, wie sie Seniorinnen und Senioren leisten, die sozial schwache Schüler/-innen in der Schule und bei den Hausaufgaben begleiten, oder Schüler/-innen, die hochaltrige Bürger/-innen besuchen. Darunter zählen auch Angebote zur Gemeindeentwicklung durch Ältere zugunsten Jugendlicher (z.B. durch das ehrenamtliche Bauen eines Jugendzentrums etc.) oder gemeinsame Feste (vgl. Friedmann 1999, S. 18). Mit solchen Vorhaben wird nicht nur versucht, den Effekt der sozialen Selektivität intergenerationeller Lernvorhaben bewusst zu vermeiden, sondern darüber hinaus auch eine Lernform geschaffen, die die Nützlichkeitserwägungen der heranwachsenden Generation mit der Gemeinwohlorientierung der älteren Generation auf geschickte Weise miteinander kombiniert.

7.3 Eine Vision: Intergenerationelles Lernen und ein sensibler Umgang mit Alter und Tod

Es gibt einen Bereich intergenerationellen Lernens, der so etwas wie ein Tabu dieser Lernkonzeption darstellt und eher selten thematisiert wird: Dies sind die Themen Alter und Tod. Ist die Vision angemessen, dass intergenerationelles Lernen zu einem sensibleren Umgang mit Alter und Tod beitragen könnte?

Alter und Tod im Bewusstsein der jüngeren und der älteren Generation

Der Zugang zu Alter und Tod und ihre Bedrohlichkeit unterscheiden sich – eine triviale Erkenntnis, die aber dennoch von Bedeutung ist – zwischen den Generationen: Ältere fühlen sich dem Tod näher als jüngere Menschen, sie fühlen ihre Gebrechen und sie nehmen den langsamen Schwund ihrer Kräfte wahr. Für jüngere Menschen stellt sich das anders dar: Sie leben meistens in der Gewissheit, die Fülle des Lebens erst noch vor sich zu haben.

So schwankt bereits die Frage, wen man als „alt“ bezeichnet und wen als „jung“, mit dem Alter von Menschen (vgl. Roux et al. 1996, S. 11 ff.). So wird das Ende des Jungseins aus der Perspektive von Zwanzigjährigen mit etwa 40 Jahren erreicht, während diese Grenze für Menschen um die siebzig zwischen 50 und 55 Jahren liegt. Als alt gilt man demgegenüber aus der Sicht von Siebzigjährigen ab etwa 66 Jahren, während Zwanzigjährige davon ausgehen, dass man bereits mit Anfang 60 alt ist. Zudem verändert sich die Einstellung älterer Menschen zum eigenen Alter mit dem eigenen Altwerden. Mit steigendem Alter nehmen nämlich in der Regel die Verlusterfahrungen zu und es kommt zu einer Abschwächung eines vorher positiven Altersbildes (vgl. Tippelt et al. 2009).

Die Einstellungen älterer Menschen zum Tod werden von der Bewertung des eigenen Lebens im Rückblick mit beeinflusst. Diejenigen, die ihr Leben annehmen können und positiv darauf zurückschauen, können auch die Endlichkeit des eigenen Lebens besser akzeptieren (vgl. Kruse 2008). Diejenigen, die mit negativen Gefühlen auf ihr Leben zurückblicken, haben in der Regel auch größere Probleme mit der Endlichkeit des Lebens umzugehen. Von jüngeren Menschen werden Ältere – nach den Ergebnissen der Shell-Jugendstudie 2006 – eher idealisiert wahrgenommen, sie haben ein positives Altersbild und können die Mühen des Alters oft nicht richtig einschätzen (vgl. Shell 2006).

Die Formen des Alterns sind so unterschiedlich, wie Menschen selber unterschiedlich sind. Manche fühlen sich bis kurz vor ihrem Tod, selbst, wenn sie weit über neunzig Jahre alt sind, noch jung, neugierig und lebenshungrig. Andere sind bereits mit sechzig Jahren lebensmüde und gebeugt. In der letzten Lebensphase ist die Frische der jungen Generation nicht mehr immer belebend, sondern kann auch belastend werden. Umgekehrt ist es so, dass die Auseinandersetzung mit dem Tod häufig kein Thema ist, das für junge Menschen große Bedeutung hat. Sie erleben sich im Leben und der Tod ist (in der Regel) noch weit entfernt. Von daher ist für sie die Auseinandersetzung mit dem Tod ein Thema der Trauer über den Verlust nahestehender Menschen, nicht aber in der Auseinandersetzung mit der eigenen Endlichkeit.

Alter, Tod und intergenerationelles Lernen

Wie steht es nun mit dem Thema Alter und Tod in intergenerationellen Lernprozessen? Zunächst einmal ist festzustellen, dass in intergenerationellen Bildungsangeboten häufig eher die „jungen Alten“ denn die Hochbetagten anzutreffen sind. Gerade diese Gruppe wünscht sich im Umgang mit Jüngeren häufig gerade nicht die Thematisierung von Alter und Tod, sondern möchte eher am Schwung der jüngeren Menschen teilhaben und auf diese Weise die Fülle des Lebens genießen (vgl. auch im Hinblick auf Weiterbildungsangebote die Studie von Schröder/Gilberg 2005).

Intergenerationelles Lernen kann zwar auch in eine Begleitung in der letzten Lebensphase übergehen. Dies ist aber keineswegs die Regel. Meistens enden intergenerationelle Lernwege zuvor und Ältere gehen diesen Weg alleine. Oft sind für Menschen, die sich dem Sterben nahe fühlen, intergenerationelle Lernprozesse nicht interessant und Jüngere meiden diese Situation lieber. Es konnte auch gezeigt werden, dass eine intensive Auseinandersetzung mit dem Alter die Einstellung Jugendlicher zum Alter(n) negativ veränderte (vgl. Seefeldt 1989, S. 190).

Allerdings wäre es jetzt unangemessen, aus diesen Überlegungen die Schlussfolgerungen zu ziehen, dieses Thema in intergenerationellen Lernprozessen zu vermeiden. Intergenerationelle Lernveranstaltungen zu diesem Thema werden in der Regel nicht auf großes Interesse stoßen. Wenn dieses aber in anderen inhaltlichen Kontexten thematisiert wird, können sich daraus sehr fruchtbare und für beide Seiten bereichernde Lernprozesse ergeben.

Alter und Tod im Theaterstück „Nach uns die Sintflut, oder was?“

Die Theatergruppe der VHS Münster hat in dem von ihnen entwickelten Theaterstück die unterschiedlichen Sichtweisen und Betroffenheiten der Generationen zum Thema Alter und Tod herausgearbeitet. In der im Folgenden abgedruckten Szene unterhalten sich verschiedene altersheterogene Gruppen, die Szene ist gekürzt.

Gruppe 1

Mädchen 1: (nimmt Hand der Älteren, betrachtet sie) Ziemlich schrullig.
Mädchen 2: Zeig mal. Sorry, aber ganz schön alt.
Ältere: Du musst dich nicht entschuldigen. Sie hat schon viel gesehen und viel gemacht, auch ganz schön viel Unsinn.
Mädchen: Unsinn, du?
[...]

Gruppe 2	
Mädchen:	(zur Älteren) Du, wie ist es, wenn man alt wird?
Ältere:	Ja alt, ... Also das ist, wenn du morgens aufstehst und dir tun alle Knochen weh. Dann weißt du, dass du noch nicht tot bist. Und man verträgt den Wein nicht mehr so gut, leider.
Junge:	Und den Sex?
Ältere:	Du Schlingel, das geht dich gar nichts an!
Gruppe 3	
Ältere:	Du vergisst alles und musst laufend auf's Klo.
Ältere:	Und du kriegst Alzheimer.
Jüngere:	(genervt) Ja, ja, ja ... du hörst schlechter, du siehst schlechter, du gehst schlechter, das will ich alles gar nicht wissen. Mensch, ernsthaft mal ...
Ältere:	Also ernsthaft ... manchmal denkst du, es steht keiner mehr vor dir oder hinter dir ...
[...]	
Gruppe 4	
Älterer:	Die Eltern, Verwandte und Freunde, sie waren doch alle so lange da, und jetzt haben sie fast alle eine neue Adresse ... Waldfriedhof ... und dann meinst du, dass du jetzt ganz vorne stehst, ein bisschen allein ...
Jüngere:	Aber ich bin doch da! (Kuschelt sich an ihn, wird in den Arm genommen.)
Älterer:	Ja, Gott sei Dank!

Grenzen intergenerationellen Lernens: Die Vision eines ehrlichen Umgangs mit den Begrenzungen des Lebens

Es ist wichtig, diese Limitationen intergenerationellen Lernens zu sehen und damit das Lernkonzept nicht überzustrapazieren. Intergenerationelles Lernen ist an den Stellen fruchtbar, an denen Generationen gemeinsame Interessen bearbeiten. Es ist aber dann nicht mehr tragfähig, wenn es um Sterbebegleitung oder um die Auseinandersetzung mit den schwindenden Kräften und dem Tod geht. Hier haben zum einen die Generationen unterschiedliche Interessen, zum anderen werden hier häufig sehr existenzielle Fragen aufgeworfen, die einer anderen Begleitung als der einer Pädagogin oder eines Pädagogen bedürfen. Dort, wo es möglich ist, dass auch diese wichtigen Fragen im intergenerationellen Kontext bearbeitet werden, ist es umso besser. Es entlastet aber intergenerationelle Lernkonzepte und schützt vor Überfrachtung, dies als Ausnahme und nicht als Regel zu betrachten.

Man mag dazu geneigt sein zu fragen, ob mit dieser Beschränkung intergenerationellen Lernens nicht eine wichtige Lernchance aus der Hand gegeben wird: Das Memento mori, das Leben im Bewusstsein des eigenen Todes und einer sich daraus ergebenden neuen Form von Lebendigkeit und Bewusstsein über das Leben, kann schließlich auch als ein Anspruch an Bildung verstanden werden. Diese Form des Todesgedenkens ist für die christliche Tradition als christliche Lebenskunst über Jahrhunderte hinweg wichtig gewesen (vgl. z. B. zur christlichen Lebenskunst Bubmann/

Sill 2008). Heute wird diese Erwartung an ein Leben im Bewusstsein des Alterns häufig weniger aus der Perspektive einer allgemeinen christlichen Lebenskunst denn aus der eines bewussten Vorsorgeprogramms gegen die Unbill des Alterns formuliert: Wer als 40-Jähriger bereits so lebt, dass er das eigene Altern im Blick hat, wird sich besser um seine Gesundheit kümmern, mehr Sport treiben, regelmäßiger die Vorsorgeuntersuchungen besuchen und damit auf längere Sicht ein angenehmeres Leben haben. Während in einer christlichen Lebensführung die individuelle mentale Vorbereitung auf die Unfassbarkeit des Todes im Mittelpunkt stand, wird heute mit den entsprechenden Vorsorgeprogrammen eher die Erwartung verbunden, die Schrecken des Alterns mindern zu können. Entsprechend wird die Verantwortung für ein möglichst langsames und angenehmes Altern dem Individuum zugesprochen.

Beide Begründungsmuster reichen jedoch nicht aus, um sie zu einem Kernthema intergenerationellen Lernens zu machen. Christliche Lebenskunst ist heute selten ein Thema, das Generationen miteinander verbindet. Glaubensäußerungen durch das gelebte Leben sind sehr unterschiedlich und in einer multireligiösen und säkularisierten Gesellschaft nur in homogenen Gruppen als gemeinsames Lernthema möglich. Angesichts der unterschiedlichen Interessenlagen der Generationen ist nur in seltenen Fällen eine gemeinsame Orientierung an dieser Stelle zu erwarten. Der Gedanke der Vorsorge für das individuelle Altern verkauft den Schwung des Lebens zugunsten eines schönen Sterbens – ob dies ein tragfähiges Bildungskonzept sein kann, sei dahingestellt. In jedem Fall ist deutlich: Das Thema Altern und Tod ist ein schwieriges und es ist nicht unbedingt zu erwarten, dass es in intergenerationellen Lernarrangements bearbeitet wird. Von daher verbinden wir mit intergenerationellem Lernen eher den taktvollen Umgang mit diesem für alle Menschen so schwierigen Prozess des Abschieds und der Akzeptanz der eigenen Beschränkungen. Und taktvoller Umgang meint: dort zu schweigen, wo ein Sprechen unangemessen wäre, Träume nicht unbillig mit der Realität zu konfrontieren, die Jugend unbeschwert und den Alten ihre Tränen zu lassen. Mit einem taktvollen Umgang ist aber auch gemeint, sich dort mit dem Altern und dem Tod auseinanderzusetzen, wo es in intergenerationellen Lernarrangements möglich ist. Und dass dies möglich ist, hat ja nicht nur das dargestellte Projekt gezeigt.

7.4 Eine Vision: Intergenerationelles Lernen als Raum für die Sehnsucht nach Gemeinschaft und Anerkennung

Junge und alte Menschen verbindet der Wunsch danach, anerkannt zu werden und Gemeinsamkeit zu erfahren. Intergenerationelles Lernen könnte dazu beitragen, so unsere Vision, dass die durch die Ausdifferenzierung und Entritualisierung unserer Gesellschaft schwieriger zu befriedigende Sehnsucht nach Gemeinschaft und Anerkennung eine positive Resonanz erhält.

Die Sehnsucht nach Anerkennung und Gemeinschaft

Jeder Mensch sehnt sich nach Anerkennung und Gemeinschaft bzw. sozialer Inklusion. In einer Gruppe anerkannt zu sein, ist ein gutes Gefühl. Gegenseitige Kooperation war – und ist – das Überlebensrezept für die gesamte Zeit der Menschheitsgeschichte. Mögen Menschen auch schreckliche Kriege führen und sich gegenseitig durch furchtbare Gräueltaten vernichten – selbst dieses Verhalten ist durch Gemeinsamkeit in Gruppen gekennzeichnet; ja in besonderer Weise durch die Verschärfung der Differenz zwischen Gruppen geprägt. Die Integration in eine Gruppe lässt Menschen Stress abbauen und vermittelt Wohlgefühl. Soziale Anerkennung ist also ein Grundbedürfnis. Der Verlust von Anerkennung oder gar der Ausschluss aus einer Gruppe hinterlässt in der Regel Wunden, die sich auf die Identität einer Person auswirken. Schließlich entwickelt sich Identität auch in Bezug auf gesellschaftliche Gruppen.

In früheren Jahrhunderten wurden Menschen in eine Gruppe hineinsozialisiert. Wer in einer prähistorischen nomadisierenden Kleingruppe oder in einem mittelalterlichen Dorf geboren wurde, wuchs automatisch in einer Gruppe auf und wurde in diese integriert. Freilich drohte die Gefahr eines Gruppenausschlusses bei eklatantem Fehlverhalten; verhielt man sich aber angepasst, war Anerkennung und soziale Integration bis zum Tode mehr oder weniger selbstverständlich. Auch war diese Gruppensozialisation nicht immer harmonisch: Der dadurch entstehende soziale Druck wurde von einigen Menschen immer auch als einengend empfunden, und gerade kleine Weiler und Dörfer erzeugten neben Gruppenzusammenhalt auch soziale Enge. Nicht umsonst behielt das Sprichwort „Stadtluft macht frei!“ auch in nachfeudalistischen Zeiten seinen Sinn.

Anerkennung und Gemeinschaft in modernen Gesellschaften

In modernen, ausdifferenzierten Gesellschaften ist die Möglichkeit, soziale Anerkennung zu erhalten, nicht mehr selbstverständlich gegeben (vgl. ausführlich Honneth 1992). Der erste Grund dafür liegt in der funktionalen Ausdifferenzierung der Gesellschaft. Man ist heute nicht mehr immer selbstverständlicher Teil einer oder mehrerer Gruppen, sondern muss sich selbst einer oder mehreren Gruppen zuordnen. Ist dies im Kindesalter durch die Schule als Pflichtinstitution noch relativ einfach, wird es im Erwachsenenalter, gerade dann, wenn es etwa durch Arbeitslosigkeit oder Ruhestand keinen beruflichen Bezug gibt, immer schwieriger. Besonders schwer ist dies für Seniorinnen oder Senioren, die als

Single leben. Damit entsteht in modernen Gesellschaften eine neue Qualität: Gesellschaftliche Anerkennung muss insofern vom Individuum weitgehend selber organisiert werden, indem es die Kontakte in der eigenen Familie pflegt, den Sportverein aufsucht, in der Arbeit Kontakte knüpft, in einem Chor singt, in einem Motorradclub Mitglied ist etc. Das Streben nach Anerkennung wird nicht mehr automatisch von Erfolg gekrönt; es kann immer auch scheitern. Mehr und mehr gibt es Menschen, die diesen Schritt der Selbstzuordnung in die Gesellschaft nicht angemessen vollziehen können, die es vielleicht nicht gelernt haben, Sozialkontakte zu pflegen oder die z.B. aufgrund des Endes der Schulzeit, des Verlustes der Arbeitsstelle oder der Pensionierung aus ihren sozialen Netzen herausgefallen sind.

Der zweite Grund für die Möglichkeit, dass das Streben nach Anerkennung scheitern kann, liegt im zunehmenden Bedeutungsverlust von Traditionen und Ritualen. Als Tradition oder Ritual werden in der Regel kollektive Prozesse verstanden, mit denen in einer gemeinsamen Praxis Erinnerungen an die Gegenwart angebunden werden. In Rituale muss man hineinsozialisiert werden, um sie automatisch zu erlernen; wer sie hinterfragt oder gar theoretisch zu erlernen versucht, steht automatisch außen vor. Die gemeinsame Praxis in einem Ritual verschafft Anerkennung und Zugehörigkeitsgefühl. Umgekehrt führt ein Verlust an Ritualen auch zum Verlust von Möglichkeiten der Anerkennung.

Mit der Pluralisierung unserer Gesellschaft gehen diese mitgängigen Formen der Bewältigung des Lebens mehr und mehr verloren. Mit beiden Entwicklungen, der Notwendigkeit der Selbstzuordnung in die Gesellschaft und dem Verlust an Ritualen, geht einerseits ein enormer Gewinn an persönlicher Freiheit bzw. eine Befreiung von einengenden Verhältnissen einher. Diese Freiheit bedingt andererseits eine Verunsicherung in Fragen der individuellen Lebensführung und Verluste in den Möglichkeiten der sozialen Anerkennung.

Intergenerationelles Lernen als Möglichkeit, Anerkennung und Gemeinschaft zu finden

In dieser gesellschaftlichen Situation eröffnen Aktivitäten des bürgerlichen Engagements und außerfamiliäre intergenerationelle Begegnungen neue Möglichkeiten. Viele intergenerationelle Projekte sind im Kontext bürgerlichen Engagements angesiedelt. In unserem Modellversuch waren dies diejenigen Vorhaben, in denen sich Junge wie Alte mit Fragen der Nachhaltigkeit und der nachhaltigen Gestaltung ihres Sozialraums auseinandersetzten. Gerade in Projekten des bürgerschaftlichen Engagements vereinigen sich Anerkennung über das Engagement und der Wunsch nach aktiver Gestaltung des Gemeinwesens. In intergenerationellen Vorhaben wird ein besonderer Beitrag für das gemeinsame Miteinander geleistet. Damit werden Möglichkeiten geschaffen, individuelle Anerkennung zu finden (vgl. auch Eisentraut 2007, S. 129).

Intergenerationelle Vorhaben ermöglichen damit auch das Erleben nicht familialer Formen von Gemeinschaft. Die Angehörigen unterschiedlicher Generationen lernen einander kennen und erfahren in der Auseinandersetzung miteinander neue Formen des Gemeinsamen. Ein besonders einprägsames Beispiel unseres Modellversuchs war das bereits beschriebene Theaterstück, das Kinder, Jugendliche und Seniorinnen und Senioren gemeinsam entwarfen. Die Teilnehmenden erhielten in der Gruppe Anerkennung für ihre je unterschiedlichen Talente und Ideen sowie außerhalb der Gruppe durch die Aufführungen ihres Stückes.

Fragen und Zuhören als Modi der Anerkennung und der Stiftung von Gemeinschaft

In unseren Augen sind es mehrere zentrale Aspekte, die intergenerationelles Lernen zum Träger von gesellschaftlicher Anerkennung und Gemeinschaft werden lassen. Zum einen sind es auf der Makroebene die Formen bürgerschaftlichen Engagements, die häufig mit intergenerationellem Lernen verbunden sind. Sie ermöglichen Selbstanerkennung durch die sinnstiftende Tätigkeit und Fremdanerkennung über die damit verbundene öffentliche Aufmerksamkeit. Wichtiger als diese eher offensichtlichen Anerkennungsformen sind in unseren Augen jedoch die, die über die Mikrostruktur der Kommunikationsprozesse intergenerationellen Lernens gestiftet werden können. Schließlich sollten intergenerationelle Lernprozesse durch die zwei Kommunikationsmodi geprägt sein, über die in besonderer Weise Anerkennung und Gemeinschaft transportiert werden: Über Fragen an andere und Zuhören (vgl. zu den didaktischen Grundorientierungen intergenerationellen Lernens Kapitel 3; vgl. zur Anerkennung in diesem Kontext Rosenbusch 2005, S. 23 ff.). Sinnvolle Fragen zu stellen, stellt eine zentrale Form der Aufwertung des Gegenübers als Ressource oder Experte bzw. Expertin dar und transportiert damit Anerkennung. Zuhören vermittelt dem Gegenüber das Gefühl, etwas Relevantes mitteilen zu können. Beide Aspekte sollten in besonderer Weise intergenerationelle Lernprozesse bzw. Lernarrangements prägen (vgl. auch Kapitel 3 in Antz et al. 2009).

Anerkennung und Gemeinschaft als Lebenselixier

Anerkennung und Gemeinschaft sind deshalb wichtige Quellen von Lebensenergie. *Kinder* und *Jugendliche* können Anerkennung und Gemeinschaft in intergenerationellen Lernprozessen in einer für sie ambivalenten und manchmal schwierigen Lebensphase der eigenen Identitätsfindung erfahren. Sie finden Resonanz bei Menschen, die älter sind als sie, die ihnen auf Augenhöhe begegnen und nicht durch die Geschichte der Familie geprägt sind. Diese Gleichzeitigkeit von Anerkennung einerseits und den außerhalb der vertrauten familiären Muster gegebenen Möglichkeiten der Erprobung neuer Rollen und Verhaltensweisen – also neuer Formen der Gemeinschaft – andererseits ist einer der großen Reize intergenerationellen Lernens für Heranwachsende.

Damit wird es aber auch *älteren Menschen* ermöglicht, durch die Begeisterung der jüngeren Menschen ihrerseits Anerkennung und Gemeinschaft zu finden. Im Gegenüber mit Jüngeren können sie erleben, dass ihre eigene Erfahrung wertgeschätzt wird. Es macht Freude, andere an der eigenen Erfahrung teilhaben zu lassen. Im gemeinsamen Tun mit anderen Menschen entsteht Gemeinschaft. Im Umgang mit Menschen, die nicht aus der eigenen Familie stammen, wird das Erproben neuer Rollen ermöglicht.

Vor diesem Hintergrund verbindet sich mit Angeboten intergenerationellen Lernens die Vision, dass diese Raum für die Sehnsucht nach Gemeinsamkeit und Anerkennung eröffnen und zur Erfüllung dieser Bedürfnisse beitragen können. In diesem Sinne können Angebote intergenerationellen Lernens über die Erfahrung von Anerkennung und Gemeinschaft Energien spenden und zu einer Art Lebenselixier werden!

8 Literaturverzeichnis

Altorfer, Heinz (1978): Lernen mit Familien. Überlegungen zur Familienarbeit. Arbeitsstelle für Bildungsfragen, Luzern.

Amrhein, Volker/Schüler, Bernd (2005): Dialog der Generationen. In: Aus Politik und Zeitgeschichte. Beilage zur Wochenzeitung „Das Parlament". Bd. 8, S. 9–17.

Antz, Eva-Maria/Franz, Julia/Frieters, Norbert/Scheunpflug, Annette (2009): Generationen lernen gemeinsam. Methoden für die intergenerationelle Bildungsarbeit. Bielefeld.

Aner, Kirsten/Karl, Fred/Rosenmayr, Leopold (Hg.) (2007): Die neuen Alten – Retter des Sozialen? Wiesbaden.

Arnold, Rolf/Schüssler, Ingeborg (Hg.) (2003): Ermöglichungsdidaktik. Erwachsenenpädagogische Grundlagen und Erfahrungen. Hohengehren.

Asbrand, Barbara/Bergmüller, Claudia (2009): Unterrichtsentwicklung und Lehrerprofessionalität. Dokumentarische Evaluationsforschung im Feld der Lehrerfortbildung. Erscheint in: Bohnsack, Ralf/Nentwig-Gesemann, Iris (Hg.): Dokumentarische Evaluationsforschung. Methodologie und Forschungspraxis. Opladen.

Asbrand, Barbara/Bergold, Ralf/Dierkes, Petra/Lang-Wojtasik, Gregor (Hg.) (2006): Globales Lernen im dritten Lebensalter. Ein Werkbuch. Bielefeld.

Asbrand, Barbara/Scheunpflug, Annette (2005): Globales Lernen. In: Sander, Wolfgang (Hg.): Handbuch politische Bildung – Praxis und Wissenschaft. Wochenschau. Schwalbach/Taunus, S. 469–486.

Bartel, Judit (2005): Freundschaften zwischen alten und jungen Menschen. Zum Austausch von Wertschätzung und Lebenserfahrung. In: Beck, Stefan (Hg.): Alt sein entwerfen, erfahren. Ethnografische Erkundungen in Lebenswelten alter Menschen, Berlin. S. 35–54.

Barz, Heiner/Tippelt, Rudolf (Hg.) (2004): Weiterbildung und soziale Milieus in Deutschland. Bielefeld.

Barz, Heiner/Tippelt, Rudolf (Hg.) (2007): Weiterbildung und soziale Milieus in Deutschland – Praxishandbuch Milieumarketing. Bielefeld.

Bergmüller, Claudia (2008): Lehrkräfte als Fortbildende. Eine qualitativ-rekonstruktive Untersuchung der Qualifizierung von Lehrkräften zu Trainerinnen und Trainern für Unterrichtsentwicklung. Dissertation, Universität Erlangen–Nürnberg.

Bertram, Hans (2000): Die verborgenen familiären Beziehungen in Deutschland. Die multilokale Mehrgenerationenfamilie. In: Kohli, Martin/Szydlik, Marc (Hg.): Generationen in Familie und Gesellschaft. Opladen. S. 97–121.

BMBF – Bundesministerium für Bildung und Forschung (Hg.) (2008): Empfehlungen des Innovationskreises Weiterbildung für eine Strategie zur Gestaltung des Lernens im Lebenslauf. Bonn, Berlin.

BMFSFJ – Bundesministerium für Familie, Senioren, Frauen und Jugend (Hg.) (2005): Freiwilliges Engagement in Deutschland 1999–2004. Ergebnisse der repräsentativen Trenderhebung zu Ehrenamt, Freiwilligenarbeit und bürgerschaftlichem Engagement. München. Online im Internet: URL: http://www.bmfsfj.de/bmfsfj/generator/RedaktionBMFSFJ/Arbeitsgruppen/Pdf-Anlagen/freiwilligen-survey-langfassung,property=pdf,bereich=,sprache=de,rwb=true.pdf [27.12.2008].

BMU – Bundesministerium für Umwelt, Naturschutz und Reaktorsicherheit (1997): Agenda 21. Konferenz der Vereinten Nationen für Umwelt und Entwicklung im Juni 1992 in Rio de Janeiro. Berlin. Online im Internet: URL: http://www.agenda21-treffpunkt.de/archiv/ag21dok/index.htm#Zitate [16.11.2008].

Bohnsack, Ralf (2005): Standards nicht-standardisierter Forschung in den Erziehungs- und Sozialwissenschaften. In: Zeitschrift für Erziehungswissenschaft, 8. Jg., Beiheft 4, S. 63–82.

Bohnsack, Ralf (2000): Rekonstruktive Sozialforschung. Einführung in die Methodologie und Praxis qualitativer Forschung. Opladen.

Bohnsack, Ralf/Krüger, Heinz-Hermann (2005): Qualität qualitativer Forschung – Einführung in den Themenschwerpunkt. In: Zeitschrift für Qualitative Bildungs-, Beratungs- und Sozialforschung. Heft 2, S. 185–190.

Bohnsack, Ralf/Nentwig-Gesemann, Iris/Nohl, Arnd-Michael (Hg.) (2001): Die dokumentarische Methode und ihre Forschungspraxis. Grundlagen qualitativer Sozialforschung. Opladen.

Bolmer, Gisela (2006): Katholische Erwachsenenbildung Niedersachsen – Bildungswerk Lingen. In: Olejniczak, Claudia/Geißler, Clemens (Hg.): Jung und Alt. Generationen in der Umweltbildung und Naturschutzarbeit. Praxisbuch. Hannover.

Bubmann, Peter/Sill, Bernhard (Hg.) (2008): Christliche Lebenskunst. Regensburg.

Coupland, Douglas (1991): Generation X. Tales for an Accelerated Culture. London.

De Groote, Kim/Nebauer, Flavia (2008): Kulturelle Bildung im Alter. Eine Bestandsaufnahme kultureller Bildungsangebote für Ältere in Deutschland. München.

De Haan, Gerhard (2002): Die Kernthemen der Bildung für eine nachhaltige Entwicklung. In: Zeitschrift für Internationale Bildungsforschung und Entwicklungspädagogik. 25. Jg., Heft 1, S. 13–20.

De Haan, Gerhard/Harenberg, Dorothee (1999): Bildung für eine Nachhaltige Entwicklung. Expertise „Förderprogramm Bildung für nachhaltige Entwicklung, verfasst für die Bund-Länder-Kommission für Bildungsplanung und Forschungsförderung. Materialien zur Bildungsplanung und Forschungsförderung, Heft 72.

Deinet, Ulrich (Hg.) (2009): Methodenbuch Sozialraum. Wiesbaden.

Dilthey, Wilhelm (1875): Ueber das Studium der Wissenschaften vom Menschen, der Gesellschaft und dem Staat. In: Dilthey, Wilhelm: Gesammelte Schriften, Bd. V, Stuttgart/Göttingen. S. 31 ff.

Eisentraut, Roswitha (2008): Soziodemografischer Wandel und intergenerationelle Projekte – aus der Perspektive von Jugendlichen. In: Hoffmann, Dagmar/Schubarth, Wilfried/ Lohmann, Michael (Hg.): Jungsein in einer alternden Gesellschaft. Bestandsaufnahme und Perspektiven für das Zusammenleben der Generationen. Weinheim und München. S. 197–212.

Eisentraut, Roswitha (2007): Intergenerationelle Projekte. Motivationen und Wirkungen. Baden-Baden.

Erpenbeck, John/Heyse, Volker (1999): Die Kompetenzbiographie – Strategien der Kompetenzenentwicklung durch selbstorganisiertes Lernen und multimediale Kommunikation, Münster.

Etymologisches Wörterbuch des Deutschen, Wolfgang Pfeifer (1995). Berlin.

Faulstich, Peter/ Ludwig, Joachim (Hg) (2004): Expansives Lernen. Baltmannsweiler.

Forneck, Hermann/Gyger, Mathilde/Maier Reinhard, Christiane (Hg.) (2006): Selbstlernarchitekturen und Lehrerbildung. Zur inneren Modernisierung von Lehrerbildung. Bern.

Franz, Julia (2009): Intergenerationelles Lernen ermöglichen. Eine qualitativ-rekonstruktive Studie zu Orientierungen von Erwachsenenbildner/-innen. Dissertation, Universität Erlangen-Nürnberg.

Franz, Julia (2007): Schleichender Systemumbau durch den demografischen Wandel. Intergenerationelles Lernen auf dem Vormarsch? In: Hessische Blätter für Volksbildung. Jg. 57, Heft 1, S. 63–72.

Franz, Julia (2006): Die ältere Generation als Mentorengeneration – Intergenerationelles Lernen und intergenerationelles Engagement. In: bildungsforschung. Jg. 3, Ausgabe 2, URL: http://www.bildungsforschung.org/Archiv/2006-02/intergenerationelles [21.11.2008].

Franz, Julia/Frieters Norbert (2008): Kompetenzmodelle in Fortbildungen – pragmatische Wege. In: Bormann, Inka/de Haan, Gerhard (Hg.): Operationalisierung und Messung von Kompetenzen der Bildung für nachhaltige Entwicklung. Wiesbaden. S. 75–88.

Friedman, Barbara (1999): Connecting Generations. Integrating Aging Education and Intergenerational Programs with Elementary and Middle Grades Curricula. Boston, Allyn & Bacon.

Frieters, Norbert/Franz, Julia (2007): Klimawandel zwischen den Generationen? Erste Erfahrungen des KBE-Projektes „Generationen lernen gemeinsam: Nachhaltigkeit". In: Erwachsenenbildung, Vierteljahreszeitschrift für Theorie und Praxis. 53. Jg. Heft 4, S. 216–219.

Gregarek, Silvia (2007): Lernen leben – Leben lernen. Intergenerationelle und Interkulturelle Bildung. Oberhausen.

Grober, Ulrich (2003): Forstliche Nachhaltigkeit – mit globaler Perspektive? In: Generationengerechtigkeit! Herausgegeben von der Stiftung für die Rechte zukünftiger Generationen. Jg. 3, Bd. 1, S. 11–14.

Gronemeyer, Reimer (1991): Die Entfernung vom Wolfsrudel. Über den drohenden Krieg der Jungen gegen die Alten. Frankfurt/Main.

Hauff, Volker/Bachmann, Günther (Hg.) (2006): Unterm Strich. Erbschaften und Erblasten für das Deutschland von morgen – Eine Generationenbilanz. München.

Hoff, Andreas (2006): Intergenerationelle Familienbeziehungen im Wandel. In: Tesch-Römer, Clemens/Engstler, Heribert/Wurm, Susanne (Hg.): Altwerden in Deutschland: Sozialer Wandel und individuelle Entwicklung in der zweiten Lebenshälfte. Wiesbaden. S. 231–287.

Honneth, Axel. C. (1992): Kampf um Anerkennung. Zur moralischen Grammatik sozialer Konflikte. Frankfurt/Main.

Höpflinger, Francois (1999): Generationenfrage – Konzepte, theoretische Ansätze und Beobachtungen zu Generationenbeziehungen in späteren Lebensphasen. Lausanne.

Huber, Matthias (2005): Naturwissenschaftlich anthropologische Grundlagen Globalen Lernens. Unveröffentlichte Dissertation, Friedrich-Alexander-Universität Erlangen–Nürnberg.

Illies, Florian (2000): Generation Golf. Eine Inspektion. Berlin.

Jacobs, Timo (2006): Dialog der Generationen. Leben – Gesellschaft – Schule. Hohengehren.

Kaiser, Arnim (2002): Metakognition und selbstreguliertes Lernen: Vermittlung metakognitiver Kompetenzen an Kursleitende. In: Dewe, Bernd/Wiesner, Gisela/Wittpoth, Jürgen (Hg.) (2002): Professionswissen und Erwachsenenpädagogisches Handeln. Bielefeld. S. 89–102.

KBE – Katholische Bundesarbeitsgemeinschaft für Erwachsenenbildung (Hg.) (2002): Bildung lebenslang. Leitlinien einer Bildung im dritten und vierten Alter. Bonn.

KBE – Katholische Bundesarbeitsgemeinschaft für Erwachsenenbildung (Hg.) (2009): Leben. Miteinander. Lernen. Grundlagen zur Intergenerationellen Bildung und Generationensolidarität. Bonn.

Keil, Siegfried/Brunner, Thomas (1998): Intergenerationelles Lernen. Eine Zielperspektive akademischer Seniorenbildung. Grafschaft.

Klerqc, Jumbo (1997): Intergenerationelles Lernen. Der Blick über die Ländergrenzen hinweg. In: Meisel, Klaus (Hg.): Generationen im Dialog. Frankfurt/Main, S. 84–94. Online im Internet: URL: http://www.die-bonn.de/esprid/dokumente/doc-1997/meisel97_03.pdf [16.11.2008].

Klingenberger, Hubert (2003): Lebensmutig. Vergangenes erinnern – Gegenwärtiges entdecken – Künftiges entwerfen. München.

Klingovsky, Ulla (2004): Professionalisierung und multimediale Selbstlernarchitekturen. Erste Ergebnisse einer empirischen Untersuchung. Deutsches Institut für Erwachsenenbildung. Online im Internet: URL: http://www.die-bonn.de/esprid/dokumente/doc-2004/klingovsky04_01.pdf [16.11.2008].

Kohli, Martin/Künemund, Harald (2003): Das Alters-Survey: Die zweite Lebenshälfte im Spiegel repräsentativer Daten. In: Aus Politik und Zeitgeschichte. Beilage zur Wochenzeitung „Das Parlament". Bd. 3, S. 18–25.

Kohli, Martin/Künemund, Harald/Motel, Andreas/Szydlik, Marc (2000): Generationenbeziehungen. In: Kohli, Martin/Künemund, Harald (Hg.): Die zweite Lebenshälfte – Gesellschaftliche Lage und Partizipation. Ergebnisse des Alters-Survey. Band I, Berlin: Forschungsgruppe Altern und Lebenslauf (FALL) der Freien Universität Berlin. S. 176–211.

Künemund, Harald/Motel, Andreas (2000): Verbreitung, Motivation und Entwicklungsperspektiven privater intergenerationeller Hilfeleistungen und Transfers. In: Kohli, Martin/Szydlik, Marc (Hg.): Generationen in Familie und Gesellschaft. Opladen. S. 122–137.

Künzel, Klaus (2005): Informelles Lernen – Selbstbildung und soziale Praxis, eine thematische Einführung. In: Künzel, Klaus (Hg.): Internationales Jahrbuch der Erwachsenenbildung. Köln, Weimar, Wien.

Kruse, Andreas (2008): Alter und Altern – konzeptionelle Überlegungen und empirische Befunde der Gerontologie. In Kruse, Andreas (Hg.): Weiterbildung in der zweiten Lebenshälfte. Multidisziplinäre Antworten auf Herausforderungen des demografischen Wandels. Schriftenreihe des Deutschen Instituts für Erwachsenenbildung. Bielefeld, S. 21–48.

Lang-Wojtasik, Gregor (2008): Schule in der Weltgesellschaft. Herausforderungen und Perspektiven einer Schultheorie jenseits der Moderne. Weinheim und München.

Lang-Wojtasik, Gregor/Scheunpflug, Annette (2005): Kompetenzen und globales Lernen. In: Zeitschrift für Internationale Bildungsforschung und Entwicklungspädagogik. 28. Jg., Heft 2, S. 2–8.

Lehmann, Karl (2003): Zusammenhalt und Gerechtigkeit, Solidarität und Verantwortung zwischen den Generationen. Online im Internet: URL: http://www.dbk.de/schriften/data/00776/index.html [16.11.2008].

Lettke, Frank/Lange, Andreas (Hg.) (2007): Generationen und Familie. Analysen – Konzepte – gesellschaftliche Spannungsfelder. Frankfurt/Main.

Liebau, Eckart (Hg.) (1997): Das Generationenverhältnis. Über das Zusammenleben in Familie und Gesellschaft. Weinheim und München.

Loos, Peter/Schäffer, Burkhard (2001): Das Gruppendiskussionsverfahren. Theoretische Grundlagen und empirische Anwendung. Opladen.

Lüscher, Kurt (1993): Generationsbeziehungen – Neue Zugänge zu einem alten Thema. In: Lüscher, Klaus/Schultheis, Franz (Hg.): Generationsbeziehungen in postmodernen Gesellschaften. Konstanz. S. 17–47.

Lüscher, Kurt (2005): Generationenlernen – mehr als Sozialisation! In: Hessische Blätter für Volksbildung. Heft 3, S. 196–204.

Lüscher, Kurt/Liegle, Ludwig (2004): Das Konzept des „Generationenlernens“. In: Zeitschrift für Pädagogik. Jg. 50, Heft 1, S. 38–55.

Mannheim, Karl (1980): Strukturen des Denkens. Frankfurt/Main.

Mansel, Jürgen (2008): Kinder und Jugendliche in der Generationengemeinschaft. Die Reproduktion von Spannungsverhältnissen und Konfliktlagen zwischen Jung und Alt in einer alternden Gesellschaft. In: Hoffmann, Dagmar/Schubarth, Wilfried/Lohmann, Michael (Hg.): Jungsein in einer alternden Gesellschaft. Bestandsaufnahme und Perspektiven für das Zusammenleben der Generationen. Weinheim und München. S. 33–50.

Marquard, Markus/Schabacker-Bock, Marlis/Stadelhofer, Carmen (2008): Alt und Jung im Lernaustausch. Eine Arbeitshilfe für intergenerationelle Lernprojekte, Weinheim und München.

Meadows, Dennis L./Meadows, Donella /et al. (1972): Die Grenzen des Wachstums – Berichte des Club of Rome zur Lage der Menschheit. München.

Meese, Andreas (2005): Lernen im Austausch der Generationen. In: DIE – Zeitschrift für Erwachsenenbildung. II. Heft, S. 37–39. Online im Internet: URL: http://www.uni-koeln.de/ew-fak/paedagogik/meese/IntergenerationelleDidaktik.pdf [21.11.2008].

Mickel, Wolfgang (Hg.) (1999): Handbuch zur politischen Bildung. Bonn. Bundeszentrale für politische Bildung. Auszug veröffentlicht unter: http://amor.rz.hu-berlin.de/~h33750jw/seminare/026politik/texte/001beutelsbach.pdf [12.07.2006].

Nationaler Aktionsplan für Deutschland (2005). UN-Dekade „Bildung für nachhaltige Entwicklung". Berlin.

Niethammer, Lutz (1980): Lebenserfahrung und kollektives Gedächtnis. Die Praxis des „Oral History". Frankfurt/Main.

Olejniczak, Claudia/Geißler, Clemens (Hg.) (2006): Jung und Alt. Generationen in der Umweltbildung und Naturschutzarbeit. Praxisbuch. Hannover.

Ott, Konrad/Bartolomäus, Christian (2003): Konzeptionen von Nachhaltigkeit. In: Generationengerechtigkeit! Herausgegeben von der Stiftung für die Rechte zukünftiger Generationen. Jg. 3, Bd. 1, S. 16–18.

Overwien, Bernd (2005): Stichwort: Informelles Lernen. In: Zeitschrift für Erziehungswissenschaft. 8. Jg., Heft 3, S. 339–356.

Riege, Marlo/Schubert, Herbert (Hg.) (2005): Sozialraumanalyse, Grundlagen – Methoden – Praxis. Wiesbaden.

Rosenbusch, Heinz S. (2005): Organisationspädagogik der Schule. Grundlagen pädagogischen Führungshandelns. München/Neuwied.

Roux, Patricia/Gobet, Pierre et al. (1996): Generationsbeziehungen und Altersbilder. Ergebnisse einer empirischen Studie. Nationales Forschungsprogramm 32; Alter. Lausanne, Zürich, Vieillesse.

Rupp, Marina (Hg.) (2002): Familienbildung im Dialog zwischen Wissenschaft und Praxis. Staatsinstitut für Familienforschung an der Universität Bamberg, Ifb-Materialien 3-2002.

Sautter, Sabine (Hg.) (2004): Leben erinnern. Biografiearbeit mit Älteren. München.

Schell-Kiehl, Ines (2007): Mentoring: Lernen aus Erfahrung? Biographisches Lernen im Kontext gesellschaftlicher Transformationsprozesse. Bielefeld.

Schelsky, Helmut (1957): Die skeptische Generation. Eine Soziologie der deutschen Jugend. Düsseldorf u.a.

Scheunpflug, Annette (2008a): Lernen in heterogenen Gruppen – Möglichkeiten einer natürlichen Differenzierung. Anmerkungen zum Thema Heterogenität aus der Sicht Allgemeiner Didaktik. In: Kiper, Hanna/Miller, Susanne/Palentien, Christian/Rohlfs, Carsten (Hg.): Lernarrangements für heterogene Gruppen. Lernprozesse professionell gestalten. Bad Heilbrunn. S. 66–77.

Scheunpflug, Annette (2008b): Why Global Learning and Global Education? An educational approach influenced by the perspectives of Immanuel Kant. In: Bourn, Douglas (ed.): Development Education. Debates and Dialogues. Institute of Education. London. p. 18–27.

Scheunpflug, Annette (2006a): Lernen in der Globalisierung? Anmerkungen aus anthropologischer Perspektive. In: Heller, Hartmut (Hg.): Raum und Zeit aus Sicht der Kulturethologie. Graz.

Scheunpflug, Annette (2006b): Kann Erziehung die Gesellschaft verändern? Zu den Grenzen der Lernfähigkeit. In: Zeitschrift für internationale Bildungsforschung und Entwicklungspädagogik. 29. Jg., Heft 1/2, S. 45–48.

Scheunpflug, Annette/Schröck, Nikolaus (2000): Globales Lernen. Stuttgart.

Scheunpflug, Annette/Schmidt, Christine (2002): Auf den Spuren eines evolutionstheoretischen Ansatzes in der Erziehungswissenschaft und dessen Anregungen für eine Bildung für nachhaltige Entwicklung. In: Beyer, Axel (Hg.): Fit für Nachhaltigkeit? Biologisch-anthropologische Grundlagen. Opladen. S. 123–140.

Schirrmacher, Frank (2004): Das Methusalem-Komplott. München.

Schleiermacher, Friedrich (1826/1966): Die Vorlesungen aus dem Jahre 1826. In: Schleiermacher, Friedrich: Pädagogische Schriften. Bd. 1 herausgegeben von Erich Weniger. Düsseldorf.

Schmidt, Christine (2007): Das Menschenbild der Bildung für Nachhaltigkeit. Dissertation, Universität Erlangen–Nürnberg.

Schmidt, Bernhard/Tippelt, Rudolf (i.V.): Bildung Älterer und intergeneratives Lernen. Erscheint in Zeitschrift für Pädagogik. Jg. 55, Heft 1.

Schneekloth, Ulrich (2006): Die großen Themen: Demografischer Wandel, Europäische Union und Globalisierung. In: Shell Deutschland Holding (Hg.): Jugend 2006. Eine pragmatische Generation unter Druck. Frankfurt/Main, S. 145–167.

Schnell, Rainer/Hill, Paul B./Esser, Elke (1993): Methoden der empirischen Sozialforschung. München.

Schröder, Helmut/Gilberg, Reiner (2005): Weiterbildung Älterer im demografischen Wandel. Empirische Bestandsaufnahme und Prognose. Bielefeld.

Seefeldt, Carol (1989): Intergenerational Programs – Impact on Attitudes. In: Newman, Sally/Brummel, Steven W. (eds.): Intergenerational Programs: Imperatives, Strategies, Impacts, Trends (Journal of Children in Contemporary Society, Vol 20), p. 185–194.

Shell Deutschland Holding (Hg.): Jugend 2006. Eine pragmatische Generation unter Druck. Frankfurt/Main.

Siebert, Horst (2004): Methoden für die Bildungsarbeit. Bielefeld.

Siebert, Horst/Seidel, Erika (1990): SeniorInnen studieren. Zwischenbilanz des Seniorenstudiums an der Universität Hannover. Hannover.

SINUS/Bund der Deutschen Katholischen Jugend/Misereor (Hg.) (2008): Wie ticken Jugendliche? SINUS-Milieustudie U27. Düsseldorf.

Stadelhober, Carmen (Hg.) (1996): Kompetenz und Produktivität im dritten Lebensalter. Der Beitrag wissenschaftlicher Weiterbildung zur Vorbereitung von Menschen im dritten Lebensalter auf neue Tätigkeitsfelder und neue Rollen in Gesellschaft, Wirtschaft und Bildung. Ein europäischer Vergleich und Austausch. Bielefeld.

Statistische Ämter des Bundes und der Länder (2007): Demografischer Wandel in Deutschland. Heft 1. Bevölkerungs- und Haushaltsentwicklung im Bund und in den Ländern. Wiesbaden.

Tippelt, Rudolf/Schmidt, Bernhard/Schnurr, Simone/Sinner, Simone/Theisen, Catharina (Hg.) (2009): Bildung Älterer und demografischer Wandel. Bielefeld.

Tippelt, Rudolf/Edelmann, Doris (2007): Kompetenzentwicklung in der beruflichen Bildung und Weiterbildung. In: Zeitschrift für Erziehungswissenschaft. Sonderheft 8, S. 129–148.

Titze, Hartmut (2000): Wie lernen die Generationen? In: Zeitschrift für Erziehungswissenschaft. Heft 3, 3. Jg., S. 131–144.

Treml, Alfred K. (2000): Allgemeine Pädagogik. Grundlagen, Handlungsfelder und Perspektiven der Erziehung. Berlin, Stuttgart, Köln.

Tremmel, Jörg (2003a): Generationengerechtigkeit – Versuch einer Definition. In: Stiftung für die Rechte zukünftiger Generationen (Hg.): Handbuch Generationengerechtigkeit. München, S. 27–80.

Tremmel, Jörg (2003b): Nachhaltigkeit als politische Leerformel? Definitionen von Generationengerechtigkeit und Nachhaltigkeit In: Generationengerechtigkeit! Herausgegeben von der Stiftung für die Rechte zukünftiger Generationen. Jg. 3, Bd. 1, S. 6–9.

Uhlendorf, Harald (2008): Alt und Jung außerhalb und innerhalb der Familie. In: Hoffmann, Dagmar/Schubarth, Wilfried/Lohmann, Michael (Hg.): Jungsein in einer alternden Gesellschaft. Bestandsaufnahme und Perspektiven für das Zusammenleben der Generationen. Weinheim und München. S. 133–152.

Urban Michael/Weiser, Ulrich (2006): Kleinräumige Sozialraumanalyse – Theoretische Grundlagen und praktische Durchführung. Dresden.

Weber, Peter (2004): Business-Mentoring – Manager als interne Berater in turbulenten Zeiten. Uster.

Wehrspann, Charlotte (1997): Umweltbewußtsein als Generationenproblem. Neue Sozialisationsaufgaben durch steigendes Bedrohungsempfinden. In: Mansel, Jürgen/Rosenthal, Gabriele/Tölke, Angelika (Hg.): Generationen-Beziehungen, Austausch und Tradierung. Opladen. S. 192–204.

Weltkommission für Umwelt und Entwicklung (Hg.) (1987): Unsere gemeinsame Zukunft – Der Brundtlandbericht der Weltkommission für Umwelt und Entwicklung. Online im Internet: URL: http://www.are.admin.ch/imperia/md/content/are/nachhaltigeentwicklung/brundtland_bericht.pdf?PHPSESSID=80ef28821f7f770bf755d63daf6886cc [16.05.2006].

ZAWIW (Hg.), Schabacker-Bock, Marlies/Marquard, Markus (Autoren) (2005): Von der Schule in den Beruf. Trainingsmaterial zu Berufsvorbereitung von HauptschülerInnen. Ulm.

9 Die Autorinnen und Autoren

Antz, Eva-Maria, Jg. 1957, Sonderschullehrerin, Erwachsenenbildnerin, Bildungsreferentin bei der Stiftung MITARBEIT in Bonn, Arbeitsschwerpunkte: Bürgerschaftliches Engagement, Erwachsenenbildung, Intergenerationelles Lernen. Eva-Maria Antz war als Pädagogische Begleitung des Projekts „Generationen lernen gemeinsam: Nachhaltigkeit" tätig.

Franz, Julia, Jg. 1979, Diplom-Pädagogin, Wissenschaftliche Mitarbeiterin an der Friedrich-Alexander-Universität Erlangen–Nürnberg. Arbeitsschwerpunkte: Intergenerationelles Lernen, Erwachsenenbildung, Gouvernementalität. Julia Franz war in der wissenschaftlichen Begleitung im Projekt „Generationen lernen gemeinsam: Nachhaltigkeit" tätig.

Frieters, Norbert, Jg. 1970, Diplom-Pädagoge, Projektleitung bei der Katholischen Bundesarbeitsgemeinschaft für Erwachsenenbildung in Bonn, Arbeitsschwerpunkte: Intergenerationelles Lernen, Jugend- und Erwachsenenbildung, Friedenspädagogik und Bildung für nachhaltige Entwicklung. Norbert Frieters hatte die Projektleitung von „Generationen lernen gemeinsam: Nachhaltigkeit" inne.

Scheunpflug, Annette, Dr., Jg. 1963, Grundschullehrerin, Professorin für Allgemeine Erziehungswissenschaft an der Friedrich-Alexander-Universität Erlangen–Nürnberg, Arbeitsschwerpunkte: Bildungsforschung, Globales Lernen, Allgemeine Didaktik. Annette Scheunpflug war für die wissenschaftliche Begleitung des Projekts „Generationen lernen gemeinsam: Nachhaltigkeit" verantwortlich.

Tolksdorf, Markus, Jg. 1962, Diplom-Pädagoge, Geschäftsführer der Katholischen Bundesarbeitsgemeinschaft für Erwachsenenbildung (KBE), Stellv. Vorsitzender des Rates der Weiterbildung – KAW. Markus Tolksdorf hatte die Gesamtverantwortung für das Projekt „Generationen lernen gemeinsam: Nachhaltigkeit" inne.